Ihre Wirkung auf andere Menschen wird zu 93 % durch Ihre Körpersprache und Stimme geprägt. Nutzen Sie dieses Kapital, verbessern Sie Ihren eigenen Auftritt im Beruf und versetzen Sie sich in die Lage, gezielt auf nonverbale Signale anderer zu reagieren.

Gedanken lenken Körpersprache – nicht äußere Effekte, sondern die innere Haltung begründet einen überzeugenden und authentischen Auftritt im Berufs- und Privatleben. Dieses Buch ermöglicht Ihnen, Schlüsselsituationen wie Sitzungen, Verhandlungen, Verkaufs- und Vorstellungsgespräche sowie Rede und Präsentation souverän zu meistern, verborgene Hierarchien und Machtkämpfe zu erkennen und gezielt auf nonverbale Signale anderer zu reagieren.

Authentische Körpersprache verändert Ihre Wahrnehmung: Unterhaltsam, augenzwinkernd und praxisnah schärft es Ihren Blick für Mitarbeiter, Kollegen, Kunden, Vorgesetzte und Sie selbst! Es zeigt Ihnen Strategien, wie Sie Ihre eigene Wirkung auf andere Menschen optimieren, um langfristig und nachhaltig erfolgreich zu sein.

Stefan Spies

AUTHENTISCHE KÖRPERSPRACHE

Ihr überzeugender Auftritt im Beruf – Erfolgsstrategien eines Regisseurs

Hoffmann und Campe

2. Auflage 2004

www.hoffmann-und-campe.de
Einbandgestaltung: b3K text und gestalt GmbH
Fotos: Johannes Seyerlein
Covermotiv: Bühne Staatstheater am Gärtnerplatz
Lektorat und Redaktion: Andreas Kobschätzky, Landsberg
Satz und Aufbau: Prill Partners | producing, Berlin
Druck und Bindung: Clausen & Bosse, Leck
Printed in Germany
ISBN 3-455-09435-X

HOFFMANN
UND CAMPE

Ein Unternehmen der
GANSKE VERLAGSGRUPPE

Inhalt

FREIE REDE UND PRÄSENTATION

Meinem Großvater

Vorwort

Die Sprache unseres Körpers ist ein Kapital, das jedem Einzelnen zur Verfügung steht und das viele Menschen gelegentlich, irgendwie und in Bruchstücken nutzen. Obwohl jeder weiß, wie wichtig heutzutage die Verpackung, das »Wie« des eigenen Auftritts, im Beruf ist, verwendet er lieber Zeit und Energie, um die Inhalte, das »Was«, zu perfektionieren. Das enorme Kapital aber, das im Nutzen und Gestalten der eigenen und im Erkennen der fremden Körpersprache besteht, wird nur laienhaft eingesetzt oder bleibt sogar brach liegen.

Sie werden dauerhaft nur dann erfolgreich, wenn Sie in der Lage sind, reflektiert und sensibel mit den unterschiedlichsten Menschen umzugehen. Je höher Sie steigen, desto bedeutender wird die Rolle sein, die der Faktor »soziale Kompetenz« in Ihrem beruflichen Wirken spielt, und desto unbeholfener und geschlagener werden Sie umherirren, wenn Sie weder fähig sind, Ihren eigenen Körperausdruck professionell einzusetzen noch die Körpersprache anderer richtig zu interpretieren.

Bei der Erarbeitung eines Theaterstücks ist das »Was« durch die Textvorlage gegeben. Seine Inszenierung für die Bühne, das »Wie«, verantwortet der Regisseur. Gemeinsam mit den Darstellern lotet er jede Phrase aus, prüft die Möglichkeiten ihrer szenischen Umsetzung und entwickelt diese bis hin in die feinsten Nuancen: Wie Figuren einen Raum betreten, wie sie sich langsam vortasten, berühren, umarmen, wie sie zweifeln, sich winden, wie sie sich voneinander ab- und wegstoßen, wie sie Abschied nehmen und wie sie sich schließlich diesen allerletzten Blick zuwerfen – all das entspringt der Gestaltungskraft eines Regisseurs.

Während eine Führungskraft in der Wirtschaft Inhalte zu höchster Präzision führt, treibt die Führungskraft im Theater die Art und Weise einer Darstellung zu höchster Perfektion. Wie der Archäologe in Ruinen, der Architekt in Häusern, der Bauer in Feldern und der Modeschöpfer in Kleidung liest, so liest der Regisseur in menschlichem Verhalten. Er führt Menschen, die auf einer Bühne mithilfe ihrer Darstellungskraft Zuschauer von einer fiktiven Situation überzeugen. Sie hingegen müssen mit Ihrer Darstellungskraft Mitarbeiter, Kollegen, Kunden und Vorgesetzte von sehr realen Zielen überzeugen. Vielleicht ist es an der Zeit, dass dieses Potenzial seinen Weg zu den Menschen findet, die im Beruf tagtäglich ihre »Vorstellung« geben müssen. Dabei löst sich die zentrale Frage, wie man seine Körpersprache verändern und dabei authentisch bleiben kann, von selbst, wenn man Körpersprache als Ausdruck einer inneren Haltung versteht. Sobald Sie mithilfe mentaler Übungen und einem glasklaren Verständnis Ihrer Aufgabe Ihre innere Haltung verändern, wandelt sich Ihre Körpersprache: individuell, zu ihnen passend und authentisch. Eine klare Einstellung schafft eine klare Körpersprache.

Sobald Sie gelernt haben, die sichtbare Körpersprache eines Menschen als Ausdruck seiner inneren Haltung zu begreifen, öffnet sich Ihrem Verständnis in Bezug auf andere ein riesiges Tor: Denn gefiltert sprechen Menschen, ungefiltert spricht ihr Körper. Nichts ersetzt persönliche Erfahrung und gewachsene Menschenkenntnis. Doch in gleicher Weise, wie ein Lehrbuch den Erwerb einer Fremdsprache unterstützt, verkürzt die professionelle Anleitung Ihren Weg durch das berufliche Dickicht. Sobald Sie Ihre Sinne schärfen und Ihr Kapital »Körpersprache« zu nutzen beginnen, werden Sie nicht mehr »irgendwie« in berufliche Situationen hineingehen, sondern die Art Ihres Auftritts sehr genau Ihrer jeweiligen Aufgabe anpassen. »Was tue ich, wenn …?« – Ratsuchende befinden sich in konkreten Situationen und verlangen konkrete Vorschläge. Diesem Bedürfnis wird Rechnung getragen: Anhand klassischer Situationen, denen die meisten Menschen auf ihrem beruflichen Weg begegnen, werden Ihnen drei Zugänge zum Verständnis von Körpersprache angeboten.

Der gründliche Leser findet ein Lesebuch: Sein Spannungsbogen schraubt sich von den grundlegenden Situationen, *Der erste Eindruck*, *Das Vorstellungsgespräch* und *Umgang mit* Kollegen, die jedem Berufstätigen begegnen, über spezielle Themen, *Der organisierte Small Talk*, *Verkaufen und Verhandeln* und *Sitzungen* – elementar für jede Fach- und Führungskraft –, bis hin zur Königsdisziplin *Freie Rede und Präsentation*, die nur für bestimmte Berufszweige und Hierarchieebenen von Bedeutung ist. Der schnelle Leser findet ein Arbeitsbuch: Die einzelnen beruflichen Situationen werden innerhalb in sich geschlossener Kapitel ausführlich dargestellt. Komprimierte Warnungen und Empfehlungen erleichtern den schnellen Zugriff. Der kreative Leser findet ein Nachschlagewerk: Sein Zugang erfolgt über das Stichwortverzeichnis, mit dessen Hilfe er sich von beruflichen Situationen lösen und auf einzelne Aspekte der Körpersprache konzentrieren kann. Da die meisten körpersprachlichen Themen mehrere berufliche Situationen betreffen, lassen sich die aktuell gelesenen Kapitel über das Stichwortverzeichnis sinnvoll vertiefen. Die einzelnen Themen werden in essayistischer Form eingeführt, von kurzen Episoden eines fiktiven Seminars begleitet und durch Beispiele aus der Theaterarbeit illustriert. Hier kommt derjenige auf seine Kosten, der Geschichten liebt und aus Geschichten lernt. Eine Brücke, die einen Nutzen auch für private Situationen ermöglicht, kann jeder darüber hinaus leicht selbst bauen.

Ganz gleich ob gründlich, schnell oder kreativ – zu empfehlen ist allen Lesern die Lektüre der Kapitel *Authentische Körpersprache* zu Beginn und *carpe sensum* am Ende. Ohne diesen Rahmen geraten Verständnis und Umsetzung in eine Schieflage.

Die Brille des Lesers zu putzen, sein Bewusststein für das Auftreten anderer zu schärfen und sein eigenes Körpergefühl für unterschiedliche berufliche Auftritte zu entfalten – das ist der Weg dieses Buches. Ihn in die Lage zu versetzen, sich innerhalb seines beruflichen Umfeldes bewusst und sicher zu bewegen – das ist das Ziel.

Stefan Spies

DER AUTHENTISCHE KÖRPER

... Ihr Kapital auf dem Weg nach oben

Der Körper spricht genau in der Art, wie ein Mensch fühlt, denkt und handelt – insofern ist jede Körpersprache, die man unverändert lässt, authentisch. Die Frage nach der Authentizität stellt sich erst dann, wenn Sie Ihre Körpersprache willentlich verändern. Sobald man nicht mehr automatisch agiert, sondern Bewegungsabläufe bewusst zu steuern versucht, ist die Gefahr groß, sich selbst unwohl zu fühlen und auf andere entsprechend gekünstelt zu wirken.

Es gibt zahlreiche Berufe, in denen das körpersprachliche Auftreten nicht weiter von Bedeutung ist und in diesen Fällen spricht alles dafür, dass die Menschen so bleiben, wie sie sind, oder besser: wie sie geworden sind. Denn auch unsere Körpersprache hat sich entwickelt und ist eine von vielen Ausprägungen eines gemeinsamen kollektiven Musters. Versteht man die eigene Körpersprache nicht als gottgegeben, urtümlich, natürlich oder echt, sondern als Ergebnis einer lebenslangen Entwicklung, muss man das bewusste Gestalten der eigenen Körpersprache nicht mehr als eine Manipulation ansehen, sondern vielmehr als ein beabsichtigtes Eingreifen in bislang unbewusst ablaufende Prozesse. Die Entwicklung Ihres körpersprachlichen Ausdrucksvermögens wird in der Regel, ohne dass Sie es bemerken, durch die Sie umgebenden Menschen und das Sie prägende gesellschaftliche Milieu beeinflusst. Indem Sie sich bewusst mit Körpersprache beschäftigen, versetzen Sie sich in die Lage, selbst zu entscheiden, wohin Sie Ihr Weg führen soll. Vor allem in Lebensphasen, in denen Menschen berufliche Veränderungen bewältigen müssen, beginnen sie, sich mit ihrer körpersprachlichen Wirkung auf andere zu beschäftigen. Intuitiv oder aufgrund von Kritik aus ihrem Umfeld reflektieren sie ihr Auftreten und stellen fest, dass es zum Teil den neuen Anforderungen nicht gerecht wird.

So möchte der junge Mitarbeiter beispielsweise seine Position ausbauen und versucht deshalb, sich seinen Vorgesetzten zu empfehlen. Sinnvoll wäre für ihn, sich neben seiner fachlichen Qualifikation zusätzlich durch ein zielgerichtetes Auftreten ins rechte Licht zu setzen. Clevere Zeitgenossen beobachten die Zielgruppe, der sie sich empfehlen möchten, und übernehmen nach und nach deren Habitus. Führungskräfte akzeptieren Nachwuchs vor allem dann, wenn dieser Elemente des eigenen Auftretens zeigt. In der Regel sind sie von der Richtigkeit des eigenen Handelns und Auftretens überzeugt und suchen deshalb, meist unbewusst, bei Mitarbeitern nach Qualitäten, die den eigenen entsprechen. Führungskräfte möchten den eigenen Weg bestätigt sehen, statt diesen durch jemanden, der völlig anders handelt, infrage zu stellen. Nur so ist es zu erklären, dass in manchen Firmen die Führungskräfte wie Geschwister wirken.

Ein weiterer neuralgischer Punkt innerhalb eines Berufslebens ist die erste Führungsposition. Menschen, die auf 10, 20 Jahre Berufserfahrung zurückblicken, geraten auf einmal in Situationen, in denen sie sich selbst als unbeholfen empfinden, obwohl es fachlich hierfür keinen Grund gibt. Während sie sich privat vorwiegend in einem vertrauten Umfeld bewegen, finden sie sich beruflich unversehens in Situationen wieder, mit denen sie überhaupt keine Erfahrung haben. Das Schwierige dabei ist: Man erwartet von einer Führungskraft, dass sie in allem erfahren ist. Junge Führungskräfte sehen sich hier besonderer Aufmerksamkeit ausgesetzt. Jede Schwäche wird von Mitarbeitern, Kollegen und Vorgesetzten sofort registriert, und je höher sie beruflich steigen, desto zahlreicher werden die Augenpaare, die ihr Auftreten belauern.

Ganz oben auf der Karriereleiter schließlich, wenn man glaubt ausgelernt zu haben, sieht man sich erneut mit unbekannten Situationen konfrontiert: In dem Maße, in dem der eigene Verantwortungsbereich wächst, verringern sich die Möglichkeiten, persönlich mit all den Menschen umzugehen, die man führt. Entsprechend steigt die Bedeutung der Außenwirkung bis hin zu Positionen, in denen das Auftreten des Vorstands in der Öffentlichkeit den Aktienkurs eines Unternehmens bestimmt.

Ob Aufsteiger, Führungskraft oder Vorstand – dass Sie in Wirklichkeit ganz anders sind, als andere Sie wahrnehmen, können Sie rufen oder singen – es wird Ihnen nichts nutzen. Ihr Auftreten ist für Ihren beruflichen Weg von zentraler Bedeutung und Sie sind gut beraten, wenn Sie das Potenzial, das Einsatz und Wahrnehmung von Körpersprache bietet, nicht verschenken, sondern nutzen!

Die Idee, anders wirken zu wollen

Wenn heute jemand sein Auftreten für eine bestimmte berufliche Situation verbessern möchte, sucht er in der Regel nach Ratschlägen, mit deren Hilfe er seine »Gestik« und seine »Mimik« verbessern kann. Dieser Formulierung liegt eine interessante Überlegung zugrunde: Man muss nur verschiedene Körperteile und Gesichtsmuskeln auf eine bestimmte Art und Weise bewegen, um damit beim Gegenüber die beabsichtigte Wirkung zu erzielen. Allerdings beschleicht denjenigen, der diesen Anweisungen folgt, sehr schnell das klamme Gefühl, wie eine Marionette an Fäden zu hängen. »Machen Sie große Schritte!«, »Lächeln Sie!«, »Halten Sie die Arme über der Gürtellinie!«, »Machen Sie gelegentlich eine dynamische Powergeste!« – So oder ähnlich lauten die Anweisungen des imaginären Marionettenspielers.

REGISSEUR:	Gerd!
GERD (ROMEO):	Was denn?
REGISSEUR:	Stell dich mal genau hier an die Wand. Gut so. Du machst jetzt drei große Schritte, stellst dich unter den Balkon und lächelst sie an. Achte darauf, dass du die Arme über der Gürtellinie hältst, wenn du sie ansprichst, damit du aktiv rüberkommst. Und immer dann, wenn du von Liebe sprichst, machst du mit den Armen so eine bedeutungsvolle Liebesgeste. Verstehst du?
GERD:	O.K.!
REGISSEUR:	Also. Ruhe! Drei große Schritte bitte!

Um es kurz zu machen: Der auf diese Weise mit Schauspielern arbeitende Regisseur entstammt dem Theater der 50er Jahre. Heute wäre kein Darsteller bereit, sich in dieser Art durch einen Probenraum dirigieren zu lassen. Die Probenarbeit hat sich in den letzten 50 Jahren entscheidend verändert: Die Inszenierungen sind – die Charakterisierung der Figuren, nicht die Ausstattung betreffend – naturalistischer und vielschichtiger geworden, man spricht auch von »direktem« oder »schmalem« Spiel. Aus gutem Grund: Die Sehgewohnheiten der Menschen haben sich durch den Einfluss des Fernsehens verändert: Situationen und Charaktere werden aus dem Leben gegriffen und die Darstellung ist heute authentischer. Einen drei Schritte schreitenden Romeo, der das Wort »Liebe« bedeutungsschwanger mit einer Geste unterstreicht, findet man allenfalls noch in der Farce.

Das Verblüffende: Lehrinhalte und Arbeitsweisen, die im Rahmen professioneller Schauspielausbildung und Regiearbeit undenkbar sind, werden in der Management-Ausbildung eingesetzt und von den Betroffenen wider besseres Gefühl befolgt. Obwohl sie oftmals spüren, wie wenig hilfreich standardisierte Anweisungen sind, folgen sie mangels Alternativen der schönen Idee, ihre Wirkung auf andere durch ein simples Verstellen von Gestik und Mimik optimieren zu können.

- Erlernte Körpersprache-Tricks werden häufig entlarvt. Menschen erkennen sehr schnell, ob eine Geste künstlich ist – statt souveräner zu wirken, werden Sie belächelt.
- Von außen an Sie herangetragene körpersprachliche Anweisungen können dazu führen, dass Sie mehr mit dem Befolgen der Anweisung statt mit Ihrer Aufgabe beschäftigt sind – Ihr Auftritt wird geschwächt statt gestärkt.
- Standardisierte Ratschläge passen nicht zu jedem Menschen. Wenn Sie sie befolgen, fühlen Sie sich womöglich unwohl in Ihrer Haut – keine guten Voraussetzungen für einen souveränen Auftritt.

Wer »wirken« will, hat schon verloren, weil er mit seiner Absicht, nicht mit seinem Handeln beschäftigt ist. Wer beispielsweise wichtig wirken will, macht sich lächerlich – er ist mit seiner Wirkung auf andere, nicht mit seiner Arbeit, beschäftigt. Wer sich hingegen auf etwas konzentriert, wirkt wichtig – ihn aber interessiert nur die Arbeit, nicht seine Wirkung auf andere.

Der von außen manipulierte Körper folgt der Idee, so oder anders wirken zu wollen. Der authentische Körper folgt der inneren Haltung in Form von Gedanken und Gefühlen.

Der Körper folgt der inneren Haltung

Sensible Menschen nehmen intuitiv wahr, was ihr Gegenüber denkt oder fühlt. Sie wissen nicht, wie diese Intuition zustande kommt, die Erfahrung zeigt ihnen aber, dass sie mit ihrer Einschätzung häufig richtig liegen. Da wir in der Regel keine Gedanken lesen können, stellt sich die Frage, auf welchem Wege sich die innere Haltung des einen dem anderen vermittelt. »Nichts ist drinnen, nichts ist draußen. Denn alles, was innen ist, ist außen.« Goethe fasst zusammen, was Evolutionsforscher bestätigen: Wir tragen kollektive Verhaltensmuster unserer Vorfahren in uns und überformen diese laufend durch neue gesellschaftliche Strömungen. Im Überlebenskampf des zeitgenössischen Menschen spielt der Körper keine große Rolle mehr. Entsprechend bilden sich ehemals große und dynamische Muster zu kleinen, nur noch angedeuteten zurück: Ob sich angesichts einer Auseinandersetzung Ihr Körper spannt, Ihr hochgehobener Kopf droht oder eingezogene Schultern für Deckung sorgen – die Körpersprache, die einst dem Überleben diente, lässt noch heute am Sitzungstisch grüßen. Auch unmittelbare, durch unsere Sinne hervorgerufene mimische Reaktionen übertragen wir in den Alltag: Das Verziehen des Gesichtes nach dem Hineinbeißen in eine Zitrone beispielsweise entspricht unserer skeptischen Mimik, wenn wir jemanden oder etwas ablehnen. Eine Mimik, die manchen Menschen geradezu ins Gesicht gemeißelt zu sein scheint: als hätte er in sein ganzes Leben wie in eine riesengroße Zitrone hineingebissen.

»Denn alles, was innen ist, ist außen.« Unser Körper folgt unserer inneren Haltung, trägt nach außen, was wir gerade fühlen oder denken, und wird damit zu einer Sprache. Wer den eigenen Körper unkontrolliert quasseln lässt und die Informationen anderer nicht verwerten will, ist selbst schuld und muss sich nicht wundern, wenn es zu Missverständnissen kommt. Wer hingegen die Sprache des Körpers versteht und für den Austausch mit anderen nutzt, steuert sein Boot umsichtig durch Wind und Wellen.

Zwei Beispiele: Menschen in Ihrer Umgebung nehmen anhand Ihrer Körpersprache wahr, wie Sie sich gerade fühlen. Sie erfassen den emotionalen Ausdruck, kennen aber nicht seine Ursachen. In extremen Fällen, wie beispielsweise einem Trauerfall, würden Sie Ihren Zustand mit wenigen Worten klären. Im beruflichen Alltag jedoch schleppen Sie versteckte Stimmungen wie Frust und Aggression von einer Situation in die nächste. Andere neigen dazu, verborgene Emotionen auf sich selbst und die gegenwärtige Situation zu beziehen, und ehe Sie sichs versehen, haben die anderen auch schon zu Ihrem Nachteil reagiert. Gehen Sie mit Ihrer emotionalen Haltung nicht klar und sauber um, provozieren Sie Missverständnisse und Spannungen.

Und wie verfahren Sie, wenn Sie Menschen beispielsweise von Ihrer Sache überzeugen möchten? Der Funke springt nicht durch geschliffene Formulierungen oder aufgeklebte Power-Gesten über, sondern nur durch Ihre von innen kommende Leidenschaft, die sich über Sprache und Körpersprache Ihrem Publikum vermittelt. Erstaunlich viele Redner können die Frage, warum sie vor ihr Publikum treten, statt E-Mails zu versenden, nicht beantworten. Viele wissen auch nicht, mit welcher Aufgabe sie auf eine Bühne treten und wozu sie ihr Publikum bewegen wollen. Was für Emotionen gilt, betrifft gleichermaßen Gedanken: Einer unklaren Haltung folgt ein unentschlossener Körper.

An dieser Stelle drängt sich eine Überlegung geradezu auf: Wenn Körpersprache der inneren Haltung folgt, müsste man den Körper über seine innere Haltung lenken können. Man »optimiert« die gedankliche oder emotionale Einstellung und die Körpersprache »optimiert« sich sozusagen von alleine. Damit ist auch schon der Leitgedanke formuliert, dem *authentische Körpersprache* folgt:

Indem Sie eine berufliche Situation anders »denken« oder »fühlen« verändert sich Ihre innere Haltung und damit Ihre Körpersprache.

Zur Verdeutlichung: Erscheinen Sie beispielsweise an einem grauen Montagvormittag auf einer Sitzung, werden Sie sich in der Regel über Ihren Auftritt keine Gedanken machen: Sie tragen noch irgendwelche Erinnerungen an das vergangene Wochenende mit sich herum. In diese Stimmung mischen sich Ihr Ärger über ein gerade beendetes Telefonat und Ihre innere Haltung den nun anwesenden Mitarbeitern gegenüber: Manche schätzen Sie, andere gehen Ihnen unendlich auf die Nerven. Schlussendlich runden Gedanken, die Ihnen zu den angesetzten Themen im Kopf herumschwirren, das Bild ab. Die Summe aus alledem transportiert sich über Ihre Körpersprache nach außen. So selbstverständlich ist dieser Moment mit Ihrem gegenwärtigen Leben gefüllt, dass Sie sich über diese »Füllung« keine Gedanken machen. Wozu auch? Nicht der Mühe wert, sich damit auseinander zu setzen, solange es sich um die wöchentliche Teamsitzung handelt. Doch wie gehen Sie mit der Situation um, wenn es sich um einen Auftritt beim Vorstand handelt, von dem die Zukunft Ihrer Abteilung abhängt.

Interessanterweise machen sich Theatermenschen über diese Füllung die allermeisten Gedanken. Eine fiktive Figur ist bis auf die Sätze, die ihr der Autor in den Mund gelegt hat, zunächst einmal leer. Zum Leben benötigt sie Interpretation und Fantasie von Regisseur und Darsteller. Ginge es darum, für eine Szene einen Doppelgänger von Ihnen anzufertigen, würde man mitnichten Ihre Körpersprache kopieren. Das Ergebnis wäre unglaubwürdig, wenn nicht lächerlich. Stattdessen würden die oben beschriebenen Bedingungen, die zu Ihrem Auftritt führten, das so genannte »Als ob«, erarbeitet. Der Darsteller reagiert auf dieses Als-ob und füllt dadurch die Figur mit Leben – sein Körper beginnt von alleine zu sprechen. Versuchen Sie, sich diese gängige Theaterpraxis vorzustellen – vor diesem Hintergrund lässt einen das Vorhaben, den eigenen Auftritt mithilfe einiger neuer Gesten zu verbessern, schmunzeln.

Entwickeln Sie stattdessen eine klare innere Haltung und die Bereitschaft, diese nach außen zu zeigen, schaffen Sie die Voraussetzungen für eine glaubwürdige Körpersprache, die nicht mehr »irgendwie« rüberkommt, sondern gezielte Botschaften vermittelt. In den nachfolgenden Kapiteln, die sich mit unterschiedlichen beruflichen Situationen auseinandersetzen, werden Sie eine große Gemeinsamkeit finden: Die Analyse der jeweiligen Situation und das Bestimmen der eigenen inneren Haltung sind grundlegend für Ihren körpersprachlichen Auftritt. Wenn Sie durch die richtige Türe gehen, ergibt sich der Rest fast von alleine.

Situationen neu denken und Emotionen willentlich ändern? Sie möchten ein cleverer Verhandlungspartner und ein mitreißender Redner werden, aber kein Darsteller – und erst recht keine Bühnenfigur. Aber wie steht es um Ihre Bühne? Verstellen Sie sich, wenn Sie gegenüber Ihren Mitarbeitern den Optimisten geben, in Wirklichkeit aber Zweifel an dem vorgestellten Projekt haben? Schauspielern Sie, wenn Sie gegenüber Ihrem Publikum so tun, als wäre ein Thema neu und spannend, obwohl es Ihnen bereits zu den Ohren herauskommt? Spielen wir nur mit Sprache oder bereits mit der Realität, wenn wir Probleme in »Herausforderungen« und Arbeitslose in »Menschen mit neuen Zielen« umbenennen? Die wenigen Beispiele lassen bereits erkennen, wie heimliche Beherrschung, bewusste Verstellung und subtile Deformation von Sprache das Berufsleben durchdringen und ein wahrhaftiger Boden schlecht auszumachen ist. »Das Leben ist eine Bühne«, sagt Shakespeare. Wie weitgehend und tiefgreifend die Kunst der Verstellung im Einzelfall notwendig ist, sei dahingestellt – wer sich erfolgreich auf seiner beruflichen Bühne bewegen möchte, sollte zumindest ihre dramaturgischen Gesetze kennen.

Der »Status« – Schlüssel zur verborgenen Einstellung

Inhalte gibt das Stück vor, Handlungsabläufe müssen weitgehend erfunden werden. Den Weg dorthin geht man bei der Probenarbeit über so genannte Improvisationen – eine Art der Ideenfindung. Man sucht eine Szene nicht, indem man über sie nachdenkt, sondern man findet sie, indem man sie erspielt. Bei den ersten Proben treiben sich die Darsteller gegenseitig in Spielsituationen, bis gefundenes Material verdichtet und allmählich festlegt wird. Improvisationen beinhalten einen ganz besonderen Clou: Ohne »Status« geht gar nichts. Ohne Status wirkt jedes Spiel leer und unecht.

In Ihrem Leben nehmen Sie – häufig ohne es zu bemerken – anderen gegenüber unaufhörlich einen bestimmten Status, eine bestimmte innere Haltung ein: Aus einem »Hochstatus« heraus dominieren Sie andere, in einem »Tiefstatus« werden Sie dominiert. Niemals aber existiert zwischen zwei Menschen derselbe Status. Untergebene, Lernende, Arbeit, Rat oder Trost suchende Menschen nehmen beispielsweise einen Tiefstatus ein, Führende, Lehrende, Arbeit, Rat oder Trost gebende Menschen entsprechend einen Hochstatus. Bestes Beispiel dafür, dass nur einer »oben« stehen kann, sind Konflikte in Beziehungen: Häufig sind sie unerfreulich, weil nur um den höheren Status gerungen wird, statt nach einer gemeinsamen Lösung zu suchen.

Tiefstatus

Der Vorgesetzte spricht mit dem Mitarbeiter aus seinem Hoch-, der Mitarbeiter antwortet aus seinen Tiefstatus. Oder doch nicht? Wie verhält sich der Vorgesetzte, der seinen Mitarbeiter um einen Gefallen bittet? Wie verhält sich der Mitarbeiter, der den Vorgesetzten nicht akzeptiert? Wie verhalten sich gleichrangige Kollegen untereinander? Wie verhandelt derjenige, der einen Verhandlungserfolg unbedingt benötigt gegenüber dem, der eine Lösung gar nicht sucht? Das Statusverhalten kann, muss aber nicht, einer gegebenen Rangfolge entsprechen. Besonders aufschlussreich sind daher Konstellationen, in denen äußeres und tatsächliches Statusverhalten voneinander abweichen. An diesen Stellen fördert es verdeckte Machtverhältnisse und verborgene Absichten zutage.

Tiefstatus

Hinweise, wer aus welchem Status heraus agiert, liefert Ihnen die Körpersprache.

Merkmale eines Tiefstatus sind …

- … ein sich zurückziehender, klein machender Körper.
- … ein wackeliger Stand, häufig mit geschlossenen Beinen.

- … eine sparsame Gestik auf kleinem Raum.
- … ein leicht gesenkter Kopf in Kombination mit einem Blick von unten nach oben.
- … kontinuierliches entschuldigendes Lächeln.
- … ein respektvoller Abstand zu anderen.

Hochstatus

Hochstatus

Merkmale eines Hochstatus sind …

- … ein sich ausbreitender, groß machender Körper.
- … ein sicherer Stand, mindestens schulterbreit.
- … eine dynamische und ausladende Gestik.
- … ein Blick, leicht von oben nach unten.
- … ein klarer, bestimmter Ausdruck.
- … ein normaler Abstand zu anderen.

Wie tiefgreifend das Statusverhalten Ihr Umgehen mit anderen durchdringt, erleben Sie besonders deutlich, wenn der Status durch eine zufällige Wendung der Situation unvermittelt wechselt: Sind Sie beispielsweise im Glauben, jemand sei Student, und stellen fest, dass es sich um eine Lehrkraft handelt, verändert sich augenblicklich Ihr Verhalten. Oder: Sie geben Ihren Wagen beim Hotelportier ab und erwähnen nebenbei, dass Sie das Fahrzeug verkaufen werden. Sobald sich der Portier für den Wagen interessiert, wird er zum Kunden. Falls Sie die Gelegenheit nutzen möchten, wechseln beide von einer auf die nächste Sekunde ihren Status.

Der Blick auf das Statusverhalten von Menschen ist im Beruf ausgesprochen wertvoll, da es Ihnen Aufschluss darüber gibt, wie ein Mensch tatsächlich zu Ihnen steht. »Also, deine Idee finde ich ausgesprochen gut. Ganz schön clever … gefällt mir.« – Haben Sie beispielsweise eine höhere Position erklommen und begegnen Ihrem ehemals gleichrangigen Kollegen, der nun Ihr Mitarbeiter ist, so können Sie dessen Bemerkungen über Ihr neues Konzept mit zweierlei Maß messen: Inhaltlich stimmt er Ihnen zu – Sie meinen deshalb, er sei solidarisch und wird Ihnen folgen. Betrachten Sie hingegen den Status, den er gerade eingenommen hat, so entdecken Sie, dass er Sie aus einem Hochstatus heraus bewertet, einem Status, der seiner neuen, rangniedrigeren Position nicht zusteht. Selbst wenn seine Bewertung gut ausfällt: Die Tatsache, dass er Ihr Konzept ungefragt bewertet, ist ein Indiz dafür, dass er sich momentan nicht unterordnet.

»Was kann man denn da machen?«, werden Sie sich vielleicht fragen. Nichts! Indem Sie auf das Statusverhalten von Menschen achten, erhalten Sie lediglich einen Indikator, der Ihnen sehr genau die Einstellung des anderen Ihnen gegenüber anzeigt. Aus diesen Informationen können Sie Ihre Schlüsse ziehen: beispielsweise, wem Sie vertrauen und wem lieber nicht. In speziellen Situationen und eine gewisse Geschicklichkeit vorausgesetzt, können Sie mit dem Status auch spielen – doch davon später mehr. Grundsätzlich jedoch gilt: Körpersprache ist ein Instrument, Verhältnisse zwischen Menschen zu erkennen, aber kein Voodoo, mit dessen Hilfe man anderen ihre Gedanken austreibt.

Die »Situation« – Grundlage jeder Bewertung

Eine herausragende Rolle spielt die Situation, in der Sie sich mit einem anderen Menschen befinden: Eine bequeme Sitzhaltung beispielsweise in Kombination mit hinter dem Kopf verschränkten Arme kann Gemütlichkeit, aber auch Arroganz ausdrücken: Dem befreundeten Kollegen zeigt sie Ihre Entspanntheit. Sie vertrauen ihm und können formales Gehabe hintanstellen. Gegenüber Ihrer Mitarbeiterin hingegen drücken Sie mit derselben Haltung Arroganz aus: Sie zeigen, dass Sie es ihr gegenüber nicht nötig haben, sich korrekt hinzusetzen. Der Schlüssel für diese Bewertung liegt in der Kombination aus Status und Situation: Der Freund dürfte sich genauso hinsetzen wie Sie – daher senken Sie durch Ihre Sitzhaltung seinen Status nicht. Die Mitarbeiterin hingegen dürfte sich im Umgang mit Ihnen diese lässige Haltung nicht erlauben. Indem Sie sich die bequeme Sitzposition herausnehmen, demonstrieren Sie, wer hier der Boss ist.

Gemütlich oder arrogant?

Das Beispiel ließe sich unendlich weiterspinnen: Ändern wir den Ort und verlagern das angenommene Büro von einem Bankhaus in ein Theater, wird sich die betroffene Regieassistentin nichts denken, da in diesem Millieu lässigere Umgangformen gelten. Wechseln wir stattdessen die Zeit, vom Vormittag zum späten Abend, so wird sich auch die Vorstandssekretärin des Bankhauses nichts denken, denn sie weiß, Ihr Chef ist nach dem aufreibenden Tag müde.

Schauen Sie genau hin, was Ihnen die Körper von Menschen erzählen! – Dieser Aufruf durchzieht dieses Buch. Doch wer schaut hin, ohne zu bewerten? – Und genau hier liegt die Gefahr: Mit der Körpersprache verhält es sich wie mit einer Fremdsprache: Wie einzelne Worte haben einzelne Elemente, beispielsweise bestimmte Gesten, ihre Bedeutung. Aber genau wie Worte können auch Gesten mehrdeutig sein. Die Bedeutung von Worten hängt vom jeweiligen Satz, die von Gesten vom gesamten Körperausdruck ab. Weist eine Geste mit anderen körpersprachlichen Elementen in dieselbe Richtung, so bestätigt der gesamte Körper ihren Eindruck. Widerspricht jedoch der Rest des Körpers dem beobachteten Detail, so kann es sich ebenso um eine individuelle Eigenart ohne Bedeutung handeln. Schließen Sie deshalb nicht von einer kleinen Geste auf den Menschen, sondern machen Sie sich zunächst von dem ganzen Menschen ein Bild, bevor Sie dieses anhand von Details überprüfen. Je besser Sie einen Menschen kennen, desto genauer können Sie seine Worte und Gesten einordnen, da Sie individuelle Eigenarten und wichtige Hintergründe kennen und den aktuellen Ausdruck mit zahllosen anderen vergleichen können. Bei einem Fremden hingegen besitzen Sie diese Vergleichsmöglichkeiten nicht – Sie müssen eine gewisse Unschärfe hinnehmen und in Ihre Bewertung einfließen lassen.

Die Interpretation von Körpersprache ist für Sie nur dann von Wert, wenn Sie mit einer gewissen Unschärfe umzugehen lernen: Indem Sie den Körperausdruck anderer bewusst betrachten, sehen Sie mehr, aber niemals alles.

DER ERSTE EINDRUCK

... für ihn gibt es keine zweite Chance

Der erste Eindruck ist keine konkrete berufliche Situation, die an bestimmten Tagen eines Berufslebens zu meistern ist und an anderen Tagen nicht. Es handelt sich auch nicht um eine komplexe berufliche Situation. Was machen Sie körpersprachlich schon groß, während Sie Ihren ersten Eindruck abgeben? Sie kommen zur Türe herein, gehen ein paar Schritte, begrüßen einen oder mehrere Menschen, um sich dann vielleicht noch hinzusetzen, und schon ist er da, der erste Eindruck – nicht viel Zeit und nicht viel situatives Material für eine körpersprachliche Behandlung des Themas.

Lassen Sie sich durch das Lapidare und Selbstverständliche der Situation nicht täuschen: Es geschieht körpersprachlich zwar nicht viel, aber das, was geschieht, hat entscheidende Bedeutung für den weiteren Verlauf der Begegnung. Wir alle orientieren uns innerhalb der ersten Sekunden intuitiv anhand von Aussehen, Kleidung, Körpersprache und Sprache eines Menschen und entwickeln blitzschnell ein Gefühl dafür, mit wem wir es zu tun haben. Dank zunehmender Lebenserfahrung sind wir in der Lage, unsere Intuition kontinuierlich zu verbessern und sie als wertvolles Instrument im schnelllebigen Berufsalltag einzusetzen. In unseren riesigen Fundus von Eindrücken wird der aktuelle neue Mensch einsortiert, ob er will oder nicht.

Der erste Eindruck ist selbstverständlich nur ein erster Eindruck, auf den ein zweiter und ein dritter folgt. Halbwegs sich und andere reflektierende Zeitgenossen und in Gesprächsführung und aktivem Zuhören geschulte Menschen sind zweifelsohne bereit, erste Eindrücke durch weitere zu differenzieren und zu relativieren. Doch seien wir ehrlich: In den allerletzten tiefsten Fasern nistet er sich ein, dieser erste Eindruck, auch wenn wir meinen, schlauer zu sein als unsere Intuition. Häufig, noch

Jahre später, klopft sie an passender Stelle an und spottet: »Siehst du – hab' ich es nicht gleich gesagt? Genau das war doch mein erster Eindruck!«

Mitarbeiter, Kollegen, Kunden und Vorgesetzte bewerten jedoch nicht nur die erste Begegnung. Tagtäglich wird Ihre momentane Haltung und Stimmung wahrgenommen. Die Sie umgebenden Menschen reagieren auf Ihr gegenwärtiges Auftreten und spüren anhand ihres aktuellen Eindrucks an dem jeweiligen Tag, was heute von Ihnen zu erwarten ist und was nicht. Aus diesem Grund ist es sinnvoll, die Arbeit an dem eigenen Auftreten nicht auf die allererste Begegnung mit unbekannten Menschen zu beschränken, sondern sich darüber hinaus auch im Alltag immer wieder zu fragen, wie man gerade auf andere wirkt und ob man diese Wirkung tatsächlich beabsichtigt. Obwohl die Körpersprache nicht alleine verantwortlich ist für die Qualität eines ersten Eindrucks – weitere Faktoren wie Attraktivität, Kleidung und Sprache kommen hinzu –, so trägt sie doch in bedeutendem Maße hierzu bei. Ob Sie sich bewerben, mit Kollegen umgehen, Kundengespräche führen, an Sitzungen teilnehmen, Reden halten oder als Vorgesetzter Ihre Mitarbeiter zum Gespräch bitten: Immer wieder reagieren Menschen aufgrund ihres aktuellen Eindrucks von Ihnen. Aus diesem Grund ist die Fähigkeit, den ersten Eindruck körpersprachlich zu gestalten, von fundamentaler Bedeutung für einen erfolgreichen Auftritt.

Die Situation: Der Eindruck anderer ist Ihr Auftritt

Wenn wir anderen Menschen begegnen, lesen diese – bewusst oder unbewusst – in unserer Körpersprache. Was unser Körper jeweils »spricht«, entsteht aus unserer aktuellen inneren Haltung einem Menschen oder einer Situation gegenüber. Fühlen Sie sich beispielsweise verzagt und unsicher, könnten andere Ihre Beklommenheit an vorsichtigen Schritten, einer etwas gebeugten Haltung oder einem Blick ablesen, der minimal von unten nach oben gerichtet ist. Da es wenig Sinn macht, sich in einer ohnehin angespannten Situation zusätzlich zu belasten, indem man Schrittlänge, Körperhaltung und Blickwinkel kontrolliert, verbessern Sie Ihre Körpersprache indirekt: Statt sich ein körpersprachliches Verhalten anzukleben, das nicht das Ihrige ist, verändern Sie Ihre innere Haltung und damit Ihre Körpersprache. Der Vorteil: Ihre Körpersprache bleibt authentisch, denn sie entwickelt sich ganz selbstverständlich aus Ihren Gedanken und äußert sich genauso, wie es zu Ihnen passt.

Handeln statt wirken

Nehmen Sie eine Situation, in der Sie das unangenehme Gefühl haben, von anderen bewertet zu werden, nicht als gegeben hin, sondern ergreifen Sie selbst die Initiative. Sie reagieren nicht mehr auf mögliche Anforderungen anderer, sondern agieren, indem Sie mit einer klaren Haltung auftreten.

- Denken Sie den »ersten Eindruck«, den sich andere von Ihnen machen, als Ihren »ersten Auftritt«, den Sie selbst in die Hand nehmen.
- Ihren Auftritt gestalten Sie, indem Sie sich selbst eine klare Aufgabe stellen. Durch Ihre Aufgabe nehmen Sie eine entsprechende innere Haltung ein, die sich Ihrem Gesprächspartner über Ihre Körpersprache vermittelt.

Ob Sie tatsächlich die Gelegenheit haben, Ihre Aufgabe zu erfüllen und beispielsweise Ihr Interesse, Ihre Entschlossenheit, Ihre Ablehnung oder Begeisterung verbal auszudrücken, ist für das nonverbale Auftreten unerheblich. Ein wütender Mensch muss nicht sagen, dass er wütend ist – man sieht und spürt es. In gleicher Weise muss ein interessierter oder engagierter Mensch nicht äußern, wie interessiert und engagiert er gerade ist. Wenn die innere Haltung stimmt, wird sie von Ihrem Gegenüber erkannt, und der erste Eindruck geht in die gewünschte Richtung.

- Versuchen Sie nicht zu wirken. Wirken Sie, indem Sie handeln oder sich vor und während Ihres Auftritts ein bestimmtes Handeln vornehmen.

Zeigen statt reden

ER: Ich muss dir etwas sagen …
SIE: Was denn?
ER: Ich fühle so viel für dich, ich empfinde so viel für dich, ich denke ständig an dich und ich … ich finde dich so liebenswert und …
SIE: Ja und …?
ER: Ich … ich liebe dich!
SIE: Ich liebe dich schon lange.
ER: Wirklich? Schon lange? Du liebst mich auch?
SIE: Ja, ich liebe dich sehr!

Spätestens an dieser Stelle ist die Schmerzgrenze erreicht und ein ungeduldiger Lehrer wird seine Studenten unterbrechen und fragen, warum sie ununterbrochen über Gefühle reden.

ER: Wir sollten doch zeigen, dass wir uns ineinander verlieben!
SIE: Haben wir das falsch verstanden?

Das Beispiel aus dem szenischen Unterricht ist charakteristisch: Die Studenten sind noch nicht in der Lage, die geforderte Emotion – Verliebtheit – herzustellen. Deshalb hoffen sie, ihre Worte übernähmen diese Aufgabe, und glauben, sie »zeigen« ein Gefühl, indem sie darüber reden. Stattdessen aber entsteht ein unglaubwürdiger Dialog, der keine Emotion transportiert, weil er sie durch permanente Nennung entzaubert. In vielen beruflichen Situationen werden auch Sie bestrebt sein, eine Emotion zu vermitteln.

SIE: Sehr geehrte Damen und Herren. Ich freue mich außerordentlich, Sie an diesem wunderschönen Morgen in unserem Unternehmen begrüßen zu dürfen. Ich hoffe, Sie hatten eine gute Fahrt bei diesem herrlichen Sommerwetter. Ich jedenfalls freue mich sehr, Ihnen heute unsere neue Fabrikationsanlage zeigen zu dürfen. Ich bin sicher, es wird für Sie ein sehr spannender und aufschlussreicher Tag werden.

Verständlich ist der Wunsch, Stimmungen zu transportieren und dafür Sorge zu tragen, dass sich beispielsweise eine Besuchergruppe freundlich aufgenommen fühlt. Unglücklich ist hingegen der Versuch, Stimmungen durch eine überzogene Wortwahl und penetrantes Wiederholen zu erzwingen, wenn man ihren Gehalt emotional nicht einlösen kann. Die Worte »Ich freue mich ganz außerordentlich« sind zunächst eine sprachliche Verstärkung, entspringen sie aber keiner wirklich außerordentlichen Freude, verkehrt sich die beabsichtigte Wirkung in ihr Gegenteil: Verliebtheit auf der Bühne und Freude im Beruf geraten zur unglaubwürdigen Schablone. Einen nicht empfundenen emotionalen Zustand können Sie nicht herbeireden.

Meinen statt vorgeben

Achten Sie deshalb darauf, dass die geäußerte Haltung in etwa der Beziehung zu Ihrem Gegenüber entspricht. Solange sie auf nichts anderem basiert als auf einer Idee, werden Sie Glaubwürdigkeit verlieren statt gewinnen. Wenn Sie anderen Menschen freundlich und zuvorkommend begegnen möchten, behaupten Sie Emotionen nicht, indem Sie über sie reden, sondern motivieren Sie sie gedanklich. Nur so kann sich auch Ihr Körper freuen und Ihr Anliegen glaubhaft transportieren. Sollte es Ihnen – warum auch immer – schwer fallen, sich über eine Begegnung zu freuen, so versuchen Sie, statt leerer Worte und eingefrorenen Grinsens, gedanklich eine Brücke zum anderen zu bauen und sich selbst auf diese Weise zu motivieren. Alternativ können Sie den Kontakt auch auf einer nüchternen Sachebene belassen. Da Antipathie meistens auf Gegenseitigkeit beruht, würden Sie durch unaufrichtige Schönfärberei gegenüber dem, der in seiner frontalen Haltung verbleibt, nur Ihren Status senken.

Vermeiden Sie ...

- ... Fremden gegenüber überschwängliche Freude zu demonstrieren – wenn Sie den anderen noch nicht kennen, kann sie nicht glaubhaft sein.
- ... Freude durch ein aufgesetztes Lächeln zu vermitteln – denn Freude entsteht in den Augen und wird lediglich durch ein Lächeln begleitet.

- … ständig davon zu reden, wie sehr Sie sich freuen – die wiederholte Behauptung macht Sie unglaubwürdig.
- … von der ersten Sekunde an freudestrahlend mit einem Fremden umzugehen – glaubwürdige Emotionen benötigen einen Anlauf, bevor sie entstehen.

Stattdessen …

- … überlegen Sie sich vor der Begegnung, worüber Sie sich im Folgenden freuen könnten – dadurch schaffen Sie ein glaubhaftes Motiv.
- … halten Sie sich dieses Motiv während der Begegnung innerlich vor Augen – Ihre Freude wird auf diese Weise glaubhaft und richtig dosiert sein.
- … vertrauen Sie den freudigen Gedanken – Ihr Mienenspiel wird ihnen ganz selbstverständlich folgen.
- … erwähnen Sie lediglich ein oder zwei Mal Ihre Freude – Ihr Gegenüber wird es Ihnen glauben, weil Sie nicht aufdringlich sind.
- … geben Sie der Begegnung die Möglichkeit, sich nach und nach zu entwickeln – auf diese Weise entsteht ein glaubwürdiger Spannungsbogen.

DAS SEMINAR – DIE ERÖFFNUNG

Stephan Schätzky, 38 Jahre: »Guten Tag, meine Damen und Herren. Ich bin Stephan Schätzky und ich begrüße Sie sehr herzlich zu unserem Seminar ›Überzeugend und souverän durch gezielte Körpersprache‹. An diesem Tag werden Sie wenig von mir zu hören bekommen, umso mehr probieren Sie selbst aus – und ohne dass Sie es wissen, sind Sie bereits mitten in der ersten Übung: Ich bitte Sie nun alle, genau so, wie Sie jetzt gerade sitzen, zu verharren und sich nicht mehr zu bewegen. Merken Sie sich die Position Ihres Kopfes. Denn Ihren Kopf brauchen Sie, um sehen zu können, was hier gleich vor sich gehen wird. – Der erste Eindruck ist auch unser erstes Thema. Herr Hartmann, bitte schauen Sie sich einmal genau Herrn Weiden an und stellen ihn vor.« Thomas Hartmann, 53 Jahre: »Vorstellen? – Ich kenn ihn doch gar nicht.« Schätzky: »Stellen Sie ihn anhand Ihres ersten Eindrucks vor.« Hartmann: »Nett.« Schätzky: »Na ja … nett sind wir hier sicherlich alle – vielleicht geht es noch etwas genauer?«

Hartmann: »Vielleicht ... vielleicht noch ein bisschen zurückhaltend.« Schätzky: »Defensiv oder offensiv?« Hartmann: »Also ... wenn Sie mich so fragen, dann eher defensiv.« Schätzky: »Wer von Ihnen meint das denn noch, dass Herr Weiden defensiv wirkt?« – Alle Hände heben sich, auch die von Philipp Weiden. Schätzky: »Frau Öffner, betrachten Sie doch einmal Frau Wolf.« Edith Öffner, 55 Jahre: »Na ja ... also ... ich bin mir da nicht sicher, das kann natürlich auch anders sein, aber auf mich wirken Sie sehr professionell.« Schätzky: »Was heißt das?« Öffner: »Na ja, so als ob sie alles im Griff hat – professionell eben. Also, als ob sie genau weiß, was sie tut.« Hartmann: »Vielleicht auch ein wenig streng.« – Konstanze Wolf, 34 Jahre, blickt ihn streng aus den Augenwinkeln an. Hartmann: »Streng ist ja nicht schlecht. Das ist richtig gut für den Job ...« Öffner: » ... professionell eben.« Wolf: »Also wäre ich so professionell, wäre ich kaum hier.« Schätzky: »Weshalb sind Sie denn hier?« Wolf: »Ich gebe selbst Rhetorik-Seminare und wollte mir das hier mal anschauen.« Schätzky: »Und was erwarten Sie, Herr Weiden?« Weiden: »Na, ja. Ich habe seit drei Monaten 87 Mitarbeiter unter mir und kann mich, glaube ich, da irgendwie nicht so richtig durchsetzen.« Schätzky: »Und Sie Herr Breitscheid, was haben Sie denn für einen ersten Eindruck von Herrn Gessner?« Manfred Breitscheid, 36 Jahre: »Na ja – neutral.« Schätzky: »Neutral gibt es nicht.« Breitscheid: »Ach so? – Na ja, dann vielleicht ... also korrekt wirken Sie, so als wäre Disziplin wichtig.« Schätzky: »Wer von Ihnen würde Herrn Gessner denn als leitenden Verkäufer einstellen?« – Keine Hand regt sich. – »Und wer als Controller?« – Alle Hände heben sich. Kurt Gessner 43 Jahre: »Das ist ja verblüffend! Ich bin Controller!« – Die Teilnehmer verlassen vor Erstaunen ihre Haltung. Schätzky: »Achtung, denken Sie an Ihre Körperhaltung.« Die Teilnehmer verharren erneut in ihren Posen. Gessner: »Na so was. Das können Sie doch gar nicht gewusst haben?« Schätzky: »Frau Wolf. Wie wirkt denn Herr Koller auf Sie?« Wolf: »Emotional, feurig, vielleicht gelegentlich unbeherrscht, aber durchaus markant.« Schätzky: »Und woraus lesen Sie das?« Wolf: »Hohe Körperspannung, vorgeschobener Nacken, unruhige Füße – das Markante kann ich nicht belegen, das ist weibliche Intuition.« Öffner: »Wirklich sehr professionell, wie ich gesagt habe.« Weiden: »Vielleicht sollte ich das auch mal ausprobieren.« – Alle lachen. Wolf: »Allerdings – wenn ich ganz genau sein soll – ein ganz klein wenig wirkt er, als stünde er unter Druck.« Wolfgang Koller, 47 Jahre: »Ein ganz klein wenig nur –

das ist ja richtig gut!« Schätzky: »Ihren Eindruck können Sie ja wirklich sehr gut am Körperausdruck festmachen. – Was sehen Sie denn bei Herrn Breitscheid?« Wolf: »Guter Bodenkontakt, etwas zu gemütlich auf dem Stuhl sitzend, die Arme bequem über Kreuz.« Schätzky: »Das ist aber noch keine Wirkung, Frau Wolf.« Wolf: »Sie fragten mich ja auch, was ich sehe ...« – Breitscheid nutzt die Gelegenheit, sich möglichst unauffällig etwas aufrechter hinzusetzen. – Wolf: »... wenn Sie jetzt etwas über die Wirkung erfahren möchten, dann sage ich: bodenständig und in sich ruhend, vielleicht ein wenig behäbig.« Manfred Breitscheid klatscht sich auf die Schenkel: »Das sagt meine Frau auch immer, dass ich behäbig bin.« Schätzky: »Herr Gessner, was sehen Sie denn bei Frau Öffner?« Öffner lächelt ihn an, Gessner lächelt verschmitzt zurück: »Also, ich bin jetzt gerade noch sehr beeindruckt von Frau Wolf und ich glaube nicht, dass ich das jetzt genauso präzisieren kann.« Schätzky: »Beschreiben Sie Ihren Eindruck so, wie Sie es können.« Gessner: »Also, ich finde Frau Öffner sehr ruhig und sanft und so innerlich strahlend. Mir ist aufgefallen, dass sie sehr weiche Bewegungen macht und in den Augen eine mütterliche Wärme hat.« Edith Öffner strahlt ihn an: »Das haben Sie wirklich nett gesagt!« Thomas Hartmann: »Das Sanfte, das sehe ich bei Frau Öffner und bei Herrn Weiden.« Breitscheid: »Stimmt ... und beide machen auch nicht so viel mit den Armen und den Händen rum. Und wenn Sie was machen, dann ist es klein.« Schätzky: »Stimmt, das sehe ich auch. – Gibt es sonst noch Ähnlichkeiten in der Runde?« Wolf: »Also: Frau Öffner und Herr Weiden haben eine reduzierte, defensive Gestik. Herr Gessner eine spitze, stechende. Herr Breitscheid eine behäbige und Herr Koller und Herr Hartmann eine raumgreifende Hauruck-Gestik.« Hartmann: »Also das kann ja nun wirklich nicht sein. Ich bewege mich seit einer halben Stunde keinen Millimeter.« Wolf: »Ich habe Sie aber auch vor dem Seminar beobachten dürfen, Herr Hartmann, als Sie von Ihrer abenteuerlichen Autofahrt hierher erzählt haben.« Hartmann: »Ja, aber das war ja auch abenteuerlich.« Schätzky: »Vielleicht würde noch abschließend jemand aus der Runde seinen ersten Eindruck von Herrn Hartmann abgeben – der fehlt nämlich noch. Weiden: »Das würde ich gerne machen. Ich habe Sie nämlich schon beobachtet und ich glaube, Sie haben etwas Dominantes. Sie führen, das merkt man gleich.« Hartmann: »Stimmt – ich habe 3000 Mitarbeiter unter mir.« Schätzky: »Und was glauben Sie, woher die Dominanz kommt?« Weiden: »Na, ja ... Sie sitzen sehr aufrecht da. Der Kopf ist leicht erhoben. Der Blick ist so ein bisschen stechend ... so etwas herausfordernd und die Gesten sind irgendwie entschlossen.« Schätzky: »Danke ...« Weiden: »Entschuldigung, dass ich unterbreche. Ich möchte nur sagen, dass das genau mein Thema ist: Wissen Sie, ich habe 15 Jahre lang, vielleicht aus gutem Grund, hinter Computern verbracht und mich nur am Rande für Menschen interessiert. Und jetzt soll ich plötzlich 87 Mitarbeiter führen und weiß gar nicht, wie das geht.« Schätzky: »Die Themen ›Dominanz‹ und ›Präsenz‹ werden wir später behandeln. Zunächst noch einmal kurz zurück zum ersten Eindruck: Wer von Ihnen würde denn sagen, dass der erste Eindruck, den die anderen Teilnehmer von Ihnen hatten, in die richtige Richtung ging?« Alle heben die Hand. Schätzky: »Erstaunlich, finden Sie nicht? Ganz intuitiv schätzen Sie Menschen, die Ihnen noch nie begegnet sich, richtig ein, was zeigt, wie wichtig der erste Eindruck ist, den wir alle abgeben.« Gessner: »Entschuldigung, Herr Schätzky, ich bin noch ganz irritiert und traue mich schon gar nicht mehr, zu gestikulieren. – Aber eines würde mich noch sehr interessieren: Kann man jetzt an der spitzen und stechenden Gestik alle Controller erkennen?«

Im Raum: Ihr Verhältnis zum Raum bestimmt Ihre Präsenz

Bühnenräume sind heutzutage größtenteils abstrakt gehalten. Unterschiedliche Orte werden in szenenreichen, fragmentarisch aufgebauten Werken häufig nur durch Lichtwechsel angedeutet. Sie leben weniger durch aufwändige Bauten oder naturalistische Details als durch das Spiel der Darsteller. Stellen Sie sich vor, ein Mensch betritt für eine bevorstehende Prüfung einen geräumigen Saal. In diesem Raum wird eine bedeutende Weiche für seinen weiteren Lebensweg gestellt. Ehrfürchtig wandelt er in dem Saal umher und wartet gespannt auf den großen Moment. Szenenwechsel: Der gleiche Saal ist in der Zwischenzeit sein Arbeitsplatz geworden. Er geht hier ein und aus, verrichtet seine Arbeit, fühlt sich dabei mal ein wenig besser, mal ein wenig schlechter. Den Saal nimmt er kaum wahr – seine Sinne sind dem Raum gegenüber so unaufmerksam wie seine innere Haltung alltäglich. Szenenwechsel: Ein ganz besonderer zweiter Mensch taucht in diesem Saal auf, der unserem ersten Menschen nicht aus dem Kopf gehen will. Der Raum lässt nun sein Herz hüpfen, denn er ist erfüllt von dem Duft dieses Zauberwesens, in das er sich verliebt hat. Szenenwechsel: Jahre später, inzwischen ist unser Mensch mit seiner großen Liebe verheiratet, Kinder zerren an seinen Armen, weil sie sich in diesem komischen Raum langweilen. Er aber steht ganz ruhig in der Türe – mit einem inneren Lächeln und einem leichten Anflug von Melancholie erinnert er sich an vergangene Jahre.

Die kurze – zugegeben leicht dramatisch verdichtete – Szenenfolge bildet einen Hintergrund, vor dem Sie sich unterschiedliche Bewegungsformen unseres Protagonisten gut vorstellen können: Der sich ehrfürchtig bewegende Mensch, der alltägliche, sich nichts Besonderes denkende, der verliebte und schließlich der sich erinnernde Mensch. Man könnte die Geschichte erweitern und sich einen wütenden, einen traurigen oder enthusiastischen Menschen vorstellen. Obwohl der Raum jedes Mal der gleiche ist und nicht verantwortlich für die jeweiligen Zustände, dient er dem sich bewegenden Körper als Projektionsfläche für die jeweilige innere Haltung.

- Ihre innere Haltung zu einer Situation spiegelt sich in Ihrem Verhältnis zum Raum wider.
- Ihr Verhältnis zum Raum führt unvermeidlich zu charakteristischen Bewegungsabläufen Ihres Körpers, die von anderen wahrgenommen und intuitiv interpretiert werden.

Indem Sie Ihr Verhältnis zum Raum ändern, können Sie Ihre Körpersprache und damit den abgegebenen Eindruck gestalten.

Gast oder Gastgeber – so dominieren Sie im Raum

Die obige Szenenfolge dient der Anschauung. Für den beruflichen Kontext sind lediglich zwei Haltungen zum Raum maßgebend:

Gast oder Gastgeber:

- Als Gast gehört Ihnen der Raum nicht – sie agieren aus einem Tiefstatus heraus –, »vorsichtig«, »zurückhaltend« oder »abwartend« sind typische Haltungen.
- Als Gastgeber gehört Ihnen der Raum – sie agieren aus dem Hochstatus heraus –, »empfangend«, »bestimmend« oder »fordernd« sind typische Haltungen.

Beispiele für Gäste in Räumen sind: Mitarbeiter im Büro des Vorgesetzten, Bewerber im Büro des Personalchefs, Kunden in Geschäftsräumen, Mitarbeiter eines Unternehmens in den Räumen eines anderen. **Beispiele für Gastgeber sind:** Pförtner am Empfang, Vorgesetzter im Büro seiner Assistentin, Verkäufer in Verkaufsräumen und jeder von Ihnen in seinem eigenen Büro. Achten Sie darauf, dass Ihr Verhältnis zum Raum Ihrer Rolle entspricht:

- Als »Gast«, der sich wie ein »Gastgeber« benimmt, wirken Sie unangenehm und arrogant – Sie nehmen sich einen Raum, der Ihnen nicht zusteht.
- Als »Gastgeber«, der sich wie ein »Gast« benimmt, wirken Sie unsicher und angreifbar – Sie nehmen sich nicht den Raum, der Ihnen nicht zusteht.

> Sie verbessern Ihren ersten Eindruck auf andere, indem Sie Ihnen zugewiesene Rollen korrekt ausfüllen und nach außen körpersprachlich transportieren.

Der Gast ...

- ... öffnet zurückhaltend die Türe.
- ... bleibt an der Türe stehen, bis er aufgefordert wird, näher zu kommen.
- ... geht zögernd oder mit kleinen Schritten.
- ... hält sich in den Randbezirken eines Raumes auf.
- ... hält respektvollen Abstand zu anderen.

Der Gastgeber ...

- ... öffnet selbstverständlich und zügig die Türe.
- ... geht sofort in den Raum hinein.

Vorsichtiges Eintreten

Selbstsicheres Eintreten

Zögerndes, langsames Gehen

Selbstbewusstes, zügiges Gehen

Respektvoller Abstand

Konfrontativer Standpunkt

- … geht dynamisch, mit großen Schritten.
- … hält sich in der Mitte des Raumes auf.
- … tritt auch nah an andere heran.

So steigern Sie Ihre Präsenz

Ihre Präsenz im Raum wird Ihnen immer dann bewusst, wenn Sie dabei sind, sie zu verlieren. Ohne Präsenz fühlt man sich klein, verzagt, unsicher. Man hat das Gefühl, das Geschehen nicht bestimmen zu können oder nicht im Mittelpunkt zu stehen, obwohl diese Position der Situation oder der eigenen Stellung in einem bestimmten Rahmen angemessen wäre. Typisch für dieses Entgleiten der eigenen Präsenz sind berufliche Situationen, die nur selten auftreten, neue Herausforderungen, bei deren Bewältigung man noch keine Routine hat, oder Situationen, die anspannen, weil sehr viel von ihrem glücklichen Ausgang abhängt. Eine starke Präsenz basiert auf …

- **… Ruhe:** Vermeiden Sie daher in Ihrem Auftreten alles Hektische und Laute. Sie verraten damit nur, dass Sie eine Situation nicht im Griff haben.
- **… Entspanntheit:** Auch wenn es Ihnen schwer fällt: Lassen Sie andere glauben, Sie bewältigen eine Herausforderung mühelos.
- **… Wohlfühlen im eigenen Körper:** Achten Sie darauf, dass Sie sich in Ihrer Kleidung attraktiv und wohl fühlen. Besonders wichtig sind Ihre Schuhe. Nur wenn sie gut sitzen und bequem sind, haben Sie einen sicheren Stand und einen guten Bodenkontakt.
- **… einem vertrauten Verhältnis zum Raum:** Je vertrauter Sie mit einem Raum sind, desto sicherer fühlen Sie sich. Halten Sie sich deshalb schon einige Zeit vor Beginn einer Veranstaltung in dem Raum auf, in dem Sie auftreten werden.
- **… einer optimistischen Einstellung:** Erinnern Sie sich an frühere Erfolge. Indem Sie sich diese wie in einem kurzen Film vergegenwärtigen, machen Sie sich Mut.
- **… Kontakt zu den Menschen:** Legen Sie mit anderen letzte Hand an. Knüpfen Sie Kontakte und führen Sie kleine Gespräche im Vorfeld. Sie bauen Brücken zu anderen, die Ihnen Sicherheit geben.

Der Körper: Hände und Augen schaffen Kontakt

Im Zentrum des ersten Eindrucks steht die Begrüßung. Da es sich bei der gängigsten Variante, dem Schütteln der Hände, um einen ersten Körperkontakt handelt, ist dieser Vorgang für die Interpretation einer Begegnung besonders aufschlussreich. Entscheidend ist das Zusammenspiel von drei Elementen:

Der Körper zeigt, wie jemand zu Ihnen steht: Menschen umgibt eine so genannte Intimzone von ungefähr 70 Zentimetern. Kommt jemand deutlich näher, dringt er in diesen Raum, was je nach Situation Vertrautheit, Dominanz oder Hilfsbedürftigkeit signalisiert. Der Vertraute sucht eine Nähe, die Sie ihm zuvor gewährt haben, der Dominante nimmt sich eine Nähe, die Sie ihm nicht gewährt haben. Der Hilfsbedürftige geht über Grenzen, weil er nur seine Not kennt und Hilfe sucht.

Die Augen sind das Fenster zu Seele: Sie zeigen, welche Art von Kontakt Ihr Gegenüber sucht. Schauen Sie genau hin, wie Sie jemand bei der Begrüßung anblickt: Wischt sein Blick lediglich an Ihnen vorbei? Kehrt sein Blick nach scheuem Wegsehen wieder zu Ihnen zurück? Geht sein Blick zu Boden, während er sich vorstellt? Oder prüft der Blick Sie von oben bis unten? – Möglichkeiten gibt es viele.

Hand und Arm lassen die innere Spannung spüren: Dem anderen nur lasch die Hand zu drücken vermeiden die meisten inzwischen. Und auch das Zerquetschen der Hand durch eine gegnerische Pranke findet man außerhalb von Schreinereien nur noch selten. Was sich noch nicht herumgesprochen hat – und deswegen schön zu beobachten ist –, sind die Art der Berührung und die Qualität der Spannung, die den Arm hinaufgeht. Dynamische Zeitgenossen hauen ihre Hand in die des anderen wie die Axt in den Baumstamm. Vorsichtige Persönlichkeiten tasten zaghaft nach der Hand des anderen. Unsichere und demzufolge verspannte Menschen spannen bei der Begrüßung nicht nur die Hand, sondern gleich den ganzen Arm an – sie geben nicht die Hand, sondern den Arm.

Varianten der Begrüßung – Varianten der Verbundenheit

Der erste Eindruck entsteht immer durch das Zusammenspiel von Körper, Augen und Händen. Beispielhaft werden im Folgenden einige typische Kombinationen beschrieben.

Höflich

- Die Hand gibt einen guten Kontakt und schüttelt lebhaft die andere.
- Ein freundlicher Blick trifft auf gleicher Linie.
- Der Blick wird von einem zuvorkommenden Lächeln begleitet.
- Die Augen blicken den anderen interessiert an.
- Der Körper ist dem anderen zugewandt.
- Der Körperabstand ist respektvoll.

Herzlich

- Die Hand gibt einen guten Kontakt und schüttelt lebhaft die andere.
- Ein langer und warmherziger Blick trifft auf gleicher Linie.
- Der Blick wird von einem innigen Lächeln oder herzlichen Lachen begleitet.
- Der Körper ist dem anderen zugewandt.
- Der Körperabstand ist nah.
- Männer klopfen sich gelegentlich auf die Schultern oder boxen sich scherzhaft.
- Frauen legen gelegentlich die Hände ineinander und halten sie etwas länger.
- In intensiven Momenten umarmt man sich.

Routiniert

- Die Hand drückt und schüttelt kurz.
- Ein kurzer Blick trifft auf gleicher Linie.
- Der Blick wird von einem höflichen, nichtssagenden Lächeln begleitet.
- Der Körper wendet sich dem anderen kaum zu, steht häufig schräg zum Gegenüber.
- Der Körperabstand ist respektvoll.

Höflich

Herzlich

Routiniert

Zurückhaltend

Vereinnahmend

Dominierend

Zurückhaltend

- Die Hand liegt schwach in der anderen und lässt sich schütteln.
- Der Kopf ist leicht gesenkt. Entsprechend geht der Blick von unten nach oben.
- Der Blick ist scheu, häufig rutscht er kurz weg, um sofort wieder zurückzukehren.
- Der Blick wird von zaghaftem Lächeln begleitet.
- Der Körper wendet sich dem anderen zu.
- Der Körperabstand ist respektvoll.

Vereinnahmend

- Die Hand drückt lange, gelegentlich umschließen zwei Hände die Hand des Gegenübers, manchmal zieht die Hand den anderen zu sich heran.
- Die Augen fixieren den anderen, lassen ihn kaum los.
- Den Blick begleitet ein strahlendes Lächeln, das gelegentlich aufgesetzt wirkt.
- Der Körper wendet sich frontal zu.
- Der Körperabstand ist nah.
- Nach der Begrüßung dreht sich der Körper gelegentlich in die Perspektive des Gegenübers und der Kopf kommt nah heran.

Dominierend

- Die Hand drückt fest.
- Der Kopf ist leicht erhoben. Entsprechend geht der Blick von oben nach unten.
- Der Blick ist fest und konfrontativ, fixiert gelegentlich den anderen.
- Den Blick begleitet ein strenger oder falsch lächelnder Mund.
- Der Körper wendet sich frontal zu.
- Der Körperabstand ist respektvoll.

Eine Frage des Stils

Man hebt die Hände zum Gruß, schüttelt sie oder klopft auf Schultern – wie man gerade Lust hat. Dass es bei der Begrüßung auch Regeln gibt, beachten viele nicht. Sicher ist es nicht notwendig, sie tagtäglich anzuwenden. Man sollte sie allerdings kennen, um sich bei passender Gelegenheit in Kreisen empfehlen zu können, die darauf achten, wie man sich benimmt:

- Unterscheiden Sie, ob Sie jemanden »grüßen« oder »begrüßen«. Man grüßt ohne Handschlag und begrüßt mit Handschlag. Als Rangniedriger grüßen Sie, als Ranghöherer begrüßen Sie. Dahinter steht der Gedanke, dass der Rangniedrigere dem Ranghöheren seine Hand nicht aufzwingen darf. Die Entscheidung ist dem Höhergestellten vorbehalten.
- In einem privaten Rahmen begrüßt und verabschiedet man grundsätzlich zuerst die Damen, anschließend die Herren. In einem beruflichen Zusammenhang genießen innerhalb einer Gruppe gleichgestellte Damen die gleiche Bevorzugung. Sind sie allerdings rangniedriger als beispielsweise Ihre männlichen Verhandlungspartner, werden diese zuerst begrüßt.

Ihr Auftritt: Eine klare Einstellung schafft eine klare Körpersprache

Gerne erscheinen Menschen irgendwie lächelnd in einem Raum, weil sie meinen, ein Lächeln wäre für einen ersten Eindruck immer gut. Anschließend beginnen sie irgendwie mit ihrem Anliegen, konzentriert auf den vorzutragenden Inhalt. Das Ergebnis: Andere verstehen zwar, was der Betreffende will, ein »irgendwie« kann aber emotional keine klare Botschaft vermitteln. Doch gerade elementare Botschaften entfalten ihre Wirkung nur dann, wenn sie emotional verabreicht werden.

In einer für das Unternehmen prekären Lage scheitert beispielsweise der introvertierte, nuschelnde Vorgesetzte, wenn er seine

Mitarbeiter nur gutmütig darum bittet, ihr Handeln zu verändern. Zum Nachteil seines Unternehmens versäumt er, streng und entschlossen aufzutreten und eine dringende Botschaft nachhaltig zu transportieren. Mit seiner privaten Introvertiertheit steht er sich stattdessen selbst im Weg. Dass es bereits fünf vor zwölf und ein radikaler Kurswechsel der gesamten Belegschaft unumgänglich ist, nimmt sich die große Masse nicht zu Herzen. Darüber hinaus lassen sich Menschen, die ihre Vorstellungen nicht eindeutig und unmissverständlich unterfüttern, während ihres Auftritts leicht von ihrem Weg ablenken. Sobald der eigene Start misslingt, gerät man selbst leicht ins Schwimmen und reagiert auf divergierende Positionen immer gereizter. Die Folge: eine sich gegenseitig aufheizende Stimmung, die ins Nirgendwo führt und Frust hinterlässt.

- Nur eine klare innere Haltung schafft eine klare Körpersprache und damit den gewünschten Eindruck auf andere.
- Klären Sie deshalb, welche emotionale Haltung Ihrem Auftritt zugrunde liegen soll.
- Finden Sie innere Bilder, auf denen diese Emotion gründet.
- Vergegenwärtigen Sie sich diese Bilder unmittelbar vor Ihrem Auftritt und verwenden Sie sie als Impuls.

Ein Beispiel: Sie wissen, dass sich Ihr neuer Chef bei dem bevorstehenden Gespräch einen »ersten Eindruck« von Ihnen verschaffen will. Damit sind Sie in der passiven Rolle. Sobald Sie sich hingegen die Begegnung als Ihren »ersten Auftritt« vorstellen, bei dem Sie ihn von etwas überzeugen wollen, folgen Sie einem bestimmten Ziel und übernehmen auf diese Weise einen aktiven Part. Überzeugen können Sie ihn nur, wenn Sie selbst überzeugt, vielleicht sogar begeistert sind – damit haben Sie die emotionale Haltung. Die inneren Bilder ergeben sich aus Ihrer Vision, beispielsweise einer bestimmten Idee oder einem bestimmten Produkt, für das Sie sich einsetzen. Ob Sie bei diesem ersten Gespräch tatsächlich auf Ihr Anliegen zu sprechen kommen, ist dabei unwesentlich, denn Sie können Ihr Projekt gegebenenfalls noch später vorbringen. Der erste Eindruck des Vorgesetzten aber wird sein: begeistert, engagiert und motiviert – und nur darum geht es.

Konstantin Sergejewitsch Stanislawski – Vater der modernen Schauspielkunst

Die Technik, durch innere Bilder oder erinnerte Emotionen Einfluss auf seine gegenwärtige Stimmung zu nehmen, stammt aus der Schauspielausbildung, die Konstantin Sergejewitsch Stanislawski Anfang des 20. Jahrhunderts begründet hat und die im Westen seit den 50er Jahren durch Lee Strasberg, Gründer des berühmten Actors Studio, verbreitet wurde. Stanislawski und Strasberg haben ihre Techniken eng verknüpft mit einer differenzierten Betrachtung des Individuums, denn häufig ist es erforderlich, innere Barrieren in bestimmten Bereichen der Persönlichkeit bewusst zu machen und zu überwinden.

Die so genannte »Stanislawski-Methode« beziehungsweise »Method« nach Strasberg sind nicht zu verwechseln mit ihrer Verarbeitung durch die Vertreter der »Neurolinguistischen Programmierung«. Diese haben sich bei der klassischen Schauspielausbildung bedient und eine Fast-Food-Version als neue Errungenschaft herausgebracht: Menschen werden aufgefordert, sich selbst zu programmieren, indem sie auf zuvor an ihrem Körper »verankerte« Punkte drücken, um unterschiedliche Emotionen auszulösen. Die Arbeit nach Stanislawski erfolgt in drei Schritten. Der Schauspielschüler lernt ...

- ... äußere Reize sehr genau wahrzunehmen und diese anhand seines Körpergefühls zu fixieren und wiederholbar zu machen.
- ... aus erinnerten Situationen Bilder herauszulösen und diese mit einer bestimmten Emotion zu verknüpfen.
- ... diese Bilder und damit die dazugehörigen Emotionen wieder aufleben zu lassen, so dass er sie bei Bedarf einsetzen kann.

In vereinfachter Form eignet sich diese Technik auch hervorragend für den beruflichen Kontext. Nach einigem Training sind auch Nicht-Schauspieler in der Lage, bestimmte berufliche Situationen nicht nur inhaltlich, sondern auch mental vorzubereiten. In der Praxis heißt das beispielsweise, dass Sie in der Lage sind, Optimismus und Zuversicht auszustrahlen, auch wenn Sie sie in einer bestimmten Situation nicht empfinden.

Die Erfahrung zeigt, dass viele Menschen nur schwer die Vielfalt unterschiedlicher Auftritte erkennen und benennen können. Auf die Frage, wie denn der erste Eindruck zu bewerten sei, lauten zwei typische Antworten: »Offen« oder aber »Verschlossen«. Wobei »offen« als gut und richtig und »verschlossen« als schlecht und falsch kategorisiert wird. Da angeblich die »offene« Haltung die korrekte ist, müsste folglich jede neue Situation auf die gleiche Weise zu bestreiten sein: Offene Körperhaltung, offene Gestik, offene Mimik und ein offener Blick – und schon wäre jede Sache geritzt. Hinter dem Begriff »offen« könnte man bei genauerer Betrachtung auch Haltungen wie neugierig, fröhlich, gespannt oder souverän entdecken. Und derjenige, der vordergründig als »verschlossen« gilt, entpuppt sich vielleicht als abwartend, müde oder einfach nur vorsichtig.

Eine differenzierte Wahrnehmung geht Hand in Hand mit der Arbeit an dem eigenen Auftritt. Nur wer Varianten erkennt, kann entscheiden, welche für ihn in einer konkreten Situation die zielführende ist.

SCHAUSPIELERIN: (knurrt)	Das ist ja alles schön und gut, wie Sie mir das Stück erklärt haben, junger Mann …
REGISSEUR:	… Danke …
SCHAUSPIELERIN:	… aber ich weiß jetzt immer noch nicht, wie ich zur Türe reinkomme, wie ich mich hinsetze und wie ich das Messer auf den Tisch lege.

Auf einer Probe tritt es sehr schnell zutage: Theoretische Erläuterungen helfen nicht weiter, wenn es um die Gestaltung einer konkreten Szene für die Bühne geht. In gleicher Weise mühen sich Schauspielstudenten ab: »Warum kommst du auf die Bühne?« lautet eine bevorzugte Frage des Lehrers, um die innere Haltung zu prüfen. Die vagen Antworten der Studenten erschöpfen sich in Charakterisierungen der Figur, Zusammenfassungen der Situation oder Interpretationen des Stückes. Gegen dieses intellektuelle Ausweichen, das die szenische Gestaltung eher blockiert als befördert, gibt es ein einfaches, aber effektives Mittel: Man fordert den Betreffenden auf, ausschließlich durch Verben zu beschreiben, was er auf der Bühne will. Denn für die erfahrene Schauspielerin ist es ein bedeutender Unterschied, ob sie auf der Bühne einen Mord vereitelt, vorbereitet, vertuscht oder aber nur einen Apfel isst.

Möchten Sie Ihre Mitarbeiter animieren oder ermahnen, Ihren Kollegen begeistern oder beruhigen? Möchten Sie Ihrem Chef gegenüber fragen, klären, vorschlagen oder durchsetzen?

- Überlegen Sie im Vorfeld, welchen ersten Eindruck Sie abgeben möchten – »offen« und »verschlossen« reichen nicht aus.
- Beschreiben Sie Ihren Auftritt mit einem Verb. Dieses Verb charakterisiert die Art Ihrer Bewegung.
- Wenn Sie dieser Bewegung inhaltlich und körpersprachlich folgen, geht der »erste Auftritt« in die gewünschte Richtung.

In der Schauspielausbildung gibt es zwei Wege, die zu einer glaubhaften Darstellung führen: Von innen nach außen und von außen nach innen. Letzterer bedeutet, dass man durch eine sichtbare Aktion zu einer inneren Überzeugung kommt, ersterer, dass man durch eine innere Überzeugung zu einer sichtbaren Aktion gelangt. Ziel ist, dass sich innen und außen gegenseitig durchdringen und stärken. Eine Aktion, die keiner stimmigen inneren Haltung entspringt, ist nicht glaubhaft. Eine innere Haltung, die sich in keiner Aktion äußert, ist für andere nicht sichtbar. Mit anderen Worten: Ihre innere Haltung nutzt Ihnen nichts, wenn sie keiner wahrnimmt. Falls Sie den Eindruck haben, dass Ihre klare innere Haltung nicht wahrgenommen wird, können Sie diese durch nachfolgende Hinweise körpersprachlich akzentuieren. Falls Sie allerdings keine klare innere Haltung haben, nutzen Ihnen auch diese Akzente nichts.

Die im Folgenden beschriebenen Bewegungsabläufe skizzieren einen Menschen, der zur Türe hereinkommt, durch den Raum geht, andere begrüßt und sich schließlich hinsetzt – eine ganz unspektakuläre, aber typische Situation, in der andere häufig einen ersten Eindruck von Ihnen gewinnen.

Klar und bestimmt

Klar und bestimmt können Sie sowohl aus dem Tief- als auch aus dem Hochstatus heraus auftreten. Gegenüber Mitarbeitern, Kollegen oder Vorgesetzten treten Sie ohne Wenn und Aber für oder gegen eine Sache oder einen Menschen ein. Sie bestehen nicht darauf, dass etwas nach Ihrer Vorstellung zu geschehen hat. Sie legen sich aber auf eine bestimmte Position fest. Die Schwierigkeit besteht darin, dass Sie sich genau den Raum nehmen, den Sie sich vorgenommen haben, und sich nicht in die Defensive zurückdrängen lassen.

Vermeiden Sie ...

- ... zaghaft die Türe zu öffnen.
- ... in leicht gebückter Haltung den Raum zu betreten.
- ... Schultern und Nacken anzuspannen.
- ... mit gesenktem Kopf von unten zu blicken.
- ... kleine Schritte und schweres, langsames Gehen.
- ... einen schlaffen Händedruck.
- ... ein nettes, harmloses Lächeln.
- ... mit den Blicken auszuweichen.
- ... Arme und Hände hängen zu lassen.
- ... sich beim Sitzen anzulehnen und in sich zusammenzusinken.

Stattdessen ...

- ... öffnen Sie mit Elan die Türe – Sie haben sich etwas vorgenommen.
- ... betreten Sie den Raum in aufrechter Haltung – es gibt keinen Grund, sich klein zu machen.
- ... halten Sie Schultern und Nacken entspannt – dann werden Sie Ihre Position entspannt rüberbringen.
- ... blicken Sie gerade heraus und aufrecht in die Augen der anderen – eine mögliche Gegenreaktion erhöht nur Ihren Sportsgeist.
- ... achten Sie auf eine mittlere Schrittlänge und gehen Sie schwungvoll – warum sollten Sie noch zaudern?
- ... drücken Sie klar und eindeutig die Hände anderer – so eindeutig, wie Sie sich fühlen.

- … lächeln Sie, wenn Sie sich freuen, doch nicht um der Nettigkeit willen – Sie sind heute nicht hier, um nett zu sein.
- … unterstützen Sie Ihre Ausführungen durch lebhafte Gestik – heute nehmen Sie sich Raum und nicht die anderen.
- … setzen Sie sich aufrecht hin – denn Sie haben eine aufrechte Position, die sich nicht beugen lässt.
- … suchen Sie auch im Sitzen Blickkontakt zu anderen – auszuweichen ist Ihre Sache heute nicht.

Wenn Sie einen klaren und bestimmten Eindruck abgeben möchten, ist es besonders wichtig, dass Sie körpersprachlich mit sich selbst und inhaltlich mit Ihrer Position im Gleichgewicht bleiben. Die Gefahr besteht darin, entweder nach »unten« abzurutschen oder sich nach »oben« aufzublähen. Im ersten Fall geraten Sie in die Defensive und nehmen sich weniger Raum, als ursprünglich beabsichtigt. Im zweiten Fall geraten Sie in die Offensive und beanspruchen einen Raum, der Ihnen womöglich nicht zusteht. Beide Abweichungen schwächen Ihre Position.

Der klare und bestimmte Mensch zeichnet sich durch eine in sich ruhende und klare Körpersprache aus. Der klare Körper bezieht Position im Raum. Nicht mehr, aber auch nicht weniger.

Interessiert und aufgeschlossen

Interessiert und aufgeschlossen können Sie sowohl aus dem Tief- als auch aus dem Hochstatus heraus sein. Während das Interesse aus dem Tiefstatus heraus den Beteiligten als selbstverständlich erscheint, werden in umgekehrter Richtung – der Ranghöhere interessiert sich für den Rangniedrigeren – Brücken gebaut. Sehr schön kann man beobachten, wenn Ranghöhere ihren Status bewusst senken: Indem Sie zum gemeinsamen Kaffee in der Sitzecke einladen und den anderen womöglich noch mit kleinen Gefälligkeiten bedienen, bereiten Sie den Raum, in dem sich der Rangniedrigere – beispielsweise mit neuen Konzepten – ausbreiten soll. Die Schwierigkeit besteht darin, auftretende Unruhe oder Ungeduld nicht durchbrechen zu lassen. Sie nähmen dem anderen dadurch den Raum, den er benötigt.

Vermeiden Sie ...

- ... hastig die Türe aufzureißen.
- ... ungeduldig in den Raum zu stürmen.
- ... nervöse Kopfbewegungen.
- ... auffordernde, offensive Blicke.
- ... große Schritte und schnelles Gehen.
- ... eine eilige Begrüßung.
- ... ein unverbindliches, kurzes Lächeln.
- ... aufgeregte Gestik.
- ... einen unruhigen Körper beim Sitzen, insbesondere unruhige Hände und Füße.

Stattdessen ...

- ... öffnen Sie die Türe mit Ruhe – denn es gibt keinen Grund zur Hektik.
- ... betreten Sie entspannt den Raum – mit Ihnen wird sich Ihr Gesprächspartner lockern.
- ... gehen Sie ruhig auf ihn zu – er soll sich nicht an die Wand gedrückt fühlen.
- ... begrüßen Sie ihn freundlich und gelöst – jede Art von Missstimmung wäre heute hinderlich.
- ... blicken Sie Ihren Gesprächspartner ruhig und interessiert an – Sie möchten ihm zeigen, dass Sie sich Zeit für ihn nehmen.
- ... begegnen Sie ihm herzlich, mit einem warmen Blick und lächelnd – Sie setzen auf ihn und das soll er auch merken.
- ... gestikulieren Sie ruhig und entspannt – denn zu viel Gestik könnte Ihrem Gesprächspartner Raum nehmen.
- ... sitzen Sie still und gelöst, während Sie zuhören – damit er sich in keiner Weise gehetzt oder gedrängt fühlt.

Einen interessierten und aufgeschlossenen Eindruck vermitteln Sie, indem Sie Ihrem Gegenüber Aufmerksamkeit schenken. In Körpersprache übersetzt: Sie geben ihm Raum. Meistens reden Menschen lieber, als dass sie anderen zuhören. Das Zuhören macht sie nervös. Bekämpfen Sie daher jede innere Unruhe und vermeiden Sie körpersprachlich alles, was nach Nervosität aussieht. Unruhig wirken Sie, wenn Ihr Körper überspannt ist, weil Sie selbst etwas sagen wollen, weil Sie erfreut oder beunruhigt sind oder aber Fragen haben. Nervös wirken auch Menschen, die aufgrund innerer, meist beruflicher Anspannung mit sich in ständiger Unruhe leben oder nicht gewohnt sind, andere lange reden zu lassen.

Der interessierte und aufgeschlossene Mensch hat eine wache Körpersprache – keine unruhige. Der sich ausbreitende und blockierende Körper nimmt dem anderen Raum. Der interessierte Körper gibt dem anderen Raum.

Begeistert und animierend

Begeistert und animierend können Sie sowohl aus dem Tief- als auch aus dem Hochstatus heraus auftreten. Andere zu animieren, wenn sowieso alles gut läuft, ist nicht weiter schwierig, da Sie einen begeisterten Zustand nur weitergeben müssen und dieser ohnehin auf fruchtbaren Boden fallen wird. Wenn Sie jedoch alleine vor Menschen stehen, die Ihnen gegenüber eine kritische Position vertreten, wird es schwierig. Sie dürfen sich weder selbst bremsen, indem Sie wie das Kaninchen vor der Schlange verharren, noch dürfen Sie sich durch die Atmosphäre der anderen beeindrucken lassen und dadurch Ihre eigene Haltung von vornherein relativieren.

Vermeiden Sie ...

- ... langsam und schwerfällig die Türe zu öffnen.
- ... bedächtig und ernst den Raum zu betreten.
- ... schräge, ausweichende Kopfbewegungen.
- ... besorgte Blicke und Blicke aus dem Augenwinkel.
- ... schwerfälliges oder tastendes Gehen.
- ... andere zurückhaltend und problembeladen zu begrüßen.
- ... ein unverbindliches, kurzes Lächeln.
- ... lethargische Gestik.
- ... eine introvertierte, in sich zusammengesunkene Körperhaltung beim Sitzen.

Stattdessen ...

- ... öffnen Sie mit Schwung die Türe – Ihr Ziel innerlich vor Augen.
- ... betreten Sie den Raum lebhaft und dynamisch – Sie haben etwas vor.
- ... halten Sie Schulter und Nacken entspannt – wer von seiner Sache überzeugt ist, muss sich nicht anspannen.
- ... blicken Sie gerade heraus in die Augen der anderen – Sie möchten ihnen etwas mitteilen.
- ... machen Sie große Schritte und gehen Sie zügig – schließlich brennen Sie.
- ... drücken Sie klar und fest die Hände anderer – wer begeistert ist, packt zu.
- ... strahlen Sie innerlich und zeigen Sie Ihre Freude – denn wer eine Idee hat, der freut sich.
- ... suchen Sie die Blicke anderer – je mehr Menschen Ihnen heute zuhören, desto besser.
- ... erzählen Sie übermütig mit Armen und Händen – Sie können den großen Moment kaum abwarten.
- ... setzen Sie sich aufrecht und gespannt hin – denn Sie hoffen, gleich etwas sagen zu können.
- ... suchen Sie auch im Sitzen Blickkontakt zu anderen – denn wenn Sie heute etwas wollen, dann ist es Kontakt.

Einen begeisterten und andere animierenden ersten Eindruck hinterlassen Sie nur dann, wenn Sie eine Vision in sich tragen und vorhaben, diese lebhaft und glaubhaft nach außen zu transportieren. Lassen Sie sich in diesen ersten Augenblicken, in denen Sie den Menschen begegnen, die Sie motivieren wollen, weder von komplizierten Sachverhalten noch von persönlicher Überanstrengung oder Zweifeln ablenken. Sobald Sie einen motivierenden Auftritt selbst abbremsen, verlieren Sie an Glaubwürdigkeit. Motivieren Sie andere oder lassen Sie es bleiben.

Der begeisterte und andere animierende Mensch hat eine lebhafte Körpersprache, die aus Enthusiasmus entsteht. Der lebhafte Körper dringt in den Raum, um sich mitzuteilen. Er lässt sich von entgegengesetzten Stimmungen nicht bremsen.

Energisch und fordernd

Energisch und fordernd treten Menschen in der Regel gegenüber gleichrangigen Kollegen oder rangniedrigeren Mitarbeitern auf, da in diesen Situationen die Hemmschwelle niedriger ist. Doch auch aus dem Tiefstatus heraus ist ein fordernder Auftritt denkbar: Wenn Sie sich beispielsweise für oder gegen etwas vor dem Vorstand aussprechen müssen und Ihre Position mit Ihrer ganzen inneren Kraft durchsetzen wollen.

Das größte innere Hindernis bei dieser Art des Auftritts: Menschen bewerten eine energische und fordernde Haltung häufig als unangebracht emotional und aggressiv und damit als negativ. Sie versuchen stattdessen, sachlich aufzutreten und Argumente sprechen zu lassen. Dass sie es auf diese Weise womöglich an Wucht und Bestimmtheit haben fehlen lassen, fällt ihnen erst im Nachhinein auf. Bedenken Sie: Sie können emotional energisch und fordernd auftreten, ohne sich dabei im Ton zu vergreifen und ohne inhaltlich unsauber zu werden. Das größte Hindernis bei diesem Auftritt sind eigene Vorsicht und falsche Rücksichtnahme.

Vermeiden Sie ...

- ... vorsichtig und höflich hereinzukommen.
- ... bedächtig und langsam den Raum zu betreten.
- ... schräge, ausweichende Kopfbewegungen.
- ... freundliche Blicke, die sich um eine harmonische Atmosphäre bemühen.
- ... leises, möglichst unauffälliges Gehen.
- ... andere ehrerbietig zu begrüßen.
- ... aufgesetztes, unmotiviertes Lächeln.
- ... zurückgenommene Gestik.
- ... eine scheue, platzsparende Körperhaltung beim Sitzen.

Stattdessen ...

- ... öffnen Sie mit Schwung die Türe – Ihren Protest im Gemüt.
- ... betreten Sie den Raum entschlossen und dynamisch – Sie sind nicht zum Spaß hier.

- ... können Schultern und Nacken ausnahmsweise etwas angespannt sein – denn Sie bereiten sich auf einen Kampf vor.
- ... blicken Sie gerade heraus und offensiv in die Augen der anderen – Sie möchten ihnen etwas einhämmern.
- ... machen Sie große Schritte und gehen Sie zügig – Sie sind voller Energie.
- ... drücken Sie klar und fest die Hände anderer – wer energisch ist, greift zu.
- ... gibt es im Moment nichts zu lachen – denn wer entschlossen seine Forderung vertritt, gibt sich nicht mit umständlichem Harmonie-Getue ab.
- ... begegnen Sie den Blicken anderer – alle sollen sich Ihrer Position anschließen.
- ... gestikulieren Sie klar und kraftvoll – denn Ihre innere Kraft sollen alle sehen.
- ... setzen Sie sich aufrecht und gespannt hin – denn Sie werden gleich das Feuer eröffnen.

Ein energischer und fordernder erster Eindruck gelingt Ihnen nur dann, wenn Sie diese feurige Energie leben und zeigen. Emotional füllt Sie die Entschlossenheit voll und ganz aus und Sie nehmen sich viel Raum, um Ihre Überzeugung in den Raum zu schießen. Beachten Sie: Die beschriebene Startenergie soll nicht dazu führen, dass Sie ausfallend werden. Stellen Sie sich vor, Sie lassen auf eine geladene Anfangsspannung ganz ruhige, aber entschlossene Worte folgen. Gegen Ihre Art der Ausführungen kann niemand etwas sagen. Aber die dem zugrunde liegende Energie spüren alle Anwesenden.

Der energische und fordernde Mensch hat eine geladene, kraftvolle und raumgreifende Körpersprache, die aus seiner inneren Entschlossenheit resultiert. Der energische und fordernde Körper hat ein Maximum an Energie. Er drängt in den Raum und kennt kein Hindernis, das er nicht überwindet.

Wohlwollend und großzügig

Wohlwollend und großzügig können Sie nur aus dem Hochstatus heraus auftreten. Das Angenehme für Ihre Mitarbeiter ist, dass sie Sie entspannt erleben. Gleichgültig ob Sie auf einen Fehler unerwartet großzügig reagieren oder ob Sie einfach nur entspannt dasitzen. Für Menschen, die Sie nur beruflich erleben, kann dieser Zustand wohltuend sein und mit der Zeit zu einem Gefühl der Zusammengehörigkeit führen. Schwierig ist dieser Auftritt nur dann, wenn Sie sich innerlich nicht so fühlen. Beispielsweise ärgern Sie sich insgeheim über ihr Gegenüber, wissen aber, dass es unklug wäre, diesen Ärger zu zeigen.

Vermeiden Sie ...

- ... getrieben von innerer Spannung die Türe zu öffnen.
- ... gereizt den Raum zu betreten.
- ... unruhige Kopfbewegungen.
- ... missbilligende Blicke aus dem Augenwinkel.
- ... große Schritte und hektisches Gehen.
- ... eine oberflächliche Begrüßung ohne Augenkontakt.
- ... ein unverbindliches, kurzes Lächeln.
- ... hektische Gesten.
- ... einen angespannten Körper beim Sitzen, insbesondere fahrige Bewegungen von Händen und Füßen.

Stattdessen ...

- ... öffnen Sie ruhig und sachte die Türe – denn Sie haben Zeit.
- ... betreten Sie gelassen den Raum – Sie wollen nichts und müssen nichts.
- ... blicken Sie Ihren Gesprächpartner freundlich an – Ärger und Stress verschlimmern nur die Situation.
- ... gehen Sie ruhig auf ihn zu – warum sollten Sie hetzen?
- ... begrüßen Sie ihn freundlich und gelöst – Sie möchten, dass er auftaut.
- ... begegnen Sie ihm herzlich mit einem warmen Blick und lächelnd – das tut Ihrem Gegenüber gut.
- ... gestikulieren Sie ruhig und gelöst – Sie sind entspannt.
- ... sitzen Sie locker, während Sie zuhören – damit nehmen Sie von Anfang an jeden Druck.

Einen wohlwollenden und großzügigen Eindruck vermitteln Sie, wenn Sie die Ruhe selbst sind. Wichtig ist, dass Sie sich bereits im Vorfeld entspannen und diesen angenehmen Zustand aufrechterhalten. Gedanklich kann man diese souveräne Körpersprache unterstützen, indem man sich beispielsweise die momentane Situation aus der Vogelperspektive anschaut oder sich fragt, wie groß das Interesse an diesem Problem wohl noch in einem Jahr sein wird. Jeder Gedanke, der die aktuelle Betroffenheit relativiert, nutzt Ihnen.

> Der wohlwollende und großzügige Mensch hat eine entspannte Körpersprache, die aus einer großen inneren Ruhe entsteht. Der entspannte Körper muss nichts tun und nichts beweisen, er ist einfach nur da und genießt den Moment.

⇨ Entspannen – aber wie?

Entspannungsübungen sind fester Bestandteil der Schauspielausbildung. Im Grundstudium eröffnen sie jeden einzelnen Tag und auch später im Beruf bleiben Darsteller wahre Entspannungsexperten. Ein jeder verfügt über sein individuelles Repertoire, das er bei Bedarf vor Proben oder Aufführungen einsetzt. – Wozu der ganze Aufwand?

Der Körper ist das Instrument des Darstellers, das er nur dann flexibel einsetzen kann, wenn er entspannt ist. Gerne wird das Bild eines Raubtieres verwendet: Nur völlige Entspannung ermöglicht ihm, seine Energie blitzschnell zu bündeln und einzusetzen. Während man im Theater schon fast ein Außenseiter ist, wenn man so ganz ohne vorbereitende Übungen auf die Bühne geht, gilt im Geschäftsleben das Gegenteil: Es fehlt nicht nur an Gelegenheiten und das Wissen darüber, welche Übungen individuell sinnvoll sind, vor allem fehlt es an Sensibilität für Verspannungen. Viele stellen erst während entsprechender Übungen mit Erschrecken fest, dass sie gar nicht mehr in der Lage sind, sich zu entspannen. Tag für Tag über Jahre und Jahrzehnte bauen sich kleinste Verspannungen immer weiter auf, bis sich regelrechte Panzer aus Muskeln bilden, die vor allem den Schulter- und Nackenbereich umschließen. Wer aber chronisch verspannt ist, dem ergeht es wie demjenigen, der chronisch unter Schmerzen leidet. Permanent fließt Energie ab und ständig fühlt man sich schwächer, als man wirklich ist. Darüber hinaus wird die Bewegungsfreiheit stark eingeschränkt. Was nützen die besten Ideen für eine souveräne Körpersprache, wenn man so verspannt ist, dass man sie nicht umsetzen kann? Verführerisch ist auch der Blick auf das eigene Umfeld: Die Einbuße an Beweglichkeit wird einfach dem Alter zugeschrieben – eine bequeme, aber schlichtweg falsche Behauptung. Möglichkeiten, sich zu entspannen, gibt es viele – welche für Sie geeignet ist, erfahren Sie nur auf einem Weg: Ausprobieren!

So lokalisieren Sie Verspannungen

Einen »automatischen Muskelkontrolleur« soll man laut Stanislawski immer mit sich führen – gemeint sind Fähigkeit und Disziplin, regelmäßig darauf zu achten, welche Muskelgruppen sich gerade unnötig anspannen, um diese dann zu lösen. Die Anweisung ist sehr leicht umzusetzen. Ohne Ihre jeweilige Tätigkeit zu unterbrechen, nehmen Sie gelegentlich wahr, wo eine Verspannung sitzt. Während Sie gehen, Auto fahren, in langen Besprechungen oder vor dem Computer sitzen, lenken Sie Ihre Aufmerksamkeit nacheinander auf verschiedene Muskelgruppen und nehmen Sie wahr, welche angespannt sind. Ganz häufig bemerkt man erst dann, dass Schultern und Nacken unnötig anspannt sind. Indem Sie die entsprechenden Bereiche verbunden mit einem kräftigen Ein- und Ausatmen wieder loslassen, ist die Übung auch schon beendet. Sie vermeiden auf diese Weise, dass sich laufend neue Spannungen in Ihrem Körper festsetzen.

So dosieren Sie Ihre Energie

Ebenfalls unauffällig, aber sehr effizient ist es, wenn Sie sich zur Angewohnheit machen, mit Ihrer Energie zu haushalten. Häufig spannt man sich ganz unnötig von morgens bis abends an und meint, immer auf Hochtouren laufen zu müssen. Erfinden Sie eine Skala, die Ihnen erlaubt, Ihre Konzentration, Aufmerksamkeit, Wachheit, Gespanntheit – wie immer Sie es nennen wollen – zu dosieren. Sie erfinden unterschiedliche Aufmerksamkeitsgrade, zum Beispiel laufen Sie mit »50« während der wöchentlichen Teamsitzung, mit »20« bei Routinetelefonaten, mit »10« beim Essen in der Kantine, mit »100« beim Gespräch mit dem Vorgesetzten und mit »80« bei der anschließenden Sitzung mit Kollegen. Schaffen Sie sich zusätzlich »Inseln«, auf denen Sie sich ausruhen. Ob das ein bestimmtes Café, ein Park oder nur ein Blick aus dem Fenster ist, bleibt Ihnen überlassen – solange sich der Ort für eine kurze Erholungspause eignet. Was sich aufgrund der Skala etwas technisch liest, lässt sich ganz harmonisch und leicht in Ihren Arbeitstag integrieren. Die Umstellung lohnt sich: Mit weniger, aber dafür gezielt eingesetztem Kraftaufwand schaffen Sie bedeutend mehr.

So atmen Sie richtig

Während stressiger Sitzungen können Sie sich über eine simple Atemtechnik besonders effektiv entspannen: Unterscheiden Sie hierfür zwischen Brustatmung – die Brust hebt und senkt sich – und Bauchatmung – der Bauch hebt und senkt sich. Diese ist die entspannte Form des Atmens – Sie kennen sie vom Schlaf oder Halbschlaf, jene die angespannte – Sie kennen sie aus Situationen, in denen Sie sehr aufgeregt oder nicht Herr der Lage sind. Legen Sie Ihre Hand unterhalb des Bauchnabels auf den Bauch und spüren Sie ihre Wärme. Atmen Sie nun in die Hand hinein. Wichtig ist, dass Sie nur dann atmen, wenn Sie Luft benötigen und die Übung nicht durch häufiges Atmen forcieren. Haben Sie erst ein Gefühl für die Bauchatmung entwickelt, können Sie auch ohne die Hand aufzulegen in den Bauch atmen. Wenn Sie zusätzlich Ihre Atemzüge zählen, können Sie noch leichter abschalten.

Eine Geschichte ordnet Gedanken

Die Angst, seiner Aufgaben nicht mehr Herr zu werden, und die Unruhe, die einen befällt, wenn man auf mehreren »Baustellen« gleichzeitig arbeitet, sind besonders unangenehm. Nie kann man sich so richtig auf eine Sache konzentrieren, weil einem tausend andere im Nacken sitzen. Sind Ihre Möglichkeiten eines durchdachten Zeitmanagements erschöpft, bietet Ihnen eine Entspannungstechnik zwar nicht mehr Zeit, dafür aber die Konzentration, eines nach dem anderen zu erledigen. Stellen Sie sich hierfür in einem ruhigen Moment mit geschlossenen Augen vor, dass alle Sie belastenden Themen und Probleme an Ihnen vorüberziehen. Eines nach dem anderen betrachten Sie in Ruhe und jedem einzelnen weisen sie seinen Platz zu: auf den Nachmittag, den nächsten Tag, das Wochenende usw. Anschließend öffnen Sie in Gedanken die Türe Ihres Zimmers, stellen alle die Themen, die Sie zu einem späteren Zeitpunkt bearbeiten möchten, »nach draußen« und sagen sich, dass später für die Lösung dieser Probleme Zeit vorgesehen ist. Schließen Sie in Gedanken die Türe, öffnen Sie die Augen und wenden Sie sich dem aktuellen Thema zu. Die Übung ist etwas aufwändiger und erfordert ein wenig Erfahrung, bis sie funktioniert. Dennoch ist sie ideal, um sich zu beruhigen, sich für wichtige Aufgaben zu sammeln und sich selbst innerlich zu ordnen.

Bewegung, die den Körper lockert

Ein ganz handfester Weg zur Entspannung führt über das An- und Entspannen von Muskeln. Die Übung gibt es in unterschiedlichen Varianten, das System ist immer dasselbe: Sie setzen sich auf einen Stuhl und spannen nacheinander bestimmte Körperteile wie Hand, Unterarm, Oberarm, Schulter usw. fest an, um sie nach wenigen Sekunden plötzlich wieder loszulassen. Die kurze Variante funktioniert über das An- und Entspannen beider Hände zu Fäusten, die ausführliche betrifft den gesamten Körper. Sie spannen und entspannen nacheinander auf der rechten Körperseite Hand, Unterarm, Oberarm, Schulter, Brust, Bauch, Po, Oberschenkel, Unterschenkel und Fuß. Anschließend gehen Sie in gleicher Weise die linke Seite durch. Den Abschluss bildet das Zusammenziehen der Schulterblätter, Nacken, Kopfhaut, Stirn, Augen, Wangen, Lippen und Hals. Der Vorteil: Durch die Konzentration auf die einzelnen Körperteile und die partielle Durchblutung aller Körperteile entspannen Sie sich automatisch, ohne dabei »Ich muss mich jetzt entspannen« zu denken.

Fantasie gegen Angst

Was lässt man sich nicht alles einfallen, um aufgeregte Kinder zu beruhigen. Wie fantasielos geht man hingegen mit sich selbst um. Übungen haben den Beigeschmack von »Pflichtübungen«, die absolviert werden müssen, und sind so manchem unsympathisch. Lassen Sie stattdessen Ihre Fantasie spielen und finden Sie heraus, was Sie persönlich entspannt: Ob Sie Ihre Lieblings-CD hören, sich ein Stück Schokolade gönnen, eine Zeitschrift durchblättern, den Himmel anschauen, sich an einem Baum im Park erfreuen, etwas Überflüssiges einkaufen, kurz die Familie anrufen oder Sport treiben – Ihre Möglichkeiten sind unbegrenzt. Es gibt unendlich viele Kleinigkeiten, mit denen Sie sich selbst eine Freude machen und entspannen können. ⇦

DAS VORSTELLUNGSGESPRÄCH

... gelassen auf dem heißen Stuhl

Seltsam: Jahrelang läuft man umher, bemüht, sich von seiner Schokoladenseite zu zeigen, um den Partner fürs Leben zu finden, ohne dass ein Einziger anbeißt. Und dann irgendwann – man hat inzwischen ganz anderes im Sinn – steht er vor einem. Völlig unerwartet legt einem das Leben in den Schoß, worum man zuvor vergebens gerungen hat. Im Berufsleben ergeht es manchem nicht anders: Minutiös vorbereitete Bewerbungsaktionen und perfekte Auftritte bei Vorstellungsgesprächen enttäuschen. Doch eines schönen Tages fällt vom Himmel das Angebot schlechthin – man muss nur noch zugreifen. Lebte man konsequent nach dieser Erfahrung, so setzte man sich gemütlich unter einen Baum und wartete, bis eine Gelegenheit herunterfällt. Doch leider besteht das Leben nicht nur aus großer Liebe und großen Angeboten, sondern aus tagtäglichen Brötchen, die verdient werden wollen, und dem Zwang, sich hier und jetzt, ob man will oder nicht, zu bewerben.

Während derjenige, der bereits eine gute Position bekleidet und nur aus Interesse eine mögliche Alternative prüft, der Vorstellungssituation gelassen entgegentreten kann – er hat schließlich nichts zu verlieren –, vergeht dem Arbeitsuchenden das Lachen mit der Zeit: Das ewige Hoffen macht auf Dauer mürbe, die Anspannung sitzt ihm schon beim Aufstehen am Morgen im Genick und es kostet enorme Kraft, sich für das bevorstehende Gespräch immer wieder aufs Neue zu motivieren. Ein beklemmendes Gefühl ist das, sich fremden Menschen anbieten zu müssen, und je häufiger der Betroffene die Situation erlebt, desto mehr knabbert sie an seiner Seele.

»Das Glück lässt sich nicht zwingen, aber für den Beharrlichen hat es viel übrig.« – Wenn es schon nicht gelingt, große Angebote herbeizuzaubern, so müsste es doch möglich sein, dem Glück ein klein wenig auf die Sprünge zu helfen, indem man sich seine Bedingungen ansieht. Und – Hand aufs Herz – es kann doch kein Zufall sein, dass man Traumpartner und Traumjob immer dann findet, wenn man weder das eine noch das andere sucht. Der Gedanke liegt nahe, dass man in guten Zeiten eine Zufriedenheit ausstrahlt, die anzieht, und in schlechten Zeiten eine Bedürftigkeit, die abstößt. Da Sie über Ihren Zustand kaum sprechen werden und selbst die erfahrensten Vorgesetzten keine Hellseher sind, ist von besonderem Interesse, auf welche Weise sich diese innere Not nach außen vermittelt.

Bedürftigkeit erzeugt inneren Druck und innerer Druck überträgt sich durch Körpersprache.

Je dringender Sie eine Stelle benötigen, desto höher steigt Ihr innerer Druck und desto tiefer sinkt gleichzeitig Ihr Status und mit ihm Ihre Aussicht, die gewünschte Position zu erhalten: Ihre Gesprächspartner haben nicht das geringste Interesse, einem Bedürftigen etwas zu geben – sie wollen von einem Besitzenden etwas bekommen. Training und entsprechende Bereitschaft vorausgesetzt können Sie sich des inneren Drucks durch mentale Übungen entledigen. Eine profundere Wirkung – ganz ohne Übungen – erzeugen Sie, wenn es Ihnen gelingt, auch in schweren Zeiten eine zufriedene und optimistische Ausstrahlung zu behalten.

Ein geregelter Tagesablauf, körperliche Fitness, regelmäßige geistige Betätigung, Freude am Privatleben sind einige von vielen Möglichkeiten, sich eine gesunde und stützende Basis zu schaffen. An Ihrer Situation, eine neue Arbeitsstelle zu suchen, können Sie auf diese Weise nichts ändern, sehr wohl aber an Ihrer Einstellung. Es ist Ihre Wahl, ob Sie Ihre Gedanken auf Ihre Bedürftigkeit oder Ihre Fähigkeiten lenken. Es ist Ihre Entscheidung, ob Sie von Ihrem Gesprächspartner etwas benötigen, oder ob Sie ihm etwas zu bieten haben. Denn: Nur wer von sich selbst überzeugt ist, kann andere von sich überzeugen.

Die Situation: Eine optimale Einstellung führt zum optimalen Auftritt

Da Sie im Voraus nicht wissen, wie Ihr Vorstellungsgespräch verlaufen wird, kann Ihre inhaltliche Vorbereitung – wenn Sie Pech haben – vergebens sein. Eine mentale Vorbereitung hingegen ist niemals vergebens: Als Persönlichkeit mit einem bestimmten Auftreten werden Sie immer wahrgenommen und bewertet. Der Glaube, fachliche Qualifikation stehe an erster Stelle, führt in die Irre. Ihre Eignung wurde im Vorfeld sondiert und Sie können sicher sein, dass die Auswahl an geladenen Bewerbern in etwa dasselbe Niveau hat wie Sie – diese Karte sticht demnach nicht. Was stattdessen zählt, ist der Eindruck, den Ihre Gesprächspartner von Ihrer Persönlichkeit gewinnen. Wer meint, er bekäme das mit ein paar cleveren Körpersprache-Tricks schon hin, unterschätzt seine Gesprächspartner. Dem geschulten und erfahrenen Auge von Vorgesetzten und Personalchefs können Sie mit einstudierten Körpersprache-Mätzchen nichts vormachen. Finden Sie vor Ihrem Vorstellungsgespräch gedanklich nicht die richtige Einstellung und nehmen Sie emotional nicht den richtigen Anlauf, so sind Sie von Anfang an durch die falsche Türe gegangen. Jeder Versuch, während des Gesprächs durch körpersprachliche Zutaten irgendwelche Effekte zu erzielen, ist vor diesem Hintergrund zum Scheitern verurteilt. Nichts stimmt mehr und Sie bieten Ihrem Gesprächspartner eine unharmonische und wenig überzeugende Vorstellung. Durch die richtige Türe gehen Sie, indem Sie Ihre Präsenz gedanklich und emotional vorbereiten. Sie schaffen auf diese Weise eine solide Basis für einen in sich stimmigen Auftritt.

> Einer überzeugten inneren Haltung folgt ein überzeugender körpersprachlicher Ausdruck von selbst.

Ihr Ziel sollte sein, souverän, überzeugend und engagiert aufzutreten. Was auf den ersten Blick schwierig scheint, stellt sich bei näherer Betrachtung recht übersichtlich dar:

Sie wirken ...

- ... souverän, wenn Sie sich wohl fühlen.
- ... überzeugend, wenn Sie an sich selbst glauben.
- ... engagiert, wenn Sie etwas vorhaben.

Ihnen steht nur eine sehr begrenzte Zeit zur Verfügung, um wildfremde Menschen von sich zu überzeugen. Überlassen Sie es deshalb nicht dem Zufall, wie Sie sich in diesen entscheidenden Minuten fühlen.

»Wie genau soll ich mich denn verhalten, damit ich die Stelle bekomme?«, mag sich so mancher bereits gefragt haben und stellt mit dieser Frage einen Anspruch an sich selbst, den er nie und nimmer einlösen wird: Vielleicht sind Sie zu jung oder zu alt, zu unerfahren oder zu qualifiziert, zu naiv oder zu clever, zu klein oder zu groß, zu unansehnlich oder zu attraktiv. Vielleicht erinnern Sie Ihren potenziellen Chef auch an seinen Lateinlehrer – war er vor 30 Jahren gut in Latein, so verbindet er mit Ihnen einen angenehmen Schöngeist, war er schlecht, einen sadistischen Pauker. Qualifikation hin, Qualifikation her – wenn mehrere gleichwertige Bewerber zur Auswahl stehen, und das ist meistens der Fall, entscheiden in der letzten Instanz Gründe, die Sie nie erfahren werden und auf die Sie nicht den geringsten Einfluss haben. Diese Feststellung muss nicht entmutigen, sie kann entspannen: Glauben Sie an den perfekten Auftritt, der zu 100 Prozent Erfolg verspricht, setzen Sie sich bei Ihren Bemühungen um diese Perfektion unter enormen Druck. Folgen Sie stattdessen der Auffassung, Sie selbst können nur die eine Hälfte beeinflussen, die andere sei Schicksal, so verbinden Sie Ansporn für eine gründliche Vorbereitung und eine entspannte Grundhaltung zu einer gesunden und realistischen Mischung.

Der erfolgreiche Einstieg – so bereiten Sie ihn mental vor

Einen neutralen Auftritt gibt es nicht. Wann immer eine Figur die Bühne betritt, ist irgendetwas im Vorfeld geschehen, das sie treibt und ihren Auftritt prägt. Regisseur und Darsteller klären deshalb, was die Figur unmittelbar zuvor erlebt hat, und gestalten ihren Auftritt so, dass der Zuschauer die jeweilige Vorgeschichte spürt. Ob die Figur verzückt aus dem Bett, beseelt aus der Kirche oder betrunken aus der Kneipe kommt, hat für ihr Handeln in der nachfolgenden Szene entscheidende Bedeutung. Woher kommen Sie, wenn Sie in Ihr Vorstellungsgespräch gehen? Gehetzt vom Bahnhof, angespannt aus der Kantine oder gut gelaunt von einem Kinderspielplatz? Man merkt Ihnen an, wie es Ihnen zuvor ergangen ist. Sorgen Sie deshalb dafür, dass Sie sich vor Ihrem Vorstellungsgespräch möglichst gut fühlen.

Sie heben im Vorfeld Ihre mentale Stimmung, indem Sie ...
- ... rechtzeitig und möglichst entspannt anreisen.
- ... für eine gute und ruhige Unterkunft sorgen.
- ... eine Reise mit angenehmen privaten Ausflügen verbinden.
- ... vor dem Vorstellungsgespräch etwas unternehmen, das Ihnen Freude bereitet.

Spätestens beim Betreten des Gebäudes enden jedoch Ihre Möglichkeiten, sich abzulenken. Während Sie zunächst noch mit dem Suchen des Raumes beschäftigt sind und anschließend die Gelegenheit zu einem kurzen Plausch mit der Sekretärin nutzen werden, sind Sie beim Warten in einem Vorzimmer meistens auf sich alleine gestellt – die ideale Gelegenheit für Ihre Anspannung, Sie doch noch zu befallen. Ob es für Sie in dieser Situation günstiger ist, zum hundertsten Mal Ihre Unterlagen zu überprüfen, in Gedanken bestimmte Formulierungen zu wiederholen, die Sie anbringen möchten, im Raum hin- und herzulaufen oder eine Illustrierte durchzublättern, sei dahingestellt. Diese entscheidende Zeitspanne soll Ihnen – wie auch immer – Sicherheit und Ruhe geben. Aus diesem Grund sollten Sie von Zeit zu Zeit überprüfen, ob es für Sie sinnvollere Alternativen gibt als die, die Sie ohne weitere Reflektion vielleicht schon seit der mündlichen Abiturprüfung praktizieren. Anspannung und Unsicherheit entstehen nur, wenn Sie sich auf das bevorstehende Gespräch fixieren und ihm, je näher es rückt, eine Bedeutung zuschreiben, die wie ein unüberwindlicher Berg vor Ihnen zu stehen scheint. Indem Sie sich im Vorfeld ablenken, relativieren Sie diese Bedeutung. Bei Ihrem Vorstellungsgespräch schließlich mischt sich die vorausgehende Entspanntheit aufgrund angenehm verbrachter Zeit mit dem spannenden Moment des Vorstellens, der schlagartig für die erforderliche Konzentration sorgt. Ihre Körpersprache erzählt von beidem: Ein entspannter und aufmerksamer Mensch stellt sich vor.

Sie entspannen sich unmittelbar vor dem Gespräch, indem Sie ...

- ... mit der Sekretärin plaudern.
- ... sich in Gedanken auf ein bevorstehendes schönes Ereignis freuen.
- ... sich an ein schönes Erlebnis zurückerinnern.
- ... an etwas denken, das Sie zum Schmunzeln bringt.
- ... innerlich ein Lied singen, das Ihnen gut gefällt.
- ... sich klar machen, dass es nicht um Leben und Tod geht.
- ... sich zurückliegende Erfolge vergegenwärtigen.

Die ersten Minuten des Vorstellungsgesprächs entscheiden nicht nur über den ersten Eindruck, den andere von Ihnen gewinnen, Sie setzen sich selbst durch die Art des Einstiegs auf ein bestimmtes Gleis, von dem Sie während des sich anschließenden Gesprächs nur schwer wieder loskommen: Wer beispielsweise ernst und konzentriert beginnt, tut sich schwer, dem Gespräch in seinem weiteren Verlauf noch eine heitere, lockere Wendung zu geben. Wer einen devoten Einstieg wählt, wird seinen Tiefstatus nur mühsam wieder los, und wer erst einmal begonnen hat, hektisch zu sprechen, ist kaum noch in der Lage, sein Tempo zu drosseln. Überlegen Sie deshalb im Vorfeld, welchen ersten Eindruck Sie abgeben möchten. Wer beispielsweise engagiert und lebendig auftreten möchte, kann durch lange Ausführungen seines Gesprächspartners, ohne es selbst zu bemerken, in die Defensive geraten. Wer klar und nüchtern auftreten möchte, kann sich durch einen kleinen Disput unabsichtlich erhitzt haben. Deshalb ist es wichtig, sich selbst immer wieder einzuschätzen und zu prüfen, ob man sich noch auf dem beabsichtigten Weg befindet. Bei Bedarf steuern Sie gegen.

Als die eigentliche Prüfungssituation, die es zu bestehen gilt, betrachten Bewerber das Gespräch, das sie von einem bestimmten Platz aus mit dem Unternehmensvertreter führen. Aber: Denken Sie daran, dass sowohl die Begrüßung als auch die Verabschiedung mit zu dem Bild gehören, das Sie von sich abgeben.

Eine Frage des Stils

Insbesondere die Bewerbungssituation ist es, in der andere auf Äußerlichkeiten achten. Hier gilt es, sich im Vorfeld sehr genau zu überlegen, wie Sie in einem bestimmten Rahmen wahrgenommen werden möchten. Ihre Kleidung ist Ihre Visitenkarte, die maßgeblich zu Ihrem ersten Eindruck beiträgt. Sie sollten sie grundsätzlich auf den jeweiligen Rahmen abstimmen. Was in dem einen Millieu als passend angesehen wird, gilt in einem anderen möglicherweise als »versnobt«. Der richtige Weg liegt häufig in der Mitte. Kleiden Sie sich gut, aber verkleiden Sie sich nicht. Erscheinen Sie gepflegt, aber nicht penetrant duftend. Schminken Sie sich dezent, aber malen Sie sich nicht an. Sie sorgen für eine gepflegte und passende Gesamterscheinung, indem Sie ...

- ... ein Gefühl für das Milieu, in dem Sie gerne arbeiten möchten, entwickeln und sich dementsprechend kleiden.
- ... sich in Ihrer Kleidung wohl fühlen. Neue und ungewohnte Kleidung behindert Ihre Konzentration und einen lebendigen Auftritt.
- ... dafür Sorge tragen, dass Ihre Kleidung gut sitzt, sauber und gebügelt ist. Das Jackett sollte keine Knitterfalten vom Sitzen im Wagen zeigen. Die Schuhe dürfen keine abgelaufenen Absätze und abgestoßenen Kanten aufweisen und außerdem nicht schmutzig sein.
- ... Schweiß-, Knoblauch-, Alkohol-, Zigaretten- oder Kneipen- und Mittagessengeruch vermeiden.
- ... Extravaganzen wie den Ring im Ohr (beim Herrn) und aufdringliches Make-up sowie schrillen Nagellack (bei Damen) vermeiden.
- ... durch eine ordentliche Frisur, gepflegte und saubere Fingernägel, eine glatte Rasur und den Duft einer guten Seife das Bild abrunden.
- ... an Ihre Unterlagen denken und sich die Namen Ihrer Gesprächspartner vergegenwärtigen.

Gefolgschaft und Führungsstärke – so zeigen Sie beides

»Sind Sie in der Lage, sich Anweisungen zu fügen und Autorität zu respektieren?« Oder: »Besitzen Sie genügend Führungsstärke, um vier Abteilungen mit 140 Mitarbeitern zu leiten?« – »Nein, kann ich nicht und hab' ich nicht«, würde wohl kaum ein Bewerber darauf antworten. Die entscheidende Frage, wie sich ein Bewerber in ein bestehendes System integrieren würde, ist im Gespräch nur ungenügend zu klären. Fachliche Qualifikation lässt sich nachholen, mangelhafte Führungsstärke oder fehlende Gefolgsbereitschaft aufgrund von Persönlichkeitsschwächen nicht. Umso genauer beobachten Ihre Gesprächspartner, welchen Eindruck Sie in puncto »folgen« und »führen« machen.

Keine Führungskraft möchte sich Querulanten und Konkurrenten ins Haus holen. Deshalb achten Ihre Gesprächspartner sehr genau darauf, ob Sie ihnen folgen und sich nicht etwa schon im Vorstellungsgespräch einen Raum nehmen, der Ihnen nicht zusteht, oder eine Dominanz zeigen, die auf zukünftige Konflikte hinweist. Körpersprachlich können Sie die Gefolgschaft sehr leicht herstellen: Sie folgen zu Beginn ausschließlich den Impulsen des Unternehmensvertreters und setzen keine eigenen. Sie reagieren auf die Begrüßung, auf den Händedruck, auf die Bitte, in den Raum zu treten, die Bitte, sich zu setzen, und die Eröffnung des Gesprächs. Sie können während des Gesprächs die Gefolgschaft aufrechterhalten, indem Sie sich dem Temperament Ihres Gegenübers ein wenig anpassen: Einem Herzlichen begegnen Sie beispielsweise herzlich, einem Förmlichen förmlich und einem Leisen leise. Dasselbe gilt für den Abschied: Auch hier sind Sie der Reagierende, der den einzelnen Impulsen seines Gesprächspartners folgt.

Eingebettet in die skizzierte Gefolgschaft sollten Sie erkennen, an welchen Stellen innerhalb des Vorstellungsgesprächs Ihre Initiativkraft und Führungsstärke abgefragt werden. Sobald die Fragen um Ihre Tatkraft, Ihr Engagement oder Ihre Visionen kreisen, nutzt es nichts, nur über Tatkraft, Engagement und Visionen zu sprechen. Man hört Ihnen zu, man glaubt Ihnen oder man lässt es sein, wenn eines fehlt: Leben und Aktivität in Ihren Aussagen. Ausschlaggebend ist, dass Ihre Gesprächspartner Ihre Initiativkraft und Führungsstärke erleben und nicht nur davon hören. Bekräftigen Sie deshalb Ihre Aussagen, indem Sie je nach Situation eine innere Haltung finden, die Sie nach außen transportieren können. Diese Haltung kann begeistert, motivierend, klärend, Partei ergreifend oder energisch sein. Näheres finden Sie in dem Kapitel *Der erste Eindruck*.

Zeigen Sie Profil

Die Gefahr, bei einem Vorstellungsgespräch zum Spielball anderer zu werden, ist groß. Pausenlos müssen Sie Fragen beantworten, während Sie sich bemühen, auf Ihre Gesprächspartner einen guten Eindruck zu machen. Lassen Sie sich von vermeintlichen Erwartungen Ihrer Gesprächspartner nicht erdrücken. Sobald Sie nur noch damit beschäftigt sind, es allen recht zu machen, werden Sie zum reagierenden und passiven Spielball und tun sich schwer, ein eigenständiges Profil zu zeigen. Was interessiert mich an dem Job? Wie passt er in meine berufliche Entwicklung? Welches wären entscheidende Faktoren, die mich motivieren? Ein potenzieller Arbeitgeber möchte sehen, dass sich sein Angebot in Ihren beruflichen Weg fügt und Sie herausfordert. Sobald er den Eindruck gewinnt, Sie benötigen nur irgendeinen Job, um Ihre Miete zu zahlen, vermutet er, dass er nicht viel Freude an Ihnen haben wird. Da auch Personalchefs wissen, dass sich jeder Bewerber im Vorstellungsgespräch motiviert gibt, ist es an diesem Punkt besonders wichtig, seine Motivation plausibel zu vermitteln und an biografischen Details festzumachen. Bereiten Sie sich deshalb nicht nur auf die Erwartungen anderer vor, sondern klären Sie, was Sie selbst erwarten und vorhaben. Indem Sie diesen Gedanken folgen, nehmen Sie eine aktive Haltung ein und gestalten Ihren Auftritt. ⇦

Im Raum: Im fremden Revier den eigenen Standpunkt finden

Jeder Raum besitzt seine eigene Qualität, eine Art Charakter oder Ausstrahlung. Ein neues Bild an die Wand, eine große Grünpflanze in die Ecke – und schon ist die Wirkung des Raumes eine andere. Beim ersten Besuch einer fremden Wohnung erleben Sie diese Qualität besonders intensiv: Fast scheint es, als plauderten die Räume aus dem Nähkästchen ihrer Bewohner.

In dem Kapitel *Der erste Eindruck* wurde es bereits behandelt: Räume wirken auf Menschen und beeinflussen deren Körpersprache. Die selbstbewusste Ausstrahlung, die Ihnen am Sonntagnachmittag beim Spazierengehen im Park noch gegeben war, können Sie bereits am Montagmorgen angesichts des sterilen Gebäudes, das Sie nun betreten, verlieren. Pförtner, Mitreisende im Aufzug, die Sekretärin, die Sie freundlich empfängt – sie alle scheinen wie sterile Angehörige dieses eisigen Palastes, in dem Sie sich nun vorstellen müssen.

Der »gedachte Raum« – so gewinnen Sie Präsenz

Während falsche Körperhaltungen für jedermann sofort sichtbar und daher leicht zu vermitteln und zu korrigieren sind, ist das Gemeine an der Wirkung von Räumen, dass ihre Atmosphäre Sie wie ein unsichtbarer Nebel umhüllt und Sie in Ihrer Ausstrahlung dämpft. Ohne dass Sie es bemerken, kriecht sie in Sie hinein und führt zwar nicht zu einer explizit falschen, aber zu einer matten und farblosen Körpersprache. Aufgrund der wohltuenden Wirkung fremder Länder unternehmen Sie weite Reisen auf die Sonnenseite des Lebens – die dunkle Seite derselben Medaille bekommen Sie zu spüren, wenn Sie sich in einer fremden Umgebung vorstellen. Denn obwohl sich andere Menschen im Raum befinden, sind Sie – szenisch gesehen – mutterseelenallein.

Entdecken Sie an sich selbst – unabhängig von Bewerbungssituationen –, wie unterschiedliche Räume auf Sie und damit auf Ihren Körper wirken. Besonders deutlich können Sie diesen Effekt an den Übergängen angrenzender Räume wahrnehmen. Sie verlassen einen lauten Marktplatz und betreten eine stille Kirche. Beispiele für weitere Räume mit starker Atmosphäre sind: Krankenhaus, Gerichtssaal, Kinderspielplatz, Ruine. Haben Sie Ihre Sinne für die Wirkung von Räumen auf Ihr Körpergefühl erst einmal geweckt, können Sie mit der Zeit auch die Wirkung unspektakulärer Räume wahrnehmen.

Indem Sie lernen, die Wirkung von Räumen zu spüren, verhindern Sie, dass Sie sich von Ihrer Umgebung unbemerkt beeinflussen lassen.

Ihre Sensibilität schützt Sie vor ungebetenem Einfluss. Indem Sie sich zusätzlich einen eigenen Raum »denken«, stärken Sie Ihre Präsenz in einer fremden Umgebung. Darsteller »denken« sich auf der Bühne in einem fort Räume. Ihre Vorstellung ist es, die abstrakte Bühnenbilder mit Leben füllt. In gleicher Weise können Sie sich einen »gedachten Raum« erschaffen. Ob es sich hierbei um Ihr Zuhause handelt, einen Ort am Meer, eine Kindheitserinnerung oder eine Fantasie, bleibt Ihnen überlassen – solange dieser Raum nur seinen Sinn erfüllt: eine geschützte und vertraute Atmosphäre zu schaffen, die Sie gegen eine als eisig und fremd empfundene Umgebung absichert. Die Wirkung dieser mentalen Vorbereitung können andere zwar nicht an messbaren körpersprachlichen Merkmalen festmachen, sie ist aber spürbar: Auf eine unerklärliche Weise wirken Sie freier und gelöster.

Ihre Sitzposition – so nutzen Sie die Raumlogik für Ihre Zwecke

Wie es ist, »falsch« zu sitzen, haben Sie mit Sicherheit bereits erlebt: In der geselligen Runde an der Tischecke, auf dem Geburtstag neben der geschwätzigen Tante oder beim Rendezvous im Restaurant, wenn der Tisch zwischen zwei Körpern stört. Wo sitzen Sie bei Ihrem Vorstellungsgespräch richtig? Stellen Sie sich vor: Die finale Runde der Schach-Meisterschaft, der Angeklagte und sein Richter, Duellierende auf staubigem Asphalt – konfrontative Körper erzählen von konfrontativen Haltungen – eine hellwache und gespannte Stimmung macht sich breit. Stellen Sie sich auch vor: Die Plauderrunde auf dem Sofa, der gemeinsame Spaziergang im Park, der Retter und sein Schützling – angewinkelte Körper erzählen von gemeinsamen Haltungen. Gehen Sie auf jemanden zu, stellen Sie sich neben ihn und sagen Sie: »Da bin ich aber ganz anderer Meinung als du.« – Sie werden sich seltsam dabei fühlen, denn Aussage und Bewegung spielen nicht zusammen.

Für Ihr Vorstellungsgespräch liegt die Lösung auf der Hand: Sitzpositionen, die zueinander im Winkel stehen, unterstützen ein Gefühl der Gemeinsamkeit.

Konfrontativ

Verbindend

Falls Sie die Möglichkeit haben, einen Platz innerhalb einer Sitzgruppe zu wählen, achten Sie darauf, wo bereits die Unterlagen Ihres Gesprächspartners liegen, und setzen Sie sich im Winkel zu ihm. Ist Ihr Platz vorgegeben – beispielsweise vor einem Schreibtisch, hinter dem Ihr Gesprächspartner sitzt –, so erreichen Sie durch das Schrägstellen Ihres Stuhles einen ähnlichen Effekt. Der Schreibtisch steht zwar nach wie vor trennend zwischen Ihnen beiden. Sie schwächen aber die Wirkung dieser Grenze, indem Sie eine angewinkelte Sitzposition herstellen.

Indem Sie den richtigen Platz wählen und Ihren Stuhl in eine günstige Position stellen, sind Sie zwar noch nicht engagiert. Sie bringen sich aber für das anstehende Gespräch in eine günstigere Ausgangsposition. Und: Der Gesamteindruck von Ihnen entsteht aus der Summe seiner Teile, die Sitzposition ist einer davon.

Der Körper: Unter Hochspannung souverän bleiben

In keiner anderen beruflichen Situation ist der Kontrast zwischen verbaler und nonverbaler Ebene so eklatant wie bei einem Vorstellungsgespräch: Verbal müssen Sie in Windeseile auf Fragen womöglich mehrerer Gesprächspartner antworten, nonverbal sind Sie an einen Stuhl gebunden. Ihre Möglichkeiten des Ausdrucks sind stark eingeschränkt, während geschulte Augen jedes Detail beobachten. Dementsprechend wichtig ist Ihr Körperausdruck.

Ihr Vorstellungsgespräch verbringen Sie sitzend auf einem Stuhl, in seltenen Fällen auf einem Sessel oder einer Couch. Da die Sitzgelegenheit häufig so aufgestellt ist, dass Ihre Gesprächspartner Ihre gesamte Gestalt beobachten können, sollten Sie wissen, wie man sitzend einen guten oder aber einen schlechten Eindruck macht. »Schlecht« ist der Eindruck, den Sie abgeben, wenn Ihre innere Anspannung den gesamten Körperausdruck beeinträchtigt. Alle Vorgesetzten wissen, dass Bewerber angespannt sind, und lassen diesbezüglich Großzügigkeit walten, solange es sich um eine leichte Nervosität zu Beginn handelt. Beeinträchtigt die Aufregung jedoch Ihr Auftreten während des gesamten Gesprächs, sind Sie nicht mehr in der Lage zu zeigen, wer Sie sind und was Sie können. Für Führungspositionen wird eine gewisse Nervenstärke erwartet. Eine Bewerbungssituation sollte ein Kandidat deshalb ohne große Anstrengung bewältigen können.

Beim Sitzen können Sie erstaunlich viel falsch machen – dennoch: Lenken Sie sich selbst nicht vom Gespräch ab, indem Sie ständig an Ihre Sitzposition denken. Es genügt, wenn Sie gelegentlich überprüfen, wie Sie gerade sitzen, und sich gegebenenfalls korrigieren. Die nachfolgenden Beispiele wirken überzogen, sind es aber nicht. Falls Sie Gelegenheit haben, Menschen unter Anspannung zu beobachten, nutzen Sie sie. Der Körper spricht Bände und nimmt die irrwitzigsten Haltungen ein, ohne dass die Betreffenden es bemerken.

Souverän und aufmerksam – Ihre Haltung

Anspannung und Unwohlsein, auch eine gewisse Unsicherheit gegenüber dem Gesprächspartner drücken, zwängen und verdrehen den Körper. Typisch ist die *gebeugte* Haltung – Sie ducken sich in einer unangenehmen Situation vor möglichen Schlägen; die *überstreckte Haltung* – Sie geraten in eine Überspannung, weil Sie unbedingt alles richtig machen wollen; die *verdrehte Haltung* – Ihr Körper verrät, dass Sie lieber gehen möchten, als sich der Situation zu stellen, und die *verbarrikadierte Haltung* – indem Sie etwas tiefer rutschen und das angewinkelte Bein vorstrecken, verstecken Sie sich.

Zurückhaltend – die gebeugte Haltung

Angespannt – die überstreckte Haltung

Flüchtend – die verdrehte Haltung

Der Körper drückt in den genannten Beispielen auf unterschiedliche Weise dasselbe Bedürfnis aus: Sie möchten sich gegenüber der ungewohnten Situation schützen. Umso mehr transportiert Ihr Körper diesen Wunsch, weil Sie auf der verbalen Ebene das genaue Gegenteil behaupten müssen. Ebenso vermeiden sollten Sie extreme Sitzpositionen: Vor allem bei introvertierten und auch älteren Bewerbern fällt eine entspannte gerne in eine *bequeme Haltung* ab. Auf diese Weise wirken Sie auf Ihren Gesprächspartner – je nach Typ und Situation – entweder desinteressiert oder aber überheblich – als hätten Sie es nicht nötig, sich zu bewerben. Demgegenüber kann sich bei dynamischen Menschen eine aufmerksame unabsichtlich zu einer *anbiedernden Haltung* steigern. Das Engagement ist zwar gut gemeint – leider senkt der Aktionismus Ihren Status ungemein und sehr schnell entsteht der Eindruck, Sie wären auf die angebotene Position angewiesen. Blockierende und extreme Körperhaltungen nehmen Sie unbewusst ein. Kontrollieren Sie deshalb von Zeit zu Zeit Ihre Sitzposition und korrigieren Sie sie unauffällig.

Im Theater lockt man Darsteller, die den Antagonisten spielen müssen, gerne damit, dass Bösewichte die interessanteren Figuren sind. Achten Sie einmal darauf: Obwohl man als Zuschauer auf der Seite der »Guten« steht, gibt es schauspielerisch nichts Langweiligeres, als immer durch die

Beobachtend – die verbarrikadierte Haltung

Desinteressiert/überheblich – die bequeme Haltung

Überengagiert – die anbiedernde Haltung

Aufmerksam – die aufrechte Haltung

Ruhig - die entspannte Haltung

Engagiert – die erzählende Haltung

Gegend laufen zu müssen und »gut« zu sein. Die wahren Helden sind die schrägen Vögel. Entsprechend wirken Beschreibung und Darstellung der »guten« Sitzpositionen: »Schräg« ist interessant anzusehen, »gut« hingegen unspektakulär.

Nehmen Sie eine aufmerksame und *aufrechte Haltung* ein. Ob Sie die Beine dabei links oder rechts übereinander schlagen oder offen haben, bleibt Ihnen überlassen. Ebenso typabhängig ist es, ob Sie sich lieber an die Rückenlehne anlehnen oder ohne sie zu berühren aufrecht sitzen. Ruhige Menschen werden sich lieber anlehnen und eine *entspannte Haltung* einnehmen, dynamische Typen fühlen sich zu Beginn eher in einer aktiven, *erzählenden Haltung* wohl. Haben Sie sich nach einiger Zeit entspannt, entwickelt sich während längerer Gespräche ein organischer Wechsel der Haltungen: Sie lehnen sich zurück, wenn Sie zuhören oder nur kurze Antworten geben, und gehen vor, wenn Sie selbst längere Ausführungen machen.

Der Blick von unten – er wirkt ängstlich und entsteht durch einen gesenkten Kopf

Der Blick von oben – er wirkt steif und arrogant und entsteht durch einen erhobenen Kopf

Aufrecht und kontaktfreudig – Ihr Kopf

Eine falsche Haltung des Körpers erzwingt eine entsprechende Gegenbewegung des Kopfes und damit die seltsamsten Blickwinkel. Die vorsichtige, geduckte Haltung erzwingt das Heben des Kopfes und einen Blick von unten nach oben, die angespannte, überstreckte das Neigen und einen Blick von oben nach unten. Die flüchtende, verdrehte Haltung schließlich bewirkt einen verdrehten Kopf mit einem Blick von der Seite. Sie alle blockieren das Fließen des Atems, quetschen die Stimme, erzeugen eine

Verspannung im Nacken-Schulter-Bereich und vor allem schräge Blickwinkel auf Ihren Gesprächspartner. Es entsteht auf diese Weise kein direkter Kontakt zwischen Ihnen und Ihrem Gegenüber – als würde etwas zwischen Sie treten und die Verbindung stören. Darüber hinaus bekommt Ihre Gestalt je nach Perspektive etwas Unterwürfiges, Überhebliches oder Schräges. Achten Sie deshalb auf eine aufrechte Kopfhaltung, die Ihnen einen direkten und unverstellten Blick zu Ihrem Gesprächspartner ermöglicht.

Der Blick aus dem Augenwinkel – er wirkt skeptisch und misstrauisch und entsteht durch einen gedrehten Kopf

Der direkte Blick – er wirkt offen und sympathisch und ergibt sich aus einer geraden Kopfhaltung

Offen und direkt – Ihre Augen

»Die Augen sind das Fenster zu Seele.« Kontakt wird in erster Linie über die Augen hergestellt. Kontakt schaffen heißt jedoch nicht, in Blickduellen auf gegnerische Augen zu zielen und andere durch Anstarren festzunageln. Beobachten Sie diesen Effekt in Filmen: Die Irren sind es, die ihr Opfer oder ihren Arzt permanent anstarren. »Normal« ist hingegen, wenn Sie als Sprechender mal denjenigen anblicken, dem Sie etwas mitteilen, mal in den Raum blicken, weil Sie nach einer Formulierung für einen neuen Gedanken suchen. Dieser Wechsel der Blickrichtung sollte ruhig erfolgen. Ist die Bewegung zu schnell, wirken Sie überaktiv oder nervös, erfolgt sie zu langsam, wirken Sie introvertiert und lethargisch. Sie verlieren außerdem den Kontakt zu Ihrem Gesprächspartner, da auch die Phasen, in denen Sie wegschauen, sehr lang sind. Es entsteht der Eindruck, als sprächen Sie für sich. Lassen Sie sich nicht davon irritieren, dass Ihr Zuhörer Sie ununterbrochen anblickt. Er kann sich leichter auf sie konzentrieren, da er weder Gedanken suchen noch formulieren muss.

Sitzen Sie bei Ihrem Vorstellungsgespräch vor einer Gruppe von Zuhörern, so gilt im Prinzip dasselbe: Blicken Sie alle Beteiligten in einem ruhigen Wechsel an. Ist Ihre Bewegung zu schnell, weil Sie ständig alle anblicken möchten, wirken Sie hektisch und unsicher. Ist sie zu langsam, verlieren Sie unter Umständen den Kontakt zu den Gruppenmitgliedern, die Sie gerade nicht anschauen. Gerne vergisst man diejenigen, die auf den äußeren Plätzen sitzen. Denken Sie daran, auch diese Zuhörer anzusehen. Falls Sie sich vor einer Gruppe unsicher fühlen, geschieht es sehr leicht, dass Sie vor allem den Zuhörer anschauen, der Ihnen besonders sympathisch ist, während Sie andere ignorieren. Lassen Sie sich von Ihrer Vorliebe aber nicht verführen – andere in der Gruppe haben unter Umständen dasselbe Stimmrecht.

Erzählend und lebhaft – Ihre Hände

Hände verraten innere Anspannung – und ihre Varianten, diese zu zeigen, sind zahlreich: Die Handflächen reiben aneinander, Hände halten sich gegenseitig fest, verdrehen sich, alle Finger zappeln oder trommeln oder aber einzelne von ihnen werden massiert, gequetscht, geklopft. Ihren Gesichtsausdruck kontrollieren fast alle Bewerber, an ihre Körperhaltung denken die meisten, auf ihre Hände achten wenige und die Füße vergessen alle. Ihre Gesprächspartner sind geschult und wissen das. Sie sind deshalb gut beraten, wenn Sie gelegentlich überprüfen, was Ihre Hände gerade so machen, und nervöse Aktivitäten entsprechend korrigieren.

Lebhaften Menschen dienen Hände gerne als so genannte Illustratoren. Voller Leidenschaft verdeutlichen sie ihre Rede durch beschreibende Gesten – eine Fähigkeit, die jeder ganz schnell entwickelt, sobald er im Ausland, ohne die Sprache zu sprechen, verzweifelt nach einer Tankstelle sucht. Falls Sie Ihre Hände am liebsten ruhig auf Ihrem Schoß dahindämmern lassen und nicht wissen, warum Sie sie bewegen sollten, macht es keinen Sinn, sich ein paar Gesten auszudenken, um diese gelegentlich »einzusetzen«. So wirken Sie nicht lebhafter, sondern wie jemand, der lebhaft wirken will. Wenn Sie sich stattdessen vor Augen führen, dass Sie Ihrem Gegenüber etwas erklären, das er noch nicht kennt

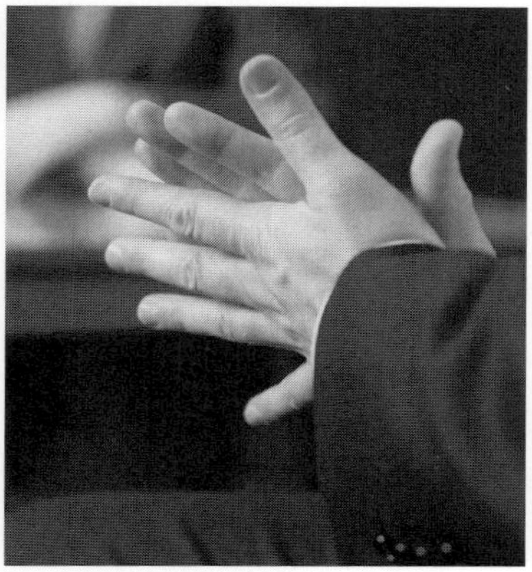

Nervös und unruhig: reibende Hände

Angespannt und unsicher: quetschende Hände

Kraftlos und passiv: eingeklemmte Hände

Zurückgenommen und abwartend: versteckte Hände

Lebhaft und aktiv: erzählende Hände

Ruhig und souveräne: entspannte Hände

oder versteht, setzen sich bei vielen Menschen alleine durch diese Einstellung die Hände in Bewegung. Hände stehen für Aktivität. Verstecken Sie sie nicht: Hände, auf denen man sitzt, Hände zwischen den Beinen, Hände hinter dem Rücken und Hände, die zu Fäusten geballt sind oder sich am Stuhl festkrallen, sind in einem Vorstellungsgespräch unbedingt zu vermeiden.

DAS SEMINAR – VORSTELLUNGSGESPRÄCH

Thomas Hartmann: »Also zum Thema Vorstellungsgespräch hätte ich da noch eine Frage – rein theoretisch nur: Wie macht man das eigentlich, dass man sich auf denjenigen, bei dem man sich bewirbt, einstellt? Man kann doch nicht mit jedem gleich umgehen, oder?« Wolfgang Koller: »Warum denn nicht? Kurt Gessner: »Was soll denn so eine Verstellung bringen?« Konstanze Wolf: »Dann müssten Sie sich ja, vorausgesetzt, Sie würden die angestrebte Stelle tatsächlich bekommen, anschließend tagtäglich verstellen.« Edith Öffner: »Also das stelle ich mir aber sehr anstrengend vor, das Verstellen. – Wie bewerben sich eigentlich Schauspieler?« Stephan Schätzky: »Schauspieler sprechen vor – sie zeigen verschiedene Rollen und manchmal arbeitet der Intendant mit ihnen an einer der Figuren, um zu sehen, wie flexibel der Bewerber ist.« Hartmann: »Ich meine ja auch nicht, dass sich jeder bei jedem Vorstellungsgespräch verstellen soll. Ich habe mich als junger Spund auch nicht verstellt. Jetzt aber bewerbe ich mich um Vorstandsposten. Und manchmal habe ich das Gefühl, ich hätte vielleicht mehr Erfolg gehabt, wenn ich mich besser auf mein Gegenüber eingestellt hätte.« Schätzky: »Lassen Sie uns doch diese Frage ganz praktisch angehen: Frau Öffner, Herr Gessner und Herr Koller, Sie spielen die jeweiligen Vorstandsvorsitzenden, bei denen sich Herr Hartmann bewirbt.« Schätzky bittet Hartmann, vor der Türe zu warten. Die übrigen markieren das Büro des Vorstandvorsitzenden: ein Schreibtisch mit zwei Stühlen und eine Sitzecke mit Couchtisch. Schätzky weist die Vorstandsvorsitzenden in ihre Rollen ein.

Erste Szene: Es klopft. Öffner geht zur Türe, warmherzig: »Guten Tag, Herr Hartmann.« Hartmann: »Guten Tag, äh ... Frau Dr. Öffner.« Öffner: »Das freut mich sehr, Sie nun einmal in Ruhe persönlich kennen lernen zu können.« Hartmann: »Ganz meinerseits.« Öffner führt

Hartmann zur Couch. »Machen Sie es sich bequem. – Einen Kaffee?« Hartmann: »Nein danke, ich habe schon in der Kantine einen Kaffee getrunken.« Öffner setzt sich in einen Sessel, lehnt sich entspannt zurück und blickt Hartmann freundlich an. Hartmann nimmt ihr gegenüber auf der Couch Platz. Leicht verkrampft hält er sich auf der vorderen Kante des weichen Sitzpolsters. Öffner: »Sagen Sie, Herr Hartmann, was haben Sie denn eigentlich gefühlt, als Sie gerade das erste Mal durch die Gänge unseres Unternehmens gegangen sind?« Hartmann: »Gefühlt? – Tja, ich äh ... war gespannt.« Öffner: »Gespannt? – Worauf?« Hartmann: »Auf Sie natürlich.« – Er lacht etwas gequält und blickt hilfesuchend zu Schätzky, der nicht reagiert. Öffner: »Und jetzt?« Hartmann: »Und jetzt ...« Hartmann sieht etwas unglücklich aus. In seiner verkrampften Haltung kann er sich kaum noch auf der weichen Polsterkante halten. »... jetzt fühle ich mich sehr wohl und freue mich sehr, mich bei Ihnen vorstellen zu dürfen.«

Zweite Szene: Es klopft. Koller sitzt an seinem Schreibtisch und telefoniert. Etwas unwirsch: »Herein!« Während Hartmann eintritt, telefoniert Koller weiter: »Ja ... ja ... ja ... nein ... auf gar keinen Fall ...« Nebenbei begrüßt er Hartmann, verweist mit einer entschuldigenden Geste auf das Telefon, mit einer auffordernden bittet er ihn, sich zu setzen. Koller spricht kraftvoll und forciert ins Telefon: »Das soll der Meier erledigen, und zwar schnell. Dafür ist er schließlich da ... ja ... sag ich doch schon die ganze Zeit ... gut ... ich melde mich gleich wieder.« Koller legt den Hörer auf. Mit unvermittelter Freundlichkeit, unterstützt durch ein breites Grinsen: »Herzlich willkommen, Herr Hartmann.« Er erhebt sich kurz und drückt Hartmann flüchtig, aber fest die Hand. Kollers Stimme klingt mächtig. Er spricht dynamisch und eckig. »Ja, herzlichen Glückwunsch auch, dass Sie sich bis hierhin durchgekämpft haben ... haha! Ihre Unterlagen sind 1 A. Jetzt geht es nur noch darum, sich einmal kennen zu lernen, ein wenig zu beschnuppern ... haha! Dann schießen Sie mal los.« Hartmann, ruhig und freundlich: »Ja, vielen Dank für den freundlichen Empfang. Ich bin wie gesagt Thomas Hartmann, habe jetzt fünf Jahre im Vorstand der Mittelsbacher Werke gearbeitet – zuständig für Finanzen. Die Werke waren noch vor gar nicht langer Zeit ein beschauliches mittelständisches Unternehmen und vor allem dieses familiäre Miteinander ist es, was sich seitdem erhalten hat. – Jeder achtet auf den anderen. Verstehen Sie?« Koller: »Ja. Das ist ja nicht schwer zu verstehen. –

Und keiner schießt?« Hartmann, etwas irritiert: »Schießt? ... äh ... nein ... haha, nein, keiner schießt.«

Dritte Szene: Es klopft. Gessner geht bedächtig zur Türe und öffnet sie langsam. Mit einer tiefen, ausgesprochen höflichen Verbeugung begrüßt er Hartmann. »Herzlich willkommen, Herr Haarmann.« Hartmann: »Hartmann.« Gessner: »Oh, entschuldigen Sie bitte vielmals. Herr Hartmann, treten Sie doch näher. – Mein Sekretariat muss mir eine falsche Notiz hinterlegt haben.« Gessner bietet Hartmann den Platz an seinem Schreibtisch an. Beide setzen sich. Gessner bleibt aufrecht in seinem Sessel sitzen, er prüft die Notiz, die auf seinem Schreibtisch liegt: »In der Tat«, murmelt er und korrigiert schnell den Nahmen: »Har – t – mann. – Herr Hartmann. Was darf ich Ihnen zu trinken anbieten – einen kleinen Aperitif vielleicht? Gleich um die Ecke gibt es einen hervorragenden Italiener. – Wir speisen doch gemeinsam?« Hartmann: »Oh gerne ... einen Aperitif ... ja auch gerne.« Gessner winkt unauffällig Frau Wolf herbei, die aufsteht und sich etwas pikiert an die Türe stellt. Wolf: »Ja bitte? Was kann ich für Sie tun?« Gessner: »Herr Hartmann, was wünschen Sie?« Hartmann, charmant: »Ein Bier hätte ich gerne, wenn es möglich ist.«

Schätzky: »Vielen Dank!« Koller: »Da sieht man mal, wie man sich doch einstellen muss auf die Menschen. Jede Situation war anders.« Öffner: »Und so gut gespielt!« Wolf: »Aber vielleicht nicht ganz so zufällig besetzt, Herr Schätzky?« Öffner: »Besetzt? Wie? Ach so, Sie meinen, wir sind so und Herr Schätzky nutzt das aus?« Schätzky schmunzelt: »Sagen wir mal so: Man muss es den Mitspielern ja nicht unnötig schwer machen.« Mit einem Seitenblick auf Frau Wolf: »Und die Idee mit der Sekretärin war nicht meine!« Hartmann: »Sagen Sie nichts, Herr Schätzky. Ich weiß ganz genau, was ich falsch gemacht habe.« Öffner, erstaunt: »Aber warum haben Sie es denn dann nicht gleich richtig gemacht?« Breitscheid: »Wenn das so einfach wäre in dem Moment, in dem man da sitzt und an tausend Dinge gleichzeitig denkt.« Hartmann: »Genau!« Er vergegenwärtigt sich noch einmal die Spielszenen: »... also Frau Öffner war entspannt, richtig gemütlich. Ich bin aber nicht darauf eingegangen und wollte schnell zur Sache kommen. – Herr Koller war schnell und zackig, so ein bisschen militärisch eben. Und er sprach von ›vorkämpfen‹ und ›losschießen‹ und ich stelle mich dar wie ein Warmduscher aus einer Familienklitsche.«

Öffner: »Na, na, das war doch sehr sympathisch.« Hartmann: »Aber falsch. Man darf sich nicht wie ein Schoßhündchen präsentieren, wenn man einen bissigen Terrier vor sich hat. – Ja und dann bestelle ich noch ein Bier als Aperitif. Schön blöd. Ein Bier ist kein Aperitif und das hat dieser Pedant von Gessner natürlich sofort bemerkt.« Gessner: »Nur gespielt, Herr Kollege, nur gespielt.« Schätzky: »Auch wenn einiges im Spieleifer etwas übertrieben dargestellt wurde, zeigen die Improvisationen ganz gut, dass man sich auf seinen jeweiligen Gesprächspartner einstellen sollte. Sie sprachen gerade vor allem Inhalte an. Aber auch körpersprachlich hätten Sie sich anpassen können. Indem Sie wahrnehmen, wie Ihr Gesprächspartner sitzt, und sich ein wenig anpassen, ist Ihnen schon geholfen. Sie hätten auf diese Weise weder im Gespräch mit Frau Öffner so verkrampft auf der Couch gesessen noch so beschaulich am Schreibtisch von Herrn Koller. – Abschließend möchte ich noch die Frage von Frau Öffner aufgreifen: Warum haben Sie das, was Sie anschließend ganz klar erkennen, nicht sofort umgesetzt?« Hartmann: »Ganz einfach: Ich komme mit einem fertigen Programm im Kopf und kann das nicht sofort umschreiben. Gessner: »Obwohl ich hier wohl nicht ganz zufällig den Pedanten spielen musste, möchte ich doch eines ergänzen: Das beste Programm, so scheint mir, ist offensichtlich ein höchst flexibles.« Öffner: »Oder gar keines. Das muss man dann nicht umschreiben.«

Ihr Auftritt: So treffen Sie den Nerv Ihres Vorgesetzten

»Seien Sie im Gespräch offen und direkt.« – Das mag ein sinnvoller Rat sein für Jugendliche, die sich um eine Lehrstelle bewerben und auf unbekanntem Terrain beim ersten Versuch einer Verstellung sofort ins Messer laufen würden. Von da ab aufwärts ist der Bewerber, der im Vorstellungsgespräch seinem Vorgesetzten offen gegenübertritt, so intelligent wie der Sänger, der vor vollem Opernhaus seine Stimmübungen macht. Immer wieder wird auf Gemeinsamkeiten zwischen Bühne und Business verwiesen, hier bekennt sich die Sprache selbst: Das *Vorstellungs*gespräch ist eine *Vorstellung*. Der Bewerber, Regisseur und Darsteller in einem, befindet sich in der eigenartigen Situation vor seinem Zuschauer zu stehen, der zwar nett lächelnd Fragen stellt, aber nur selten äußert, worauf er Wert legt.

Rechnen Sie damit, dass es bei der Besetzung hochwertiger Führungspositionen weniger um fachliche Qualifikation geht – sie wird vorausgesetzt – als um das Hineinpassen in ein ganz bestimmtes Persönlichkeitsprofil. In dieser Situation gewinnt derjenige, dem es gelingt, den Nerv seines schweigenden Zuschauers zu treffen. Da Sie Ihren Gesprächspartner nicht kennen, besitzen Sie nur eine Orientierungsmöglichkeit: Seinen Körper.

Unterschiedliche Cheftypen – so stellen Sie sich ein

Bei einem Vorstellungsgespräch haben Sie in der Regel Menschen vor sich, die in ihrem Beruf erfolgreich sind – andernfalls dürften sie kaum über Ihre Einstellung befinden. Der eigene Erfolg hat diesen Führungskräften bestätigt, dass ihre Einstellung zum Beruf gewinnbringend ist. Mit anderen Worten: Sie sitzen Menschen gegenüber, die von ihrem eigenen Auftreten und ihrer eigenen Strategie überzeugt sind. Vor diesem Hintergrund bewerten sie auch Ihre Persönlichkeit. Und in der Regel werden sie – bewusst oder unbewusst – nach Übereinstimmungen zwischen Ihnen und sich selbst suchen. Finden sie Gemeinsamkeiten, so fühlen sie sich durch Ihre Art nicht nur angezogen, sondern sie sind der Überzeugung, dass Ihr Denken und Auftreten erfolgversprechend für das Unternehmen ist – schließlich hat das die eigene Karriere bereits bewiesen.

Vorausgesetzt, Sie sind selbst so erfahren und souverän, dass Ihnen die Situation des Vorstellungsgesprächs keine große Mühe bereitet, sollten Sie Ihr Auftreten nicht optimieren, indem Sie einen einzigen Standard immer weiter perfektionieren. Werden Sie stattdessen flexibler. Betrachten Sie Ihr Auftreten in der Bewerbungssituation als eine Vielzahl möglicher Varianten, die Sie je nach Gesprächspartner gezielt einsetzen. Die hohe Kunst des Vorstellens besteht darin, nicht nur souverän und glaubhaft aufzutreten und sich engagiert und motiviert zu präsentieren, sondern in seinem Gegenüber einen bestimmten Typus zu erkennen, um sich – in Nuancen – daran anzupassen. Dieses Vorgehen macht vor allem für Führungskräfte Sinn: Sie arbeiten anschließend weitgehend selbstständig und sind später nicht gezwungen, diese leichte Verstellung auf Dauer aufrechtzuerhalten.

Da sich Ihr Gesprächspartner aber kaum als »Typ« vorstellen wird, ist es an Ihnen, innerhalb der ersten Minuten herauszufinden, mit wem Sie es zu tun haben, um sich anschließend langsam und vorsichtig auf die jeweilige Persönlichkeit einzustellen. Bei dieser Art der Anpassung geht es nicht darum, Körperbewegungen zu kopieren, sondern eine innere Haltung dem Leben gegenüber zu erkennen und sich dieser durch Annäherung zu bedienen – Körpersprache und Sprache sind hierbei wesentliche Elemente. Im Schauspielunterricht tun die Studenten im Grunde nichts anderes, als zu lernen, was alles an Möglichkeiten in ihnen steckt: vergessene, verdrängte, nicht gewagte, nie gelebte. Im Idealfall hält der Darsteller das ganze Spektrum menschlicher Höhen und Tiefen in sich für die Bühne und den Zuschauer bereit. Die Arbeit des Schauspielers ist weniger ein Erfinden als ein Entdecken. Versuchen Sie in gleicher Weise, das Gründliche, Distanzierte, Schnelle, Langsame in sich zu entdecken und nach außen zu kehren. Diese Haltung ist fruchtbarer und leichter umzusetzen als die Vorstellung, man müsse etwas spielen, was man nicht ist – denn: Jeder hat alles in sich, auch wenn mancher nur wenig von sich kennt. Menschen sind vielschichtiger als die nachfolgend beschriebenen Typen. Die folgende Überzeichnung verdichtet charakteristische Züge und erleichtert dadurch die Vermittlung.

Der Gründliche

»Der Erfolg eines Unternehmens basiert auf der Gründlichkeit seiner Mitarbeiter.« – Dieser Ansicht ist zumindest der »Gründliche« und er wird diese Haltung auch bei Ihnen suchen. Er hört im Gespräch sehr genau zu und prüft Ihre Antworten, indem er präzise nachfragt. Ihn interessieren Details und Hintergründe und er liebt Exaktheit. Gründliche Führungskräfte sind häufig etwas spröde und tun sich schwer mit der Führung ihrer Mitarbeiter, da ihnen das wechselhafte Beziehungsgeflecht zwischen Menschen nicht besonders liegt.

Merkmale des Gründlichen sind:

- sein sehr aufmerksames Zuhören
- Fragen, die um Details und Hintergründe kreisen
- ein sehr konzentrierter Blick
- ein vorgeschobener Kopf
- eine feingliedrige, auf Details hinweisende Gestik

Den Gründlichen verkörpern Sie, indem Sie …

- … Fragen ausführlich beantworten.
- … sich selbst für Einzelheiten interessieren.
- … durch aufrechtes Sitzen Ihre Aufmerksamkeit demonstrieren.
- … durch minimale Spannung in Schulter und Nacken erhöhte Konzentration zeigen.
- … durch einen konzentrierten Blick und akribische Gestik Details hervorheben.

In keinem Fall dürfen Sie sich in einem Gespräch mit einem Gründlichen locker-lässig geben.

Der Distanzierte

»Eine Führungskraft benötigt Distanz – sie schärft den Blick und erspart Verwicklungen«, das könnte ein Leitsatz des »Distanzierten« sein. Auf seinem Weg hat er gelernt, dass Abstand zu den Menschen geboten ist. Abstand ist Voraussetzung jeder nüchternen Analyse und schenkt Bewegungs- sowie Entscheidungsfreiheit. In der Gruppe sagt er nicht viel, im Dialog sind seine Fragen knapp gehalten.

Merkmale des Distanzierten sind:

- eine formelle, etwas steife Begrüßung
- ein musternder Blick
- eine aufrechte Körperhaltung
- eine etwas strenge, schmallippige Sprechweise
- ein minimal zurückgeschobener Kopf
- eine kleine Pause zwischen Ihrer Antwort und seiner Frage

Den Distanzierten verkörpern Sie, indem Sie …

- … förmlich und korrekt begrüßen.
- … sich förmlich und korrekt für jede Kleinigkeit bedanken.
- … aufrecht sitzen.
- … kurze Pausen machen, bevor Sie Antwort geben.
- … auf alles Lockere und Vertrauliche verzichten.

In keinem Fall dürfen Sie ein herzliches und kumpelhaftes Auftreten an den Tag legen. Der Distanzierte empfindet das als unprofessionell und stillos.

Der Schnelle

Der »Schnelle« hat tagtäglich extrem viel zu tun oder meint zumindest, extrem viel zu tun zu haben, und nichts liebt er deshalb so sehr wie Geschwindigkeit. Er hasst es, wenn umständliche Menschen ihm seine Zeit stehlen. Seine Anerkennung ist Ihnen sicher, wenn Sie kein überflüssiges Wort reden und Ihre Aussagen pointiert rüberbringen.

Merkmale des Schnellen sind:

- eine unruhige, manchmal unaufmerksame Begrüßung
- zeitsparende Aktionen: gehen, Platz anbieten, den ersten Satz sagen – macht er gleichzeitig
- unruhige und lebhafte Körperbewegengen
- häufiges Nicken mit dem Kopf und »Hmhmhm«, während Sie sprechen
- schnelles, leicht vernuscheltes Sprechen und kurze Fragen
- schnell aufkommende Unruhe, wenn ihm Ihre Ausführungen zu umständlich sind

Den Schnellen verkörpern Sie, indem Sie …

- … sich kurz fassen.
- … lebendig und zügig sprechen.
- … Ihre Ausführungen durch eine lebhafte Gestik begleiten.
- … Ihren Abschied zügig gestalten.

In keinem Fall dürfen Sie sich langatmigen Ausführungen hingeben, die Ihren Gesprächspartner nicht zu Wort kommen lassen.

Der Langsame

Der »Langsame« ist ein Gemüts-, häufig auch ein Genussmensch. Für ihn gibt es nichts, was man nicht auch in Ruhe bewerkstelligen könnte. Schnelle Menschen sind in seinen Augen Hektiker, deren ständige Rastlosigkeit beweist, dass sie ihren Aufgaben nicht gewachsen sind. Den Langsamen erkennen Sie ganz leicht an seiner langsamen Sprache. Gerne sucht er beim Sprechen nach der richtigen Formulierung, wodurch kleine Zäsuren entstehen.

Merkmale des Langsamen sind:
- eine ruhige, herzliche Begrüßung mit langem Augenkontakt
- eine entspannte, häufig an die Rückenlehne angelehnte Sitzweise
- behäbige, ruhige Bewegungen
- sein Bemühen um eine gemütliche Atmosphäre
- ein plaudernder Ton und eine langsame Sprechweise
- Abweichen vom eigentlichen Thema
- längeres Nachdenken, bevor er die nächste Frage stellt

Den Langsamen verkörpern Sie, indem Sie …
- … sich ruhig und gemütvoll bewegen.
- … sich beim Sitzen an die Rückenlehne anlehnen.
- … sich insgesamt möglichst gemütlich geben.
- … ruhig und freundlich sprechen.
- … auf seine thematischen Ausflüge eingehen.
- … vor einer Antwort auch mal eine Nachdenkpause einschieben.

In keinem Fall dürfen Sie hektisch und nüchtern auftreten. Der Langsame würde sich mit Ihnen unwohl fühlen und das schätzt er ganz und gar nicht.

Der Herrenmensch

Für den »Herrenmenschen« existieren zwei alles entscheidende Kategorien: oben und unten. Entweder kennt er durch seine Herkunft die Welt nur von oben oder aber er hat sich über lange Zeit hochdienen müssen und nimmt nun für sich in Anspruch, bedient zu werden. Hierarchie ist für ihn innere Überzeugung und Lebenselixier zugleich. Im Gespräch erkennen Sie ihn an seinem etwas kühlen, manchmal sogar herablassenden Auftreten. Geben Sie sich kumpelhaft, offen und herzlich, offenbaren Sie aus seiner Sicht, dass Sie unten stehen. Im Unterschied zum Machtmenschen akzeptiert er durchaus weitere Herrenmenschen neben sich. Um als solcher akzeptiert zu werden, muss er Sie als solchen erkennen: Abstand zum Fußvolk und Zurückhaltung gegenüber Gleichrangigen kennzeichnen für ihn die Führungskraft.

Merkmale des Herrenmenschen sind:
- eine höfliche, aber nicht herzliche Begrüßung
- eine auffordernde, bestimmende Sprechweise
- ein kühler Gesichtsausdruck, über den nur gelegentlich ein zurückhaltendes Lächeln huscht
- ein musternder Blick
- eine aufrechte Sitzhaltung
- reduzierte, knappe Gesten

Den Herrenmenschen verkörpern Sie, indem Sie ...
- ... auf Höflichkeit und Form achten.
- ... aufrecht und aufmerksam sitzen.
- ... pointiert und nüchtern antworten.
- ... Ihr Vertrauen in Befehlsketten durchblicken lassen.

Der Distanzierte und der Herrenmensch ähneln sich. Solange Sie keine Vertrautheit provozieren, liegen Sie richtig.

Der Bodenständige

»Leben und leben lassen.« – Der Bodenständige hat sein Herz am rechten Fleck und liebt das Direkte, Herzhafte, Grobe. Er freut sich über ein offenes Wort – für ihn ein wichtiges Indiz von Aufrichtigkeit – und ist dankbar für gute Scherze, denn Humor ist für ihn eine Tugend. An das gediegene Management-Milieu passt er sich nur notgedrungen an, denn er empfindet es als eitles Getue. Im Gespräch erkennen Sie ihn an seiner lauten und kraftvollen Art. Häufig sind Bodenständige beleibt und wirken im Anzug wie verkleidet.

Merkmale des Bodenständigen sind:

- eine kraftvolle und herzliche Begrüßung
- eine satte, tiefe Stimme
- ein energiegeladener, kräftiger Körper
- humorvolle Bemerkungen
- ein herzlicher Blick
- ganz direkte Fragen

Den Bodenständigen verkörpern Sie, indem Sie …

- … herzlich begrüßen.
- … aufrecht sitzen.
- … freundlich und direkt blicken.
- … eigene Tatkraft herausstellen.
- … humorvolle Bemerkungen einfließen lassen.
- … auch mal eine »ganz direkte« Frage stellen.
- … sich möglichst wohl fühlen und das auch zeigen.

Vermeiden sollten Sie ein devotes, indirektes, umständliches Verhalten. Der Bodenständige wird es Ihnen als Schwäche auslegen.

Der Warmherzige

»Erst einmal sind wir alle Menschen und dann erst Mitarbeiter eines Unternehmens«, würde der Warmherzige antworten, wenn ihm wieder einmal vorgeworfen wird, er sei zu gutmütig. Er zeichnet sich durch eine ausgesprochen liebevolle und teilnehmende Art anderen gegenüber aus und schafft sich dadurch ein Umfeld, in dem er von vielen gemocht wird. Grobe und aggressive Töne beschwichtigt er sofort und baut Brücken, wo er nur kann. Im Gespräch erkennen Sie ihn an seinem fürsorglichen und ausgesprochen freundlichen Auftreten. Häufig scheint seine Mimik milder und jünger – ein Zug, den man häufig auch bei Eltern kleiner Kinder findet.

Merkmale des Warmherzigen sind:

- eine zuvorkommende Begrüßung
- eine höfliche, fast fürsorgliche Art
- ein liebevoller, warmherziger Blick
- ein beruhigender Klang in der Stimme
- das stete Bemühen um gegenseitiges Verständnis

Den Warmherzigen verkörpern Sie, indem Sie ...

- ... zuvorkommend und sehr höflich sind.
- ... Ihren fürsorglichen Umgang mit Mitarbeitern in Ihrem bisherigen Umfeld anklingen lassen.
- ... entspannt und wohlwollend sprechen.
- ... aggressive und scharfe Töne vermeiden.
- ... sich herzlich verabschieden.

Vermeiden Sie durch zu festgelegte Aussagen, einen unflexiblen Eindruck zu hinterlassen.

Der Scheue

Der Scheue weiß selbst nicht so richtig, wie er eigentlich Führungskraft geworden ist. Irgendwann muss er zufällig zur richtigen Zeit am richtigen Ort mit den richtigen Verbindungen gesessen haben. Einen Leitsatz hat er nicht – dafür benötigte er ein Profil, das er nicht besitzt. Seine große Stärke: Er reagiert feinfühlig auf Stimmungen und verfügt über ein ausgeprägtes diplomatisches Talent. Sie erkennen ihn an seinem unauffälligen Auftreten, häufig gepaart mit ausgesuchter Höflichkeit. Laute Zeitgenossen sind ihm zuwider. Er liebt die leisen Töne. Differenziertheit im Ausdruck und Höflichkeit im Umgang sind Qualitäten, die er schätzt.

Merkmale des Scheuen sind:

- eine zaghaften Begrüßung
- eine leise Stimme und langsame Sprechweise
- weiche Gesichtszüge
- eine unterspannte Sitzhaltung
- zaghafte, tastende Blicke, die leicht von unten oder aus dem Augenwinkel kommen
- umständliche, hintergründige Fragen

Den Scheuen verkörpern Sie, indem Sie ...

- ... bei der Begrüßung etwas Abstand wahren.
- ... Ihren Tiefstatus durch Höflichkeit, Aufmerksamkeit und einen ruhigen, Ihrem Gegenüber angepassten Rhythmus herausstellen.
- ... überlegt und bedächtig in Ihren Formulierungen sind.
- ... sich auch beim Abschied von ihm führen lassen.

In keinem Fall sollten Sie laut und direkt auftreten.

Der Machtmensch

Der Machtmensch will von Ihnen nur eines wissen: ob Sie ihm gefährlich werden können. Wittert er auch nur den Hauch einer Gefahr, wird er sie von vornherein ablehnen. Führen bedeutet für ihn Erhalt und Ausbau eigener Macht. Für dieses Ziel ist ihm jedes Mittel recht. Im Gespräch erkennen Sie ihn an seinen doppelbödigen, unter Umständen auch provozierenden Fragen. Ihn interessiert keine fachliche Qualifikation, sondern menschliche Reaktion.

Den Machtmenschen erkennen Sie ...

- ... an einer Sie musternden Begrüßung.
- ... an unentwegt prüfenden Blicken.
- ... an kalten, manchmal sogar brutalen Gesichtszügen.
- ... an Fragen, die unvermittelt losgeschossen werden.
- ... bei entsprechender Gelegenheit an der herablassenden Art anderen gegenüber.

Sie unterwerfen sich, indem sie ...

- ... aufmerksam, aber zurückhaltend auftreten.
- ... seiner Leistung und Erfahrung Bewunderung schenken.
- ... eigene Erfolge herunterspielen.
- ... sich im Dialog führen lassen und sich nicht profilieren.

Dem Machtmenschen dürfen Sie auf keinen Fall als Machtmensch gegenübersitzen. Sie würden als potenzieller Konkurrent sofort ausgeschaltet.

DER UMGANG MIT KOLLEGEN

... denn jeder hat die Kollegen, die er verdient

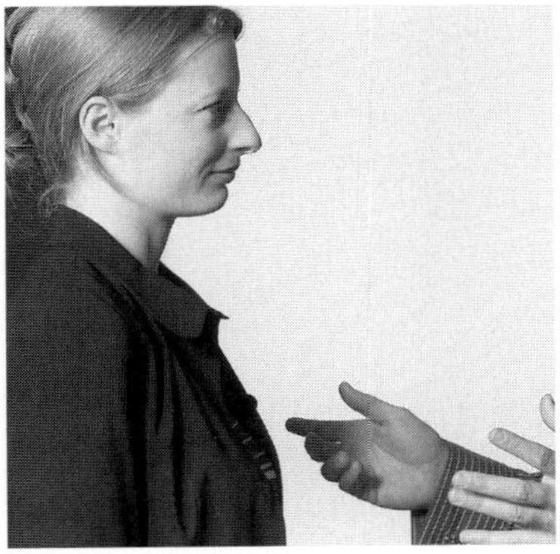

»Jeder hat die Kollegen, die er verdient? – Den Maier und gar den Schulze, die habe ich mir ganz bestimmt nicht verdient. – Nein, die sind von Gott gegeben, mich zu prüfen.«

Dieser Stimme von der Front muss man einfach zustimmen, wenn man gerade mit seinem Freund-Kollegen beim Bier im Schützengraben sitzt und hinüberspäht zu den Feind-Kollegen, bereit, jedem einzelnen Schuss von der anderen Seite sofort und gebührend zu antworten – oder jedem Schussversuch – oder besser: bereits jedem Lagern von Munition – oder noch besser: jedem Ankauf von Munition – sicher ist schließlich sicher.

Verlaufen erst einmal die Fronten – und sind diese zu Beginn noch so fein und kaum wahrnehmbar – durch ein Unternehmen, so gibt es in allen Lagern und allen Schichten genügend Bier, genügend Wasser und Tee und Kaffee und Wein und erst recht genügend Prosecco, um die Gräben langsam, aber sicher auszuheben. Was die Realität nicht besorgt, besorgt die Vorsicht, und was die Vorsicht nicht besorgt, besorgen die Ängste und die sind im Berufsleben gewaltig, schließlich geht es hier um Fragen der Existenz. Steigt man in dieser Situation heraus aus dem Graben und schwenkt im Niemandsland die weiße Fahne, so muss man damit rechnen, zur Zielscheibe zu werden. Wenn nicht für die gegnerischen – sicher ist schließlich sicher –, so für die eigenen Leute, die Verrat wittern. Anders als Mahatma Gandhi kehrt unsere kleine Seele in den Graben zurück. Wunden leckend mutieren wir dort zum besten aller Scharfschützen – schließlich wollen die es auf der anderen Seite ja nicht anders.

Könnte nur der Geist heraus aus dem Sumpf und unerkannt für Freund und Feind in Gestalt eines Vogels hoch hinausfliegen! Von oben sähe man diesem Treiben leicht amüsiert zu und führte den eigenen kleinen Kämpfer durch das Feld. Dieser wäre ein asiatischer Kämpfer, einer, der Angriffen intelligent und elegant ausweicht, statt in Gestalt eines High-Tech-Rambos in brutal dumpfer Manier zuzuschlagen, wo und so gut er nur kann. Statt zu fliegen könnte man auch wie ein erfahrener Schachspieler nüchtern die Lage seiner Figuren analysieren und gegen feindliche Interessen abwägen. Dieser alte Mann weiß, dass er noch nie mit seinem ganzen Schatz im Ziel angekommen ist, aber mit einem leichten Lächeln auf den Lippen lenkt er besonnen seine Interessen, um möglichst viele davon ins Ziel zu bringen.

Die beiden Bilder treffen sich in einem Punkt: Abstand. Abstand, den auch ein Regisseur zum Spiel auf der Bühne hat. Abstand, den auch Sie gewinnen und für Ihre Interessen nutzen können, sobald Sie sich mithilfe Ihrer bewussten Wahrnehmung von Körpersprache das Spiel anschauen, das auf der Berufsbühne gegeben wird. Sie treten einen Schritt zurück und gewinnen Abstand. Nicht zum Marionettenspieler schwingen Sie sich empor, Sie schaffen sich selbst eine Figur, die Sie sind, einen Einflüsterer, der gleichzeitig das ganze Spiel betrachtet und Sie behutsam hindurchführt. Denn gleichgültig wo Sie innerhalb einer Hierarchie stehen, Grabenkämpfe schaden Ihnen immer und kosten Sie eine enorme Energie. »Das Leben ist eine Bühne«, schreibt Shakespeare – schauen Sie genau hin.

Die Situation: Sympathie öffnet Türen

Ein Regisseur, der keinen Zugang zu einem seiner Darsteller findet, hat diesen für eine kreative Zusammenarbeit verloren. Er schadet der Produktion, wenn er denjenigen, den er über eine Bühne führt, innerlich ablehnt, und auch Sie werden sich, sobald Sie andere Menschen führen, sehr schwer damit tun, wenn Sie diese im Grunde Ihres Herzens ablehnen, denn: Die Betreffenden spüren, dass sie Verstoßene sind.

Da man nicht jeden Menschen mögen kann, mit dem man arbeitet, empfiehlt es sich, die private durch eine professionelle Haltung zu ersetzen. Statt auf einem privaten Mögen oder Nichtmögen zu beharren, sollten Sie einen professionellen Zugang suchen, der Sie zu einem sympathischen Verhältnis mit Ihren Kollegen führt. Denn langfristig sind Sie ohne die Sympathie Ihrer Mitarbeiter, Kollegen, Kunden und Vorgesetzten verloren. Nicht alle müssen Sie mögen, doch wenn keiner Sie mag, können Ihre Leistungen noch so herausragend sein, Sie werden auf Dauer keine Chance haben. Gleichgültig ob Sie Anweisungen entgegennehmen oder geben, mit Ihren Kollegen Sitzungen abhalten oder Verhandlungen führen: Grundlegend für eine gelungene Teilnahme an allen diesen beruflichen Situationen ist Ihre Fähigkeit, sympathische Verhältnisse aufzubauen und zu pflegen.

Sympathische Verhältnisse erfordern Disziplin

Wie reagieren Sie auf nörgelnde, pessimistische, zweifelnde, bedürftige, falsch verstandene oder problembeladende Zeitgenossen? Sie nehmen Anteil, wenn Sie Zeit haben, Sie helfen, wenn sie können, doch würden die genannten Qualitäten dazu beitragen, dass Sie jemanden sympathisch finden? Kaum einer wird sich auf Dauer von Zeitgenossen angezogen fühlen, die Lasten tragend, jammernd und launisch durch die Lande ziehen.

Den freundlichen und höflichen, den gelassenen und geduldigen, den selbstsicheren und toleranten Menschen, den mögen wir. Souveräne und ausgeglichene Kollegen wünschen wir uns, welche, die mit sich im Reinen sind und deshalb freundlich und gelassen, geduldig und tolerant mit sich und der Welt umgehen – sich selbst nichts beweisen und anderen nichts verkaufen müssen. Und wenn wir darüber hinaus noch Gemeinsamkeiten mit diesen sympathischen Wesen entdecken und sie Interesse an uns signalisieren, dann ist die Sympathie perfekt.

Für Ihren Auftritt heißt das: Selbstsicheres Auftreten, Interesse am anderen und Gemeinsamkeiten sind die ausschlaggebenden Faktoren, mit deren Hilfe Sie ein sympathisches Verhältnis aufbauen.

Vielleicht ist die Vorstellung, Sympathie nicht geschenkt zu bekommen, sondern sich diese mithilfe »ausschlaggebender Faktoren« zu erarbeiten, abstoßend – doch sie entspricht einem erwachsenen Realitätssinn, da alle Erfahrung zeigt, dass die einzige Liebe, die man vorbehaltlos geschenkt bekommt, die Elternliebe ist. Im Unterschied zum »warmherzigen« Privatleben, wo Sie gebraucht und geliebt werden, weil Sie so sind, wie Sie sind, sinkt die Sie umgebende Temperatur im Berufsleben um einiges: Hier werden Sie nicht um Ihrer selbst willen gemocht. Sie sind einer von vielen und auswechselbar. Die Toleranz, die Ihnen hier entgegengebracht wird, ist sehr viel begrenzter: Sie müssen nur fünf Kolleginnen begegnen und eine aus der Gruppe zu ihrer hinreißenden Garderobe beglückwünschen, um vier neue Feindinnen zu haben – so schnell kann man Sympathie verlieren. Erschrecken kann der Gedanke auch deshalb, weil er ein unaufhörliches waches Umgehen mit sich und anderen einfordert und jedes »sich gehen lassen« und »sich so zeigen, wie man sich fühlt« verbietet. Erschrecken kann aber auch ein anderer Gedanke: sich verwundbar zu machen, sobald man allen zeigt, wie man sich gerade fühlt, und ausspricht, was man gerade empfindet. Es fragt sich, ob man Freundlichkeit unter Arbeitskollegen als Freundschaft verstehen will, weil man hofft, Kollegen könnten Freunde sein, oder ob man Freundschaft als eine seltene Kostbarkeit sieht, die einem inmitten eines freundlichen, aber freundschaftslosen Arbeitsumfeldes ausnahmsweise geschenkt wird. In diesem Fall wäre es fahrlässig, aufgrund einer Ausnahme eine offenherzige Grundhaltung zur Regel zu machen. Lassen Sie sich durch den privaten Schein von zwischenmenschlichen Begegnungen im Kollegenkreis nicht täuschen: Hier werden Informationen ausgetauscht, Netzwerke geknüpft und Allianzen geschmiedet – alles auf einer einzigen Grundlage: Sympathie.

Das Erzeugen von Sympathie basiert darauf, sich selbst und andere in eine gute Stimmung zu versetzen. Da sich die sympathische Qualität Ihres Auftretens und die Qualität der zurückgegebenen Reaktionen im Laufe der Zeit wechselseitig aufschaukeln, verwandelt sich die anfängliche einseitige und unter Umständen anstrengende Haltung mit etwas Geduld in ein von allen Beteiligten gemeinsam getragenes sympathisches Arbeitsklima. Sich von der privaten Befindlichkeit abzukoppeln und professionell an einem sympathischen Verhältnis zu arbeiten, erfordert eine außergewöhnliche Disziplin. Der Lohn hierfür ist ebenso außergewöhnlich: Mitarbeiter, die Ihnen gerne zuarbeiten, Vorgesetzte, die Sie zu Höherem berufen sehen, Menschen, die sich freuen, wenn Sie zur Türe hereinkommen.

Selbstsicheres Auftreten erzeugt Sympathie

Selbstsicherheit im Sinne einer sonnigen und humorvollen Haltung dem Leben und den Menschen gegenüber können Sie nur dann überzeugend ausstrahlen, wenn Sie ausgeglichen sind und sich mit sich selbst wohl fühlen. Ein Zustand, der sich nicht angestrengt, sondern entspannt, nicht eng, sondern großzügig, nicht schwer, sondern leicht anfühlt. Obwohl das Erreichen dieses Zustands eine Lebensaufgabe ist, zu deren Lösung nicht wenige ins sonnige Indien aufbrechen, gibt es doch realisierbare Denkanstöße und körpersprachliche Hinweise, die auch im grauen Arbeitsalltag praktikabel sind:

Vermeiden Sie ...

- ... im beruflichen Erfolg Ihr einziges Glück zu sehen – Sie machen sich auf diese Weise abhängig.
- ... sich gesundheitlich und körperlich gehen zu lassen – Ihre Energie wird sich auf Dauer verringern.
- ... nachlässig und schlecht gekleidet herumzulaufen – Ihre Kleidung ist Ihre Visitenkarte.
- ... das Berufsleben als eine Verlängerung Ihres Privatlebens zu sehen, in dem man sich so gibt, wie man sich gerade fühlt – Sie machen sich zum Spielball anderer.
- ... aktuelle Stimmungen verbal oder nonverbal auszudrücken – Sie belästigen Ihre Mitmenschen.
- ... auftretende Probleme als Belastung zu sehen und diese lautstark zu äußern – Sie begeben sich in eine Position der Schwäche.
- ... ohne Lösungsvorschläge vor Mitarbeiter, Kollegen oder Vorgesetzte zu treten und um Hilfe zu bitten – Sie offenbaren, dass Sie überfordert sind.

Stattdessen ...

- ... sorgen Sie regelmäßig dafür, dass es Ihnen gut geht und dass Sie immer wieder Abstand zu Ihrem beruflichen Engagement gewinnen – auf diese Weise füllen Sie den Brunnen, aus dem Sie schöpfen.
- ... achten Sie darauf, dass Sie gesund und fit sind – körperliche Fitness stärkt Selbstbewusstsein und Durchsetzungsvermögen.
- ... tragen Sie Kleidung, in der Sie sich wohl und attraktiv fühlen – so machen Sie sich attraktiv für andere.
- ... betreten Sie Ihr Berufsleben jeden Morgen wie eine Bühne, auf der Sie den optimistischen und souveränen Kollegen geben – wie es in der Küche aussieht, geht niemanden etwas an.
- ... achten Sie auf eine wache Körpersprache: Eine aufrechte Haltung, Lebendigkeit im Ausdruck, kontaktfreudige Blicke und ein inneres Lächeln gehören hierzu – nur wache und optimistische Menschen binden andere auf Dauer an sich.
- ... halten Sie anderen gegenüber alle auftretenden Probleme für lösbar. Erbitten Sie sich gegebenenfalls Bedenkzeit – Sie bleiben souverän und verschenken auf diese Weise keine Optionen.
- ... treten Sie Ihren Mitarbeitern nie ohne vorbereitete Lösungen, Ihrem Vorgesetzten nie ohne durchdachte Lösungsvorschläge gegenüber – nur so empfehlen Sie sich für höhere Aufgaben.
- ... tragen Sie schwierige Entscheidungsfindungen ausschließlich mit sich selbst oder Menschen Ihres Vertrauens aus – Sie minimieren Enttäuschungen durch vermeintliche Helfer.
- ... machen Sie sich einen Sport daraus, anderen mit einer gelösten Stimmung zu begegnen und diese damit anzustecken – Sie tun auch sich etwas Gutes.

Interesse am anderen erzeugt Sympathie

Wer freut sich nicht, wenn andere sich für ihn interessieren? Menschen erzählen lieber von sich und sonnen sich gerne in der Aufmerksamkeit ihrer Zuhörer, als dass sie anderen zuhören. Diesen Umstand können Sie sich zu Nutze machen und auf eine ausgesprochen simple Weise für gute Stimmung sorgen: Sie stellen dem anderen Fragen und lassen ihn erzählen. Ihr Gesprächspartner wird sich darüber freuen, jemandem begegnet zu sein, der auf ihn eingeht, statt nur von sich zu reden. So geben Sie dem anderen Gelegenheit, über Dinge zu reden, die er mag, und sorgen dafür, dass er sich mit Ihnen wohl fühlt. Der zuhörende Part befriedigt zwar nicht das eigene Plauderbedürfnis, bietet aber weitere Vorteile: Sie reduzieren das Risiko, sich selbst zu verplaudern, und erhöhen die Wahrscheinlichkeit, nützliche Informationen zu erhalten, die für Sie von Interesse sind. Die Tatsache, dass Sie dem anderen Raum zur Selbstdarstellung geben, bedeutet nicht, dass Sie ihn bewundern oder anhimmeln müssen. Interessieren Sie sich aus einer souveränen Haltung heraus für Ihren Kollegen und zeigen Sie ihm, dass Sie ihn schätzen und anerkennen.

Achten Sie in sensiblen Situationen außerdem darauf, dass Ihr Gesprächspartner den jeweiligen Schwerpunkt des Gesprächs bestimmen kann. Die harmlose Frage »Wie geht es denn Ihrem Projekt?« kann leicht nach hinten losgehen, wenn es dem Projekt nicht gut geht und Ihr Gegenüber darüber lieber schweigen würde. Falls Sie sich nicht sicher sind, ob das Projekt gut läuft oder nicht, sind Sie mit einem »Und, womit sind Sie zur Zeit beschäftigt?« auf der sicheren Seite. Sie überlassen Ihrem Gesprächspartner die Wahl des Themas und vermeiden, dass er sich durch Sie unter Druck gesetzt fühlt.

Probieren Sie es aus: Wenn Sie jemandem absolut regungslos und ohne eine Miene zu verziehen zuhören, verstummt er nach einiger Zeit. Falls Sie den Eindruck haben, dass sich Menschen Ihnen gegenüber sehr kurz fassen und Ihnen nicht gerne etwas erzählen, kann es sein, dass Sie Ihr Interesse körpersprachlich nicht genügend zum Ausdruck bringen.

Sie unterstützen den Erzählfluss Ihres Gesprächspartners, indem Sie …

- … den anderen interessiert anblicken – Sie konzentrieren sich voll und ganz auf ihn und lauern nicht nebenbei auf andere Gesprächspartner.

- … immer wieder einmal bestätigend nicken – Sie signalisieren, dass Sie den Inhalt verstehen und Ihrem Kollegen gedanklich folgen.
- … wirklich zuhören und nicht nur so tun, als ob – Ihr Gegenüber bemerkt geheucheltes Interesse.
- … von Zeit zu Zeit mit Verständnisfragen nachhaken – Sie zeigen auf diese Weise, dass Sie gedanklich dabei sind.
- … an geeigneter Stelle Motivationsfragen stellen – Sie sind gespannt und Ihr Interesse gilt dem Fortgang der Geschichte.
- … ermunternde Einwürfe wie beispielsweise »Wirklich?«, »Das ist ja interessant.«, »Und dann?« von sich geben – Sie nehmen Anteil und zeigen, dass Sie von Sekunde zu Sekunde an dem Erzählten teilhaben.

Die Strategie hat jedoch eine Grenze, die Sie respektieren sollten: »Wer fragt der führt« – das wissen auch Ihre Vorgesetzten. Treiben Sie deshalb Ihr Fragen gegenüber Ranghöheren nicht zu weit. Es könnte geschehen, dass Sie Ihr Vorgesetzter durch Gegenfragen in die Schranken weist.

Falls Sie ein lebhafter Zuhörer sind, wird es Ihnen an sichtbarer Aufmerksamkeit und teilnehmender Spannung nicht mangeln, denn übermütige Menschen reagieren in Gesprächen auf andere spontan und dynamisch. Vermutlich kennen Sie folgende Reaktion: In der Sekunde, in der Ihr Kollege zu Ende gesprochen hat, platzen Sie mit Ihrem eigenen Redebeitrag heraus. Leider wirkt diese Angewohnheit nicht nur lebendig, sie kann ebenso verstanden werden, als hätten Sie parallel Ihren Standpunkt gedanklich vorbereitet und nur darauf gewartet, dass der andere endlich zum Ende kommt, damit Sie Ihre Meinung loswerden können. Beobachten Sie, auf welche Weise sehr ruhige, häufig auch ältere Menschen, die durch ihre Lebensart verständnisvoll und ausgeglichen geworden sind, in Gesprächen auf andere reagieren, und machen Sie es genauso: Nachdem Ihr Gegenüber zu Ende gesprochen hat, sinnieren Sie noch eine Sekunde über das Gesagte und antworten erst dann. Damit geben Sie dem anderen das Gefühl, wirklich zugehört zu haben und darauf besonnen zu antworten – eine andere Art von Zuhören und ein anderer Rhythmus im Antworten, den Sie bei Bedarf einsetzen können.

Gemeinsamkeiten erzeugen Sympathie

Ob Geburts- oder Wohnort, Schule oder Studium, Reisen oder Hobbys, nichts verbindet Menschen so sehr wie Gemeinsamkeiten. Sind sie erst einmal entdeckt, hält man sie begeistert fest und breitet sie aus, denn Gemeinsamkeiten fördern die wechselseitige Sympathie füreinander. Demzufolge können Sie Sympathie gewinnen, indem Sie Gemeinsamkeiten mit anderen hervorheben und weiterentwickeln. Während man diese auf der inhaltlichen Ebene ganz selbstverständlich wahrnimmt, übersieht man gerne das Bedürfnis nach Gemeinsamkeiten auf der mentalen und damit körpersprachlichen Ebene: Vor allem bei kleinen Gesprächen gibt man sich gerne einen entspannten, privaten Anstrich, menschelt ein wenig und empfindet das Gefühl der Verbundenheit als angenehm. Eine spürbare Differenz im Status hemmt deswegen solche Gespräche. Denn vorausgesetzt, wir sprechen hier weder von herrschsüchtigen Ignoranten noch von verklemmten Sonderlingen, so fühlen sich »normale« Menschen in aller Regel unwohl, wenn sich ihr Gesprächspartner ihnen gegenüber offensichtlich unter- oder überlegen fühlt. Aus diesem Grund kommt der Mitarbeiter, der dem Vorstandsmitglied voller Ehrfurcht begegnet, über ein paar ausgetauschte Floskeln nicht hinaus. Minderwertigkeitsgefühle und Ehrerbietung verkrampfen ihn und machen ein lockeres Gespräch unmöglich. Der Mitarbeiter hingegen, der sich auch im Gespräch mit dem Vorstandsmitglied wohl fühlt, kann entspannt und selbstbewusst über Frau, Kinder, Haus und Garten plaudern. Über die Hierarchiegrenzen hinweg nutzt er das kleine Gespräch zu einem persönlichen und herzlichen Austausch, über den sich auch der Vorgesetzte freut.

Körpersprachlich können Sie das Gefühl von Gemeinsamkeit unterstützen, indem Sie sich dem Auftreten Ihres Gegenübers ein wenig anpassen. Gemeint ist kein simples Kopieren – steht er auf dem rechten Bein, stehen Sie auf dem rechten Bein, kratzt er sich mit der linken Hand, kratzen Sie sich mit der linken Hand –, sondern ein Anpassen an den Körpertonus Ihres Gegenübers: Steht beispielsweise Ihr Vorgesetzter, bereits ein älterer Herr, etwas zurückgenommen und introvertiert vor Ihnen, entsteht eine Disharmonie, wenn Sie – in Saft und Kraft – laut sprechend vor ihm herumgestikulieren. Passen Sie sich an seine leise Art ein wenig an, wird er sich wohler fühlen. Menschen suchen in der Regel ihresgleichen: Der Genießer wird sich bei einem Genießer, der Dynamisch-Spritzige bei einem Dynamisch-Spritzigen, der Disziplinierte bei einem Disziplinierten wohl fühlen. Dasselbe gilt für Ihre Kleidung: Ist Ihre Chefin tagtäglich elegant angezogen, können Sie sicher sein, dass Sie sich an Ihrer einfallslosen und legeren Kleidung stoßen wird.

DAS SEMINAR – FEMININE VERTEIDIGUNG

Konstanze Wolf: »Offen gestanden, Herr Schätzky, was mir bislang fehlt, sind die praktischen Konsequenzen. Ich möchte ganz konkret wissen, was ich körpersprachlich tun kann, um mein Gegenüber zu bestimmten Handlungen zu veranlassen.« Stephan Schätzky: »Nichts.« Wolf, überrascht: »Nichts?« Schätzky: »Sie können durch den Einsatz von Körpersprache andere Menschen nicht manipulieren. – Sie können allerdings durch das Wahrnehmen von Körpersprache besser verstehen, was zwischen Ihnen und Ihrem Gegenüber gerade vor sich geht. Wenn Sie möchten, können Sie dann auch dementsprechend gezielter auf den anderen reagieren.« Wolf: »Also doch eine Art von Manipulation.« Schätzky: »Wenn Sie beispielsweise Französisch lernen, können Sie sich mit Millionen von Menschen austauschen. Sie versetzen sich damit in die Lage, auf französisch sprechende Menschen differenziert zu reagieren. – Manipulieren Sie sie deshalb? Das, was Ihnen das Verständnis von Körpersprache bringt, können Sie 1:1 mit einer Fremdsprache vergleichen.« Wolf: »Bei NLP wird meines Wissens gelehrt, dass man Menschen erst körpersprachlich spiegeln soll, um sie dann allmählich zu führen.« Manfred Breitscheid: »NLP – was ist denn das?« Wolf: »Neurolinguistische Programmierung.« Edith Öffner: » ... von Computern?« Wolf: »Nein, von Menschen.« Öffner: »Komisch – das hört sich so nach Computer an.«

Schätzky: »Ich bestreite nicht, dass man durch eine bestimmte Technik den einen oder anderen kurzfristigen körpersprachlichen Effekt erzielen kann. Ich bestreite aber, dass diese Effekte nachhaltig wirken und bedeutsame Konsequenzen nach sich ziehen können.« Öffner: »Also mir ist das unsympathisch, andere Menschen manipu-

lieren zu wollen.« Wolf: »Aber es muss doch beispielsweise eine Möglichkeit geben zu reagieren, wenn andere Menschen mir zu nahe kommen?« Hartmann: »Welche Menschen?« Wolf:« Na, meistens sind es wohl die Herren der Schöpfung!« Schätzky: »Die Möglichkeit zu reagieren gibt es, aber nicht die Möglichkeit, den Männern schon prophylaktisch ihre Annäherung auszutreiben.« Hartmann: »Da bin ich aber froh.« Schätzky: »Stehen Sie doch bitte alle auf und bilden Sie zwei Reihen, so dass jeder ein Gegenüber hat, dem er in die Augen blicken kann. Nun bleiben diejenigen, die zum Fenster blicken, stehen, diejenigen, die zur Türe blicken, gehen bitte langsam auf ihren Partner zu, bis es ihnen zu nah wird.« Öffner, Hartmann, Weiden und Breitscheid gehen auf ihre Partner zu. Nachdem sie stehen geblieben sind, fällt auf, dass sich die Reihe schnurgerade an einer Linie ausgerichtet hat, als hätte jemand die Teilnehmer mithilfe eines Kreidestriches am Boden auf ihre Position gestellt. Schätzky: »Vielleicht wundern sich, warum Sie so aufgereiht dastehen. – Die Lösung ist ganz einfach: Sie alle haben dasselbe Gefühl für Distanz im Raum und stehen gerade an der Grenze, an der der öffentliche Raum Ihres Gegenübers endet und der private beginnt.« Öffner: »Ich stehe aber zehn Zentimeter weiter zurück als alle anderen. Macht das was?« Schätzky: »Sie sind die kleinste in der Gruppe und damit Sie nicht allzu schräg nach oben zu Herrn Gessner blicken müssen, wählen Sie automatisch einen etwas größeren Abstand.« Gessner charmant: »Sie meinen, ich muss das jetzt nicht persönlich nehmen?« Öffner beeilt sich: »Aber ganz und gar nicht, Herr Gessner.« Wolf: »Mein Chef zum Beispiel hat die Angewohnheit, mich bei allen passenden und unpassenden Gelegenheiten am Arm anzufassen. Wenn wir uns zufällig auf dem Gang begegnen, zerrt er mich auch noch in die Richtung, in die er gerade geht, um mir auf dem Weg noch eben etwas zu sagen. – Wie schaffe ich es, dass mir das nicht mehr passiert?«

Schätzky: »Wir können das proben. Frau Wolf – Stellen Sie sich vor, Herr Breitscheid ist Ihr Vorgesetzter. Herr Breitscheid: Sie gehen nun auf Frau Wolf zu, um ihr Neuigkeiten über den aktuellen Projektverlauf mitzuteilen.« Breitscheid: »Welches Projekt denn?« Schätzky: »Das überlasse ich Ihnen.« Ohne dass es Frau Wolf bemerkt, macht ihm Schätzky Zeichen, er solle sie am Arm fassen und durch den Raum führen. Breitscheid nähert sich etwas behäbig und spielt den Überraschten: »Ah, Frau Wolf! Gut dass ich Sie treffe.« Er gibt ihr die

Hand. »Raten Sie mal, wer mich gerade angerufen hat?« Wolf: »Wer?« Breitscheid: »Temron natürlich!« Er packt Sie am Arm und führt sie durch den Raum. »Wir müssen unbedingt den Herstellungsprozess mit der Gruppe Alpha abstimmen.« Schätzky: »Danke!« Wolf: »Sehen Sie, so geht mir das immer.« Hartmann: »Ich glaube, da hat jemand zu viel Raumschiff Enterprise gesehen.« Schätzky: »Herr Hartmann: Spielen Sie doch bitte den Praktikanten von Frau Wolf.« Hartmann: »Mit Vergnügen – sofort?« Schätzky: »Sofort.« Hartmann: » Frau Wolf ... Entschuldigung ... hätten Sie vielleicht eine Sekunde Zeit für mich?« Wolf: »Was kann ich für Sie tun?« Hartmann: »Ich hätte da mal eine Frage wegen Delta. Wir hören nämlich nichts mehr von Orion.« Angetrieben von Schätzky, der im Hintergrund Zeichen macht, bemüht sich Hartmann, Wolf beim Weitergehen mitzuziehen – ohne Erfolg. Wolf, völlig ungerührt: »Sie hören nichts von Orion, weil wir Orion vor zwei Wochen bereits aufgegeben haben. Ist Ihnen das etwa nicht bekannt?« – Alle lachen. Philipp Weiden: »Das ist ja interessant. Der Praktikant hat sie nicht wegschieben können.« Wolf: »Das kommt gar nicht in Frage. Das ist ja ein ganz anderes Verhältnis.« Schätzky: »Sie haben eine Technik aus dem Schauspiel angewandt, Frau Wolf. Das so genannte ›Als ob‹. Das ›Als ob‹ ist Ihre Vorstellung, Herr Breitscheid sei Ihr Chef und Herr Hartmann Ihr Praktikant. Dieser Vorstellung folgt Ihre innere Haltung. – Letztlich entscheiden Sie durch Ihre innere Haltung, was Sie zulassen und was nicht.« Wolf: »Und wie verändere ich die Qualität der Begegnung?« Schätzky: »Sobald Sie die innere Haltung verändern, verändert sich die Situation.« Wolf: »Ist das alles?« Schätzky: »Fast. – Wichtig ist, dass Sie möglichst sofort reagieren, wenn Ihnen jemand zu nahe tritt. In dem Moment, in dem Ihr Gegenüber auf Sie zukommt, können Sie am unauffälligsten ausweichen und Abstand schaffen. Schwierig wird es, wenn sich die Situation schon etabliert hat. Dann müssen Sie sich zusätzlich einen Vorwand ausdenken, um einen lästigen Mitmenschen loszuwerden.«

Öffner: »Habe ich das richtig verstanden? Ich bilde mir ein, mein Chef ist mein Praktikant, und mache dann alles richtig?« Schätzky: »Mit Sicherheit treten Sie auf diese Weise nicht mehr devot auf. Ob das im Einzelfall richtig oder falsch ist, können nur Sie entscheiden.« Koller: »Das ist nichts anderes als der Unterwäsche-Trick. – Den wende ich immer an, wenn ich eine Rede halte: Ich stelle mir das Publikum in Unterwäsche vor und dann bin ich nicht mehr nervös.«

Im Raum: So verteidigen Sie sich gegen Übergriffe

Mal ist es eine eingebildete Dogge, die Ihnen mit ihrer herablassenden Art zu schaffen macht, mal ein kleiner aggressiver Pinscher, der Sie bei jeder Gelegenheit ankläfft, ein geprügelter Dackel, der angekrochen kommt, oder ein jovialer Bernhardiner, der Sie bei jeder Gelegenheit großväterlich in den Arm nimmt – ein ganzes Rudel absonderlichster Zweibeiner läuft über die Flure unserer Unternehmen, stürmt durch Türen, knallt Akten auf Tische, unterbricht Telefonate, verletzt unsere Intimzone, legt die Pfoten auf Arme und Schenkel; fehlt nur noch, dass sie in unsere Zimmerecken pinkeln, um ihr Territorium zu markieren. Das Schlimmste aber: Wenn man sie auf ihr Verhalten anspricht, bekommen sie große Augen, fühlen sich falsch verstanden, zu Unrecht beschuldigt und angegriffen – ein riesengroßes Thema, vor allem zwischen raumgebenden Frauen und raumnehmenden Männern.

Bislang sind wir davon ausgegangen, dass Sie sich in einem interessefreien Raum bewegen und ohne Gegenwehr Sympathie verbreiten und Standpunkte beziehen können. Was aber, wenn Ihnen der Raum, den Sie beanspruchen, nicht gegeben wird, wenn Sie unter penetranten, dominanten oder gar zu nahe kommenden Kollegen leiden?

Die Fähigkeit, ein sympathisches Verhältnis zwischen Ihnen und Ihren Kollegen zu initiieren und zu pflegen, ist eine grundlegende, die Sie in allen beruflichen Situationen unterstützt. Gleichsam aus der Vogel- oder Schachspielerperspektive erzeugen Sie auf diese Weise eine konstruktive Grundstimmung. Nichtsdestoweniger gibt es reichlich Situationen, in denen Ihr »Kämpfer« am Boden mit Schmusen nicht weit kommt. Je höher Sie beruflich steigen, desto häufiger geht es darum, eigene Interessen zu verteidigen und durchzusetzen. Sie wären schlecht beraten, vergeudeten Sie Ihre Kräfte durch überflüssige Meinungsverschiedenheiten. Falls Sie jedoch einen unausweichlichen Konflikt für sich entscheiden müssen, kann Körpersprache im Duell der Argumente als zusätzliche verteidigende oder angreifende Kraft zum alles entscheidenden Faktor werden. Wenn Sie nicht Acht geben, sind die Karten bereits lange vor einer konkreten inhaltlichen Auseinandersetzung zu Ihren Ungunsten gemischt.

Territorium verteidigen heißt Status verteidigen

Was Menschen von Ihnen halten, erkennen Sie daran, ob sie Ihr Territorium respektieren oder missachten. Das Kräftemessen beginnt ganz unauffällig im Alltäglichen: Menschen verletzen fortwährend das Territorium anderer und senken dadurch unmerklich deren Status, während sie den eigenen langsam, aber sicher heben. Von denjenigen, die tagtäglich diese Grenzüberschreitung hinnehmen müssen, wird Körpersprache als Retter in der Not herbeigesehnt: Zum einen bemerkt jeder, auch ohne sich explizit mit Körpersprache zu beschäftigen, dass die Übergriffe körperlich erfolgen – entsprechend müsste man, so die Überlegung, über den eigenen Körper kontern können. Zum anderen ist die Unsicherheit, das Thema anzusprechen, groß, denn die Übergriffe gehen in der Regel nicht so weit, als dass man sich laut über sie empören könnte, aber weit genug, um sich gestört oder belästigt zu fühlen. Könnte nicht eine nonverbale Antwort dem Betreffenden einen diskreten Fingerzeig geben? Die Schwierigkeit hierbei: In der Regel gehören die beschriebenen Zweibeiner nicht zu den Sensiblen ihrer Gattung. Demzufolge verstehen sie galante körpersprachliche Andeutungen nur selten. Die Mitarbeiterin beispielsweise, deren Chef die Angewohnheit hat, sie auf dem Gang freundlich am Arm zu packen, um sie für eine kurze Besprechung noch schnell in seine Richtung mitzunehmen, müsste schon mit aller Kraft Wurzeln schlagen, um nicht mitgerissen zu werden. Doch was erntet sie bestenfalls? Vielleicht ein erstauntes »Ach, haben Sie etwa keine Zeit für mich?« – und damit wäre sie genau so weit wie zuvor. Erwarten Sie deshalb von dem Einsetzen körpersprachlicher Signale nicht, dass Sie sich diplomatisch aus der Affäre ziehen können – wenn Sie das Kind nicht beim Namen nennen möchten, müssen Sie darauf zeigen. Sie können Übergriffe nonverbal parieren und Ihr Territorium verteidigen, doch je unsensibler der Betreffende ist, desto massiver müssen Sie ihm entgegentreten – bis hin zu einem Grad, bei dem man sich zu Recht fragt, ob es nicht besser ist, von seiner verbalen Fähigkeit Gebrauch zu machen.

Um mögliche Gegenmaßnahmen am Beispiel verständlich zu machen, wird nachfolgend vorausgesetzt, dass ein bestimmtes Verhalten als Übergriff gewertet wird. Ob sich jemand durch eine bestimmte Umgangsform tatsächlich belästigt fühlt, wird individuell unterschiedlich empfunden und ist zudem abhängig von Situation, Milieu und Kultur. Der eine entrüstet sich beispielsweise aufgrund einer bestimmten Berührung, über die ein anderer nur lacht, da die Berührung einen ganz harmlosen und gut gemeinten Hintergrund hat. Thema ist hier, den Empörten Möglichkeiten an die Hand zu geben, mit deren Hilfe sie reagieren können, nicht zu bewerten, ob ihre Empörung berechtigt oder übertrieben ist.

Radfahrer oder Menschenfreund?

Macht und beruflicher Stress verändern die Menschen. Wenn sie sich erst einmal etabliert haben, verlieren nicht wenige den Respekt im Umgang mit Menschen. Prüfen Sie sich selbst: Gehen Sie mit Ihren Mitarbeitern in gleicher Weise um wie mit Ihren Vorgesetzten, dann steht für Sie der Mensch im Vordergrund und Sie schenken jedem Einzelnen unabhängig von seinem Rang den gleichen Respekt. Entdecken Sie hingegen Unterschiede in Ihrem Auftreten nach »oben« beziehungsweise nach »unten«, dann messen Sie die Wertigkeit anderer an ihrem Rang. Je größer diese Differenz ist und je größer Ihre Hierarchietreue, desto geringer ist Ihre nach außen gezeigte Menschenliebe. Gegensteuern können Sie ganz leicht: »Würde ich so mit meinem Chef sprechen?« – Indem Sie sich diese Frage im Umgang mit Mitarbeitern gelegentlich stellen und sich gegebenenfalls unauffällig korrigieren, bleiben Sie auf einer menschenfreundlichen »Mittellinie«, die nicht nur Ihren Mitarbeitern, sondern langfristig Ihrer eigenen Positionierung innerhalb Ihres beruflichen Umfeldes förderlich ist.

Defensiver Widerstand

Wie schwer Ihnen eine konkrete Gegenmaßnahme fällt, hängt entscheidend von Ihrem Status gegenüber dem Betreffenden ab. Ein nonverbales Zeichen gegenüber einem Mitarbeiter zu setzen ist ungewohnt, in der Regel aber nicht angstbesetzt. Im Umgang mit einem gleichrangigen Kollegen wird es schon schwieriger und gegenüber dem Vorgesetzten erfordert die gleiche Aktion eine gehörige Portion Mut. Sobald der andere Ihre Gegenmaßnahmen versteht, ist das nonverbale Grenzenziehen sogar massiver als das verbale: Über Sprache abstrahieren Sie ein bestimmtes Vorgehen. Sie erklären Ihren Standpunkt und geben dem anderen die Möglichkeit, den seinen zu erläutern. Reagieren Sie hingegen nonverbal, so konfrontieren Sie Ihr Gegenüber. Sie »sind« der Standpunkt, ohne Wenn und Aber und stoßen den anderen in eine neue Situation, die mit dem alten Muster bricht. Im Folgenden werden Situationen beschrieben, in denen Sie anderen lediglich diskret ausweichen. Sie nehmen sich den Raum, der Ihnen zusteht, und tun damit nichts anderes, als ein ausgewogenes Verhältnis wiederherzustellen, das Ihr Gegenüber zu Ihrem Nachteil dominiert hat. Ihr Vorteil: Für den Moment erreichen Sie den Abstand, den Sie sich wünschen. Ihr Gegenüber fügt sich in der Regel in Ihre Vorgabe – ohne recht zu bemerken, wie ihm geschieht. Ihr Nachteil: Da Ihre Aktion nicht bewusst wahrgenommen wird, ist die Wahrscheinlichkeit groß, dass sich das Ganze bei nächster Gelegenheit wiederholt.

Halte Abstand

Jeder Mensch hat um sich herum eine so genannte Intimzone, einen kreisförmigen Raum mit einem Radius von etwa 70 Zentimetern. In dieses innerste Umfeld lässt er nur Menschen, die ihm wirklich nahe stehen. Erzwungene Nähe wie beispielsweise ein überfüllter Aufzug oder Bus werden von Menschen ausgeglichen, indem sie sich nicht anschauen. Sobald ein Kollege ohne äußeren Anlass wiederholt in diesen engsten Raum tritt, fühlen sich viele Menschen bedrängt. In diesem Fall können Sie den gewünschten Abstand wiederherstellen, indem Sie ein oder zwei

Schritte zurückweichen. Unauffällig gelingt das nur, wenn Sie reagieren, sobald Ihnen die andere Person zu nahe tritt. Sie verstecken Ihre Bewegung in der des anderen. Je länger eine körperliche Nähe besteht, desto schwieriger wird es, Abstand zu schaffen, weil Ihnen hierzu der Anlass fehlt. Sind Sie geschickt, so können Sie zu einem späteren Zeitpunkt einen Vorwand erfinden: Sie nehmen während des Gesprächs Unterlagen zur Hand, schauen auf eine Uhr oder heben einen Stift auf, den Sie zuvor haben fallen lassen. Welche Aktion Sie wählen, bleibt Ihrer Fantasie überlassen – solange sie nur dazu führt, dass Sie anschließend mehr Abstand zu Ihrem Gesprächspartner gewinnen.

Fass mich nicht an

Bei jeder Gelegenheit angefasst zu werden ist besonders lästig. Auch wenn es der Betreffende gar nicht böse meint, sondern nur fürsorglich etwas erklären möchte, fühlen sich viele Menschen durch eine Hand auf Oberarm oder Schulter unangenehm in Besitz genommen. Derartige Berührungen bieten sich vor allem dann an, wenn Menschen seitlich zueinander stehen und der eine dem anderen etwas erklären will.

Durch ihre parallele Position begünstigt sie seine Umarmung

Vermeiden Sie deshalb von Anfang an die parallele Stellung der Körper. Indem Sie beispielsweise den anderen mit Handschlag begrüßen und sich ihm gegenüber hinstellen, erschweren Sie eine Berührung. Doch auch wenn er mit einem »Sehen Sie sich das mal an …« nachrückt, können Sie sich, nachdem Sie ihn angehört haben, mit einem »Das ist mir bereits klar …« aus der parallelen erneut in eine opponierende Position drehen. Der Satz dient dem Kaschieren der Bewegung: Indem Sie der Bewegung den motivierenden Gedanken in Form eines Satzes vorausstellen, verbergen Sie die eigentliche Absicht, Abstand zu gewinnen – eine Täuschung, die auch in anderen Situationen hervorragend funktioniert.

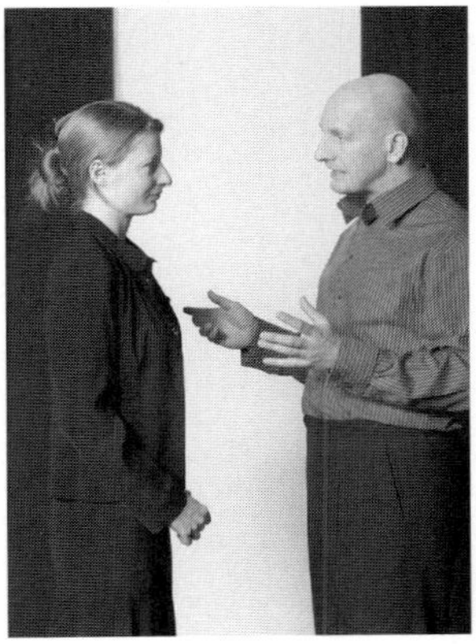

Durch ihre opponierende Position verhindert sie seine Umarmung

Opponierende Positionen, die man in Situationen wie Bewerbung und Verhandlung besser vermeidet, können Ihnen wichtige Dienste leisten, wenn Sie zum Ausdruck bringen möchten, dass Sie nicht mehr der kleine Junge oder das kleine Mädchen sind.

Ihr konzentriertes Zuhören sorgt für eine gebeugte Haltung und einen gesenkten Blick – er hat es leicht, sie zu berühren

Ihre aufrechte Haltung, verbunden mit einem klaren und bestimmten Blick, erschwert seine Berührung

Die Opposition des Körpers zeigt: Hier bin ich und dort bist du. Sie schaffen demjenigen gegenüber, der Sie als seinen Besitz betrachtet, Abstand.

Blick mir in die Augen

Ein aufmerksames Zuhören führt häufig zu einer fast parallelen Position der Personen und einer leicht gebeugten Körperhaltung, weil Sie dem anderen Ihr Ohr zuwenden. Währenddessen wandert Ihr Blick irgendwo im Raum umher. Unter gleichberechtigten Kollegen drückt sich in diesem Beieinanderstehen durchaus eine angenehme Vertrautheit aus. Fühlen Sie sich jedoch in dem Verhältnis zu dem anderen als der Unterlegene, unterstützt die Haltung Ihren Tiefstatus. Außerdem lassen Sie sich in dieser Position hervorragend anfassen. Halten Sie sich deshalb aufrecht und blicken Sie Ihren Kollegen, auch wenn Sie seitlich von ihm stehen, klar und bestimmt an. Sie erhöhen damit Ihre Präsenz und machen es dem anderen schwer, seine Hand auf Ihre Schulter zu legen.

Bleib sachlich

Ein Tiefstatus entsteht nicht nur dadurch, dass Menschen Ihnen auf irgendeine Weise zu nahe kommen. Wenn Sie nicht Acht geben, spielen sie auch mental mit Ihnen Pingpong, was heißen will: Der andere lacht, Sie lachen mit, der andere erzählt etwas Privates, Sie erzählen etwas Privates, der andere kommt wieder zur Sache, Sie kommen wieder zur Sache. Ist man unsicher, schließt man sich den Vorgaben des anderen an, um es ihm recht zu machen. Sie erhöhen Ihren Status sofort, indem Sie auf die Vorgaben Ihres Gegenübers überhaupt nicht eingehen. Die Versuche des anderen gehen ins Leere, weil Sie nicht reagieren. Körpersprachlich heißt das, dass Sie beispielsweise streng bleiben, wenn der andere die charmante Tour versucht, nicht lächeln, wenn er eine private Bemerkung macht, oder in einer aufrechten und korrekten Haltung bleiben, wenn sich der andere kumpelhaft gibt. Frauen, die sich durch Zweideutigkeiten von Männern gestört fühlen, können auf diese Weise sich anbahnende Verwicklungen im Keim ersticken.

Auf einer Linie

Vor allem im Kontakt mit Ranghöheren geschieht es regelmäßig: Sie selbst sitzen an Ihrem Schreibtisch und arbeiten, während Ihr Vorgesetzter den Raum betritt und Ihnen stehend einige Anweisungen gibt. Wahrscheinlich kennen Sie das Gefühl: Wenn man gezwungen ist, jemanden von unten anzublicken, kommt man sich auch irgendwie kleiner vor. Derselbe Effekt, der dafür sorgt, dass sich viele Frauen von einem größeren Mann beschützt fühlen, wird in Gerichtssälen durch eine erhöhte Sitzposition des Richters oder von Kameraleuten durch eine nach oben gerichtete Kamera ausgenutzt: Wer oben sitzt oder steht, dominiert das Geschehen. Kleine Menschen können ein Lied davon singen und gerne halten sie deshalb den Abstand zu anderen etwas größer, da sich auf diese Weise ein flacherer und für sie günstigerer Blickwinkel nach oben ergibt. Dasselbe Gefälle der Blicke finden wir in dem genannten Beispiel: Solange Ihr Vorgesetzter an der Türe steht, bleibt der Blickwinkel flach – das Gefälle zwischen Ihnen harmlos.

Er beachtet ihr Territorium: Durch den ausreichenden Abstand ist das Verhältnis der Blicke ausgewogen

Konfrontativ wird die Situation, sobald sich Ihr Gesprächspartner an den Schreibtisch drückt oder sich darüber beugt, und geradezu aufdringlich wird er, wenn er hinter Sie tritt. In dieser letzten Phase sind Sie gezwungen, mit verdrehtem Hals steil von unten emporzublicken. Eindeutiger könnte man einen Tiefstatus nicht inszenieren. Dieser Form von Aufdringlichkeit können Sie leicht entgehen, indem Sie aufstehen, sobald der Betreffende den Raum betritt. Sie begrüßen Ihren Gesprächs-

Das Kräfteverhältnis entwickelt sich zu ihren Ungunsten: Indem er sich über ihren Schreibtisch beugt, missachtet er bereits ihr Territorium

partner oder sind ganz einfach höflich und vermeiden die unglückliche Perspektive von Anfang an. Auf die gleiche Weise verhindern Sie ein Eindringen in Ihr Territorium hinter dem Schreibtisch: Sie treten dem anderen entgegen und versperren ihm den Weg. Sollte die Anfangsphase eines Gesprächs für eine schnelle Reaktion bereits verschenkt sein, weil Sie beispielsweise telefoniert haben, während der andere näher gekommen ist, können Sie wieder einen Vorwand bemühen: Sie stehen auf und holen Unterlagen, einen Stift oder Ähnliches. Anschließend sprechen Sie im Stehen weiter. Den Blickwinkel haben Sie mit dieser kleinen Aktion zu Ihren Gunsten ausgeglichen.

Offensiver Widerstand

Offensiv auf nonverbale Vereinnahmungen und Attacken zu reagieren heißt, mit dem anderen zu spielen. Sie benötigen neben einer gewissen Spielfreude vor allem eines – Mut. Dafür kann sich die Wirkung, die Sie erzielen, sehen lassen: Entweder wird Ihr Gegenspieler nie mehr wiederholen, was er gerade getan hat, oder aber er bereitet Ihnen Schwierigkeiten. Diese Methode eignet sich deshalb eher für Mitarbeiter oder gleichrangige Kollegen als für Vorgesetzte, die sich düpiert fühlen könnten und Ihnen anschließend Schwierigkeiten bereiten. Sobald Sie damit rechnen, dass der Betreffende aufgrund seiner Position oder seines Charakters aggressiv reagieren wird, ist Vorsicht geboten.

Das Spiel mit dem »Spiegel«

Das Prinzip ist simpel: Ihr Gesprächspartner stürmt zur Türe herein, knallt Akten auf Ihren Tisch und fuchtelt hektisch mit den Händen vor Ihrem Gesicht herum. Kurz darauf stürmen Sie in sein Büro, knallen andere Akten auf seinen Tisch und fuchteln hektisch mit den Händen vor seinem Gesicht herum. Ihr Gesprächspartner legt fürsorglich den Arm um Sie und schiebt Sie bei einem Gespräch den Gang entlang. Bei der nächsten Begegnung legen Sie fürsorglich den Arm um ihn und schieben ihn den Gang entlang. Ihr Gesprächspartner stellt sich hinter Ihren Schreibtisch und beugt sich zu Ihnen hinunter. Sie stellen sich bei nächster Gelegenheit hinter seinen Schreibtisch und beugen sich zu ihm hinunter. Haben Sie sich erst einmal überwunden und einige Male ein solches Spiel überzeugend durchgeführt, macht es richtig Freude und Sie warten förmlich darauf, dass Ihnen wieder einmal ein Kollege über den Weg läuft, den Sie spielerisch auf sein ruppiges Auftreten hinweisen können. Wichtig ist, dass Ihre Antwort kurz auf den jeweiligen Anlass folgt, ansonsten versteht der Betroffene die Spiegelung nicht. Wichtig ist außerdem, dass Sie Ihre Aktion nicht um der Aktion willen ausführen. Ihr Spiel muss immer im Dienste eines tatsächlichen Anliegens stehen. Sie schöpfen aus dem Repertoire vorhandener Themen, erfinden einen Anlass und verändern die Verpackung.

Der Clou an der ganzen Sache besteht darin, die Reaktion des anderen zu beobachten. Hier gibt es zwei höchst interessante Varianten: Entweder bemerkt Ihr Kollege den Vorfall gar nicht und reagiert ganz selbstverständlich und der Sache angemessen, dann zeigt seine Reaktion, dass er für Ihren körpersprachlichen Übergriff keine Sensibilität besitzt – also auch sein vorangegangener weder besitzergreifend noch herrschsüchtig gemeint war. Er ist einfach nur unbekümmert oder sogar tollpatschig gewesen. Oder aber Ihr Kollege reagiert wie aus dem Schulbuch: Eine kurze Anspannung, sprich Empörung, baut sich in Ihrem Gegenüber auf – er spürt, dass er in den Tiefstatus geschoben wird. Dann aber baut er sie wieder ab und geht in eine vorgetäuschte entspannte Haltung – das Klügste, was er in dieser Situation tun kann, denn er hat verstanden, dass Sie ihm sein Verhalten mit gleicher Münze heimzahlen. Würde er Sie wegen Ihres Verhaltens zur Rechenschaft ziehen, zöge er den Kürzeren, denn Sie können ihm jedem seiner Bälle zurückspielen: Was Ihnen nicht zusteht, steht ihm ebenfalls nicht zu.

Die Methode wirkt sowohl zeitversetzt als auch zeitgleich: Vor allem Besprechungen und Sitzungen eignen sich hervorragend, um den anderen sofort mit seinen eigenen Waffen zu schlagen. Sie haben genügend Zeit, um sein Auftreten zu beobachten und neben der verbalen die passende körpersprachliche Antwort zu finden. **Ein Beispiel:** In einer typischen Besprechung sollen Sie gemeinsam mit einem gleichrangigen Kollegen ein bestimmtes Konzept erarbeiten. Sie unterbreiten ihm hierfür einen Vorschlag nach dem anderen. Ihr Kollege aber zweifelt, zögert, wiegelt ab, grummelt in sich hinein und bringt seinerseits keinen einzigen Entwurf ein. Auf der inhaltlichen Ebene könnten Sie ihm zugute halten, er habe vielleicht tatsächlich keine Idee oder zu wenig Zeit für die Vorbereitung gehabt. Das Eigenartige ist nur, dass Sie ungeachtet Ihrer aktiven Haltung nicht der Führende sind. Sie bekommen die Situation einfach nicht in den Griff. Im Gegenteil: Aus unerfindlichen Gründen scheint es, als steuere Ihr stummer Kollege Sie statt Sie Ihren Kollegen. Was tun?

Das Spiel mit dem »Status«

Da Sie während der Besprechung auf das Thema konzentriert sind und engagiert nach einer Lösung suchen – sozusagen »im Graben sitzen« –, fehlt Ihnen der Abstand. Sie treten nicht zurück, sehen keine Szene und keine Körper, die Ihnen entschlüsseln könnten, was hier gerade läuft. Machen Sie sich hingegen zur Gewohnheit, Situationen gelegentlich aus der »Vogelperspektive« zu betrachten und die Körpersprache der Beteiligten zu beobachten, so könnten Sie in dem konkreten Fall beispielsweise entdecken, dass sich Ihr gleichrangiger Kollege gemütlich im Stuhl zurückgelehnt hat, als wäre er Ihr Chef, während Sie wie seine beflissene Sekretärin auf Ihrer Stuhlkante sitzen. Er lässt sie kommen, Sie mühen sich ab. Er wird immer ruhiger, Sie werden immer bemühter. Kurzum: Er lässt Sie am ausgestreckten Arm verhungern.

Kollegen im Gespräch: Er befindet sich im Hoch-, sie im Tiefstatus

Die beschriebene Dynamik geht häufig über die eine oder andere konkrete Situation, die man gelegentlich erlebt, hinaus und ist nicht selten eine Frage von Typen. Es gibt Menschen, die bieten sich immer wieder – ohne es zu wissen – als Opfer an: Sie meinen, das Verhältnis zu einem herrschend auftretenden Menschen verbessern zu können, indem sie es dem anderen recht machen – tatsächlich aber bestätigen und vertiefen sie das Gefälle.

Ihre Alternative: Sie stärken Ihre Position, indem Sie das Verhalten des anderen zeitversetzt spiegeln. Zug um Zug rücken Sie nach und heben Ihren Status ebenfalls.

Kollegen im Gespräch: Sie balanciert den ungleichen Status aus, indem sie ihn spiegelt

Starten Sie das Gespräch zunächst genauso konstruktiv, wie Sie sich eine Zusammenarbeit vorstellen. Sobald Sie aber bemerken, dass sich das Kräfteverhältnis zugunsten Ihres Kollegen verschiebt, tun Sie es ihm gleich: Lehnt er sich nach hinten, lehnen Sie sich nach hinten; blickt er aus dem Fenster, blicken Sie aus dem Fenster – nicht unmittelbar folgend, sondern zeitversetzt und geschickt in die Konversation eingefädelt, damit es nicht auffällt. Es ist auch hier äußerst interessant, wie Ihr Kollege die Situation auflöst: Entweder lässt er das Gespräch ohne Ergebnis im Sand verlaufen oder aber er gibt sich einen Ruck und legt seine Karten auf den Tisch. Mit der ersten Antwort zeigt er, dass er an einem Ergebnis gegenwärtig nicht interessiert ist. Wiederholt sich die Situation, ist er unter Umständen gar nicht an einer Zusammenarbeit mit Ihnen interessiert. In diesem Fall wären Ihre Bemühungen für eine gemeinschaftliche Zusammenarbeit von Anfang an vergebens gewesen. Mit der zweiten Antwort erhalten Sie eine Reaktion und damit die Basis für eine gemeinsame Arbeit. Wie immer sich die Situation entwickelt, eines haben Sie auf diese Weise ganz sicher erreicht: Sie geraten nicht mehr in einen Tiefstatus.

Haben Sie sich erst einmal das kurzfristige Heraustreten aus Situationen zu Eigen gemacht, sind Sie in der Lage, anhand von Körpersprache zu erkennen, was gerade auf der Berufsbühne gegeben wird. Aus dieser Perspektive und mit etwas Spiellust sind Ihre Möglichkeiten, die Situation zu Ihren Gunsten zu verändern, vielfältig: Als einer von zwei sich echauffierenden Streithähnen beispielsweise erkennen Sie, dass Sie gerade dabei sind, Ihren Status zu demontieren. Lenken Sie sich selbst stattdessen in ein ruhigeres Fahrwasser, so übernehmen Sie nach und nach den führenden Part, während sich Ihr Gegenspieler als alleiniger Gockel der Lächerlichkeit preisgibt. Auch als einer unter mehreren Rednern bietet Ihnen der Schritt zurück die Gelegenheit, Ihre Vorgänger im Kontakt mit dem Publikum zu beobachten. Indem Sie Zusammensetzung und Reaktion des Publikums analysieren und für sich auswerten, können Sie Ihren eigenen Auftritt überarbeiten und für die konkrete Situation optimieren.

Ihr Körper: Wie Sie Brücken bauen und Grenzen setzen

»Brückenbauer« sind umgeben von Menschen, die sie mögen. Sie haben nur ein Problem: sich gegen andere durchzusetzen. »Grenzensetzer« sind umgeben von Menschen, die ihnen folgen. Sie haben nur ein Problem: jemanden zu finden, der sie mag.

Auch wenn die Charakterisierung etwas überspitzt ist, werden Sie entsprechende Typen aus Ihrem Kollegenkreis kennen. Auf einer Probe würde man dem einen Darsteller die Anweisung geben: »Du versuchst, überall Harmonie zu verbreiten, weil du keinen Konflikt aushältst.« Dem anderen sagt man: »Du ballerst auf alles, was sich bewegt, weil du es nicht aushältst, dass andere dich beherrschen.« Da wir die Aktion mit einem Motiv unterfüttern, das tief in der Figur wurzelt, können sich die Darsteller mit Hingabe in ihre Aufgaben stürzen. Die Leidenschaft der Charaktere ist für eine dramatische Verwicklung der Situation hinreißend, für Sie hingegen, der Sie dramatische Entwicklungen vermeiden und souverän mit Kollegen umgehen möchten, verbietet sich jede Haltung, die sich festbeißt.

Eine »Habt mich alle lieb«-Einstellung, die sich immer und überall um Harmonie bemüht, führt dazu, dass man Sie mag, aber nicht respektiert. Eine »Ich hab hier das Sagen«-Einstellung, die sich immer und überall Dominanz erkämpft, führt dazu, dass man Sie fürchtet, aber nicht mag.

Die Struktur sitzt in manchen Menschen so tief, dass sie – unfähig zur Veränderung – Berufe suchen, in denen man entweder keine Gefolgschaft oder keine Freundschaft benötigt.

Fühlen Sie sich der einen oder anderen Gruppe zugehörig, können Sie mithilfe von Körpersprache gegensteuern. Sie können sowohl Grenzen setzen als auch Brücken bauen. Glaubhaft wird das ganze Unterfangen allerdings nur, wenn Sie Ihre innere Haltung ebenfalls ändern: Herrscher, die durch ein paar Brückchen cleverer herrschen wollen, und Schmuser, die sich endlich einmal als Held beweisen möchten, scheitern langfristig, weil ihr Auftreten nicht in der dazugehörigen inneren Haltung begründet ist. Das Ideal ist eine anpassungsfähige Haltung: Sie scheut weder Konflikte beim Grenzenziehen noch Zurückweisung beim Brückenbau und ist in der Lage, flexibel mit unterschiedlichen Menschen und Situationen umzugehen.

Die Brücke zum Mitarbeiter

Wer meint, er sei aufgrund seiner Position mehr wert als untergeordnete Kollegen und entsprechend weniger wert als übergeordnete, baut keine einzige Brücke, da er keine Menschen, sondern nur Funktionsträger sieht. Wenn Sie die Wertigkeit von Menschen aus der Unternehmenshierarchie ableiten, verursachen Sie dauerhafte und tief greifende Dissonanzen im Kollegenkreis. In gleicher Weise, wie Entscheidungsfindungen innerhalb eines Unternehmens Hierarchie erfordern, benötigt ein gesundes und lebendiges Miteinander je nach Situation einen dynamischen Wechsel von Hoch- und Tiefstatus. Ein Vorgesetzter, der von oben herab spricht, wenn er einen Mitarbeiter um einen Gefallen bittet oder sich für dessen Leistung bedankt, wird keine Resonanz finden, weil andere sein Verhalten als hochmütig und arrogant empfinden. »Von hundert Menschen wird einer Chef. Von hundert Chefs bleibt einer Mensch.« – lautet das treffende Bonmot. Wer schon lange Chef ist, entwickelt sich häufig zum Herrenmenschen, dem andere zu dienen haben. Der Vorgesetzte jedoch, der dauerhaft mit seinen Mitarbeitern von oben herab umgeht, isoliert sich irgendwann von seiner Umgebung. Eine Brücke zu Ihren Mitarbeitern bauen Sie, indem Sie dafür

Sorge tragen, dass sie sich in Ihrer Nähe wohl fühlen. Schätzen Sie andere unabhängig von Position und beruflicher Leistung und sorgen Sie für einen organischen, Themen und Situationen angepassten Wechsel von Hoch- und Tiefstatus.

Vor allem die kleinen Gespräche am Rande eines harten Arbeitstages sind es, in denen Sie Nähe aufbauen können. Nutzen Sie diese Gelegenheiten nicht, um Ihre Überlegenheit vorzuführen, sondern zeigen Sie sich – jenseits geschäftlicher Funktionalität – von einer entspannten und menschlichen Seite.

Vermeiden Sie ...

- ... anderen zu zeigen, wie gut Sie sich finden – das wäre ein Zeugnis ausgeprägter Eitelkeit.
- ... als Herrscher und Allwissender aufzutreten – damit isolieren Sie sich.
- ... nur Ihre eigenen Themen im Auge zu behalten – Sie kommen als Egozentriker rüber.
- ... Ihre Energie, Ihre intellektuelle Fähigkeit und Ihre geistige Wendigkeit zum Maßstab des Gesprächs zu machen – wer andere klein macht, macht sich selbst klein.

Nehmen Sie stattdessen wahr, wenn ein Untergebener Ihnen gegenüber verkrampft ist, und erleichtern Sie ihm die Situation, indem Sie sich auf ihn einstellen und Ihren Status etwas senken.

Sie bauen eine Brücke, indem Sie ...

- ... sich selbst nicht als Maß aller Dinge betrachten – ein wenig Dankbarkeit dem Leben gegenüber sorgt für ein warmherziges und tolerantes Umgehen mit denen, die beruflich noch nicht so weit gekommen sind wie Sie.
- ... Anspannung und Nervosität anderer wahrnehmen und durch wohlwollende Äußerungen Ihre Mitarbeiter auflockern – von Mensch zu Mensch spricht es sich leichter.
- ... sich auf die geistige Wendigkeit und das Ausdrucksvermögen anderer einstellen – wenn Menschen beispielsweise leise sprechen oder zurückhaltend formulieren, unterstützen Sie die Kommunikation, indem Sie die Dynamik Ihrer Sprache ein wenig anpassen.

Überprüfen Sie Ihren eigenen Körperausdruck und vermeiden Sie ...

- ... einen breitbeinigen Stand – er wirkt dominant; falls Sie sehr nahe bei jemandem stehen, sogar aggressiv.
- ... zu dichtes Herantreten an den Mitarbeiter – Sie nehmen ihm seinen Raum und drücken ihn in die Defensive.
- ... einen leicht erhobenen Kopf in Kombination mit einem nach unten gerichteten Blick – der klassische Hochstatus, der signalisiert, dass Sie sich für etwas Besseres halten.
- ... Unruhe im Körper – sie nimmt dem Gespräch die Ruhe und vermittelt dem anderen, dass Sie ungeduldig und wenig an seiner Person interessiert sind.
- ... künstliches Lächeln – jeder merkt es und keiner glaubt es.
- ... im Raum umherschweifende Blicke – Sie signalisieren, dass Sie sich schon einmal nach einem neuen Gesprächspartner umsehen.

Falls Sie bemerken, dass Sie sehr viel dominanter auftreten als Ihr Gesprächspartner, können Sie eine Brücke bauen, indem Sie die eigene körpersprachliche Präsenz Ihrem Gegenüber anpassen.

Sie senken Ihren körpersprachlichen Status, indem Sie ...

- ... nur schulterbreit stehen – dieser Stand wirkt selbstverständlich und ruhig, er fordert nichts.
- ... die Intimzone Ihres Gegenübers beachten. Sobald Sie nicht näher herantreten als an Ihren Vorgesetzten, stimmt der Abstand – Ihr Mitarbeiter wird den Raum, den Sie ihm geben, spüren und sich akzeptiert fühlen.
- ... Ihren Gesprächspartner auf gleicher Linie und interessiert anblicken – er wird sich gleichberechtigt »von Mensch zu Mensch« behandelt fühlen.
- ... auf einen ruhigen Körperausdruck achten – denn Sie nehmen sich Zeit für den anderen.
- ... interessiert zuhören und nur lachen, wenn Ihnen danach ist – auf diese Weise kommen Sie glaubhaft rüber.
- ... Ihren Gesprächspartner und sonst niemanden anblicken – denn es tut gut, wenn man den Chef ausnahmsweise ganz für sich hat.

Korrigieren können Sie Ihren Hochstatus, indem Sie sich immer wieder vorstellen, Ihr Mitarbeiter sei Ihr Vorgesetzter. Wie von selbst drücken Sie sich körpersprachlich und sprachlich respektvoller aus. Eine gute Methode, um sich gelegentlich wieder auf Kurs zu bringen.

Die Brücke zum Vorgesetzten

Während Sie die Brücke nach unten durch Hochmut blockieren, blockieren Sie die nach oben durch Demut. Wie bei jeder anderen Begegnung basiert auch der Kontakt zum Vorgesetzten auf Sympathie, die nur entsteht, wenn man entspannt miteinander umgeht. Eine schüchterne, verkrampfte Haltung verhindert, dass sich die Beteiligten entspannt austauschen. Lösen Sie sich von Ihrer Rolle als Untergebener, wenn der Rahmen es Ihnen erlaubt. Mag Ihr Chef auch eine höhere Position bekleiden, so ist er Ihnen deshalb nicht automatisch in allen Bereichen voraus. Vielleicht sind Sie auf Ihrem Fachgebiet sogar der Kompetentere. Vielleicht lässt er sich bei einem kleinen Gespräch gerne von Ihnen etwas zeigen. Nur wenn Sie ihm gelöst und selbstbewusst gegenübertreten, kann er sich in Ihrer Gegenwart wohl fühlen.

Vermeiden Sie ...

- ... sich anzuspannen, sobald Ihr Chef auf Sie zusteuert – er könnte glauben, er sei nicht willkommen.
- ... sich während der Begrüßung gewissenhaft und konzentriert zu geben – eine Ernsthaftigkeit, die sofort auf Ihre Rolle verweist und unter Umständen unangebracht ist.
- ... während des Gesprächs nur zu reagieren – das macht ein kleines Gespräch für den anderen zur Tortur.
- ... im anderen ausschließlich den Ranghöheren zu sehen – diese Perspektive verhindert ein unverkrampftes Annähern.

Stattdessen ...

- ... begegnen Sie Ihrem Chef unverkrampft und aufmerksam – der beste Start für eine entspannte Begegnung.
- ... seien Sie neugierig auf das Gespräch – so können Sie flexibel reagieren.

- … gestalten Sie die Konversation mit – Ihr Vorgesetzter wird sich freuen, sich mit einem Gesprächspartner und keinem Ja-und-Amen-Sager zu unterhalten.
- … plaudern Sie »von Mensch zu Mensch« – denn Menschen haben sich mehr zu sagen als Angehörige einer Unternehmenshierarchie.

Ihre innere Haltung zeigt sich dem anderen über Ihre Körpersprache. Nehmen Sie einen deutlichen Tiefstatus ein, erzwingen Sie ein Gespräch von oben nach unten und bremsen somit einen zwanglosen Kontakt von Anfang an aus.

Vermeiden Sie …

- … bei der Begrüßung kurz nach unten oder zur Seite zu blicken – wenn Sie dem anderen nicht in die Augen schauen können, wirkt das ausgesprochen schwach.
- … einen ernsten und »seriösen« Gesichtsausdruck – Sie versteifen sich unnötig.
- … einen schlaffen Händedruck – er wirkt kraftlos und unentschlossen.
- … während des Gesprächs mit leicht gesenktem Kopf von unten nach oben zu blicken – momentan sind Sie kein Befehlsempfänger.
- … steif und zurückhaltend dazustehen, während Sie etwas erzählen – wenn nicht Sie, wer sonst soll Lebendigkeit in Ihre Erzählung bringen?

Begegnungen, die durch einen hohen Statusunterschied verkrampfen, kommen über den Austausch von Floskeln nicht hinaus. Falls Sie bemerken, dass Sie sich körpersprachlich klein machen, ist es nur eine Frage der Zeit, bis das Gespräch ins Stocken gerät und sich Ihr Vorgesetzter von Ihnen verabschiedet. In dieser Situation sollten Sie Ihre Präsenz so gut es geht erhöhen.

Deshalb …

- … blicken Sie Ihren Vorgesetzten klar und offen an – ein klarer Blick zeugt von Selbstbewusstsein.
- … lächeln Sie ihn zu Beginn an – ein Lächeln lädt ein.

- … drücken Sie ihm selbstsicher die Hand – ein klarer Händedruck zeigt eine frische und zupackende innere Haltung.
- … halten Sie sich entspannt und aufrecht und blicken Sie ihn im Verlauf des Gesprächs auf gleicher Linie an – er wird sich über einen interessierten Zuhörer freuen.
- … nehmen Sie sich Raum und schmücken Sie Ihre Erzählungen gegebenenfalls mit einer lebhaften Gestik – nur Sie können Leben in Ihre Erzählung bringen.

Die Kunst, Grenzen zu ziehen

Grenzen zu ziehen, seinen Standpunkt zu verteidigen, Nein zu sagen – wie immer man es nennen mag – ist keine angenehme Aufgabe. Während es manchem egal ist, ob er sich jemanden durch einen klaren Standpunkt zum Feind macht oder nicht, leiden andere unter der Vorstellung, dass sie durch eine harte Linie offene Konflikte oder unterschwellige Spannungen provozieren könnten.

Vermeiden Sie …

- … private Verstrickungen – Freunde fühlen sich durch klare Entscheidungen ihres »Freundes«, die ihren persönlichen Interessen entgegenstehen, sehr schnell verraten.
- … eine kooperative Haltung, wenn diese nicht stimmt – Sie verwischen Ihre klare Position und täuschen ein Versprechen vor, das Sie in letzter Instanz nicht halten können.
- … das Befriedigen persönlicher Interessen und Eitelkeiten – die Argumente gehen Ihnen schnell aus und jeder spürt, dass es Ihnen um den Sieg, nicht um die Sache geht.

Stattdessen …

- … halten Sie einen freundlichen, aber professionellen Abstand – Sie werden in guten Zeiten nicht geliebt, dafür in schlechten nicht gehasst, sondern beständig als Entscheidungsträger akzeptiert.
- … stehen Sie von Anfang an zu Ihrem Standpunkt – nur so wirken Sie überzeugend und konsequent.
- … leiten Sie Ihre Meinung stets aus übergeordneten Interessen ab – Sie stellen sich selbst in den Dienst einer Sache und lösen Entscheidungen von Ihrer Person.

Demjenigen, der versäumt, Inhalte eindeutig und unmissverständlich zu formulieren, nutzt eine starke und handfeste Körpersprache herzlich wenig. Voraussetzung für einen glaubwürdigen Auftritt ist eine klare und deutliche inhaltliche Positionierung. Körpersprache kann diese unterstützen, nicht ersetzen.

Typisch ist folgende Situation: Sie verfügen über eine klare Position und wissen, wie Sie diese inhaltlich begründen und vermitteln können. Zum Problem aber wird Ihr Auftritt im Kreis der Kollegen: Sie fühlen sich nicht mutig und entschlossen genug, um sich in bestimmten Situationen gegenüber anderen durchzusetzen. Eine wackelige innere Haltung, eine weiche Position, ein zögernder Auftritt äußert sich jedoch zwangsläufig in Ihrer Körpersprache – eine Schwäche, die von Ihren Kollegen bewusst oder unbewusst wahrgenommen und ausgenutzt wird. Ob Sie wollen oder nicht: Die Eindeutigkeit Ihrer Worte verliert an Schlagkraft, wenn Sie diese nicht durch einen entschlossenen Auftritt bekräftigen.

Vermeiden Sie ...

- ... mit kleinen Schritten den Raum zu betreten – Sie möchten womöglich gar nicht in den Ring treten?
- ... mit laschem Händedruck die Menschen zu begrüßen – er verrät Ihr schwaches Durchsetzungsvermögen, noch bevor Sie das erste Wort gesprochen haben.
- ... mit den Blicken auszuweichen – sobald sich diese Scheu mit markigen Worten paart, sitzen Sie in der Schublade »Möchtegern« und Ihre Argumente verpuffen ungehört.
- ... leise und undeutlich zu sprechen – Ihre Sprache wirkt zaghaft.
- ... einen ruhigen spannungslosen Körper und lasche, zurückhaltende Gestik – man wird sich fragen, ob Sie hier sind, um etwas vorzutragen oder um etwas durchzusetzen.

Stattdessen ...

- ... betreten Sie mit großen Schritten den Raum – Sie haben etwas vor.
- ... begrüßen Sie die Menschen klar und eindeutig – Sie wollen klare Botschaften vermitteln.

- … blicken Sie die Menschen an – Sie wollen sie konfrontieren.
- … sprechen Sie klar und deutlich – Sie möchten heute von allen gehört werden.
- … achten Sie auf Spannung im Körper und lebhafte Gestik – Sie sind in Bewegung und wollen andere in Bewegung setzen.

Berücksichtigen Sie die unterschiedlichen Erwartungen Ihrer Zuhörer. Beispielsweise fühlen sich Mitarbeiter, denen man knapp und konkret Ergebnisse serviert, leicht übergangen, weil sie sich nicht umfassend informiert und eingebunden fühlen. Dieselben ausführlichen Erklärungen, die hier gefordert werden, können beim Vorstand Unwillen hervorrufen. Dort wird unter Umständen eine knappe Darstellung verlangt – man hat schließlich noch anderes zu tun.

⇨ Der Wille zur Macht

Sie kennen den Effekt aus Ihrer Schulzeit: Ein Lehrer erscheint im Klassenraum, sein Blick auf die Schüler reicht aus, um alle verstummen zu lassen. In der darauf folgenden Stunde betritt ein anderer Lehrer dieselbe Klasse. Er ruft ein ermahnendes »Guten Morgen«, fordert die Schüler auf, sich zu setzen, ruft einige zur Ordnung. Doch nur mit Mühe gelingt es ihm, für Ruhe zu sorgen, und die Stunde hat gerade erst begonnen …

»Der eine hat es, der andere nicht«, sagt man. Aber was hat der eine, das der andere nicht hat? Die Körpersprache des ersten Lehrers verweist auf etwas, das der zweite nicht besitzt: seinen Willen zur Macht. Sein Körper ist ruhig, doch hinter dieser Ruhe ist eine Entschlossenheit zu spüren, die bereit ist, jeden Widerstand zu brechen, wenn es nötig wird. Der zweite Lehrer bemüht sich, diese Wirkung durch Aktionismus zu demonstrieren – ohne eine Chance, da seine Schüler genau spüren, dass hinter dem forschen Auftritt eine weiche Haltung steht. Eine klare Körpersprache unterstützt ein klares Auftreten, ersetzt es aber nicht. Solange die innere Haltung nicht konsequent ist, helfen keine starken Gesten.

Ihr Auftritt: Von Mensch zu Mensch

Eine weise Seele, ein lächelndes Herz und ein großzügiger Geist sind einem nicht immer von Montagmorgen bis Freitagnachmittag gegeben und der Umgang mit anderen gestaltet sich deshalb häufig nicht ganz so umsichtig und klug, wie man es sich wünschte. Ein professioneller und wacher Umgang mit Kollegen, der sich der Körpersprache bedient, ist im Unterschied zu hehren Wünschen konkret umsetzbar und mit der entsprechenden Disziplin im beruflichen Alltag zu realisieren.

Bewusstheit in der Wahrnehmung schafft ein Verständnis für die Botschaften anderer. Bewusstheit im eigenen Auftreten schafft klare Botschaften für andere. Sobald Sie einen Schritt zurücktreten, erkennen Sie, dass Körpersprache sichtbarer Ausdruck innerer Haltungen ist. Dieser Schritt zurück ist es, der Ihnen den Blick eines Regisseurs eröffnet und Sie die Szenerie begreifen lässt, in der Sie sich mit anderen befinden. Sie erschließen sich auf diese Weise neue Möglichkeiten, berufliche Situationen mitzugestalten und in Ihrem Sinne zu verändern.

»… denn jeder hat die Kollegen, die er verdient.« – Inzwischen wissen Sie, wie Sie sympathische Verhältnisse schaffen, eigenes Territorium verteidigen, Brücken bauen und Grenzen ziehen. In Verkaufsgesprächen, Verhandlungen oder Präsentationen sind die Aufgaben und Ziele offensichtlich. Doch wie integriert man die genannten Bausteine auf eine selbstverständliche und organische Weise in seinen Arbeitsalltag?

Bevor die Proben zu einer Inszenierung beginnen, wird ein so genanntes Szenarium erstellt, eine Unterteilung des gesamten Stückes in einzelne Szenen: Eine Szene beginnt, sobald eine oder mehrere Figuren die Bühne betreten, und endet, sobald sich die Anzahl der anwesenden Figuren durch Abgänge oder neue Auftritte verändert. Dieses organisatorische Hilfsmittel für die Erstellung des Probenplans – von Szene zu Szene müssen andere

Darsteller bei der Probe anwesend sein – schärft den Blick für zwischenmenschliche Begegnungen: Jedes Mal, wenn eine Figur kommt oder geht, verändert sich die Qualität des Geschehens: Figuren spannen sich plötzlich an oder lockern auf, sie beginnen zu sprechen oder zu schweigen, ihre Stimmung steigt oder fällt, sie nehmen sich ängstlich zurück oder gehen erfreut aus sich heraus – mit jedem Szenenwechsel tritt ein kleiner Themenwechsel ein, der die Handlung in die eine oder andere Richtung treibt. Die Ankündigung einer bevorstehenden Hochzeit beispielsweise ist für den einen Anlass sich zu freuen, der andere grübelt über Möglichkeiten, diese zu verhindern, während sich der Dritte traurig zurückzieht. Beim Inszenieren der einzelnen Szene für die Bühne entdeckt man, dass sich jede Figur auf die jeweilige Konstellation hin ausrichtet. Dabei verfolgt jede von ihnen ihre eigene Aufgabe – offen oder verborgen. Sind Informationen gegeben, Fragen gestellt, ist eine Hoffnung ausgesprochen, eingelöst oder begraben worden, sind Hindernisse benannt oder Lösungen gefunden worden, hat die Szene ihren Zweck erfüllt. Eine gute Vorlage wechselt zum nächsten Ereignis.

Es ist zu hoffen, dass Ihr Berufsleben nur selten die Dichte einer dramatischen Vorlage besitzt. In gleicher Weise aber, wie sich eine Figur von Szene zu Szene durch eine Handlung bewegt, bewegen Sie sich von Szene zu Szene durch Ihren Arbeitstag.

Ein Beispiel: Sie warten im Vorzimmer Ihres Vorgesetzten auf den Beginn einer angesetzten Besprechung. Ihr Chef hat sich entschuldigen lassen und wird voraussichtlich zehn Minuten später eintreffen. Während Sie warten, möchte seine engste Mitarbeiterin mit Ihnen plaudern. Sie fühlen sich belästigt, brummen sie genervt an und erreichen, dass sie verstummt. Sie erkennen in der Begegnung mit der Assistentin keine eigenständige Szene. Statt die Situation zu nutzen, lassen Sie die Mitarbeiterin Ihre Geringschätzung spüren. Sollten Sie einige Zeit später auf die Dame angewiesen sein, werden Sie dafür die Quittung umgehend erhalten.

Was Sie nicht erkennen: Der Dame geht es nicht um Inhalte, sondern um das Gefühl, von jemandem angehört zu werden. »Kein Wunder«, denken Sie sich vielleicht, »den ganzen Tag muss sie um andere kreisen, die im Mittelpunkt stehen, und hier hofft sie auf eine Gelegenheit, selbst Mittelpunkt zu sein.« Falls Sie ein sympathisches Verhältnis pflegen möchten, erfüllen Sie ihren Wunsch und stellen Sie sich als Zuhörer zur Verfügung. Auf diese simple Weise erreichen Sie ein sympathisches Verhältnis zu einem Menschen, der an einer Schlüsselposition sitzt. Für diesen Vormittag können Sie das Büro Ihres Chefs mit dem Wissen betreten, jemandem eine Freude gemacht zu haben.

Entwickeln Sie ein Gefühl für Beginn und Ende von Szenen und werten Sie auch solche, die privat oder halbprivat scheinen, als berufliche Begegnungen, in denen Sie sich wach und aufmerksam verhalten. Indem Sie Szenen erkennen, entdecken Sie Gelegenheiten im zwischenmenschlichen Miteinander, die Sie nutzen können.

Verborgene Absichten – so reagieren Sie flexibel

Menschen, die vor allem auf Inhalte, das »Was«, achten, laufen Gefahr, von ihrem Gegenüber getäuscht zu werden, denn Inhalte zu manipulieren ist leicht. Achten Sie darüber hinaus auf das »Wie«, blicken Sie tiefer: Das »Wie« gibt Zeugnis von verborgenen Absichten. Statt des Wunsches, beachtet zu werden, könnte die Mitarbeiterin Ihres Vorgesetzten genauso gut aus Pflichtgefühl, Langeweile, Neugierde, Bewunderung oder Wichtigtuerei mit Ihnen plaudern wollen. Wesentlich für Ihr Auftreten im Kollegenkreis ist daher nicht, für jede berufliche Begegnung eine »richtige« Reaktion in der Tasche zu haben. Entscheidend ist die Fähigkeit, verborgene Absichten anderer zu erkennen und flexibel darauf zu reagieren.

Unterstützen, klären, kämpfen, verbinden, begeistern sind die primären Aufgaben, auf die es im Umgang mit Ihren Kollegen ankommt. Beobachten Sie Menschen im Beruf: Mit den Jahren verfestigt sich die Körpersprache. Es gibt viele, die Argumente in Form von Worten hin- und herschießen können, aber nur wenige, die sie mit Leben füllen. Die folgenden Beispiele beschreiben lebhaft auftretende Personen, die ihre jeweilige Haltung nicht nur denken, sondern auch »leben«. Es ist beispielsweise ein entscheidender Unterschied, ob jemand lediglich von seinem Engagement spricht oder engagiert ist, ob er seine ablehnende Haltung bekannt gibt oder rundheraus etwas ablehnt, ob er eine Begeisterung behauptet oder tatsächlich Feuer und Flamme ist.

Raum für andere – so unterstützen Sie

Wenn Sie anderen helfen, ernten Sie in der Regel Sympathie, Dank, vielleicht sogar Verbündete für die Zukunft. Vorausgesetzt, Sie haben Zeit und Möglichkeiten, wäre es deshalb unklug, Gelegenheiten, anderen mit Rat und Tat zur Seite zu stehen, ungenutzt verstreichen zu lassen. Dass Menschen offen und direkt um Hilfe bitten, ist die Ausnahme, da sie ungern ihre Ratlosigkeit eingestehen. Haben Sie deshalb einen aufmerksamen Blick für Menschen, die auf einmal zurückgenommener, gehemmter, reduzierter als gewöhnlich wirken.

Die Bitte um Unterstützung erkennen Sie körpersprachlich an ...

- ... einem betrübten, nachdenklichen Gesichtsausdruck – der Mensch hat ein Problem und ist damit beschäftigt.
- ... zögerndem Sprechen und längeren Pausen – wer nicht klar denken kann, kann auch nicht klar sprechen.
- ... zusammengepressten Lippen – jemand verkneift sich, etwas zu sagen.
- ... seitlich wiegenden Kopfbewegungen – das innere Hin und Her.
- ... gesenkten Augen und gelegentlichen Blicken von unten nach oben – kraft- und ratlos, unter Umständen auch verlegen; man blickt seinem Gegenüber nicht klar in die Augen.
- ... tiefen Seufzern – eine bedrückte Seele führt zu flachem Atmen, das gelegentlich durch ein tiefes Luftholen aufgelockert wird.
- ... nervösen Händen und Füßen – durch sie entweicht innere Spannung.
- ... verspanntem Festhalten am Stuhl oder an anderen Gegenständen – Halt, den man innerlich nicht besitzt, holt man sich in seiner Umgebung.

- … dem Verstecken oder gegenseitigen Festhalten der Hände – sie spiegeln in besonderem Maße nicht nur innere Dynamik, sondern auch innere Ratlosigkeit wider.

Als Ratgeber werden Sie das Problem zunächst aufnehmen.

Sie unterstützen den anderen, indem Sie …
- … entspannt sitzen – Ruhe braucht der Mensch, Stress hat er genug.
- … nicht gestikulieren – der andere benötigt dringend Raum, sich zu äußern.
- … leicht lächeln – wenigstens der Retter sollte Zuversicht ausstrahlen.
- … beruhigend mit dem Kopf nicken – Sie passen auf und signalisieren Verständnis.
- … zuhören und Fragen stellen – nur so verschaffen Sie sich einen Überblick über die Lage.

Auf die Bestandsaufnahme folgt Ihre Analyse der Situation.

Sie klären die Situation, indem Sie …
- … sich aufrecht halten – Zuversicht richtet auf.
- … lebhaft und animierend sprechen – Sie geben Impulse, die dem anderen fehlen.
- … klar und entschlossen blicken – Sie geben Ihrem Schützling Orientierung und Perspektive.

Abschließend werden Sie Ihrem Gesprächspartner Mut machen und versuchen, ihn auf einen erfolgversprechenden Weg zu bringen.

Sie begeistern Ihr Gegenüber, indem Sie …
- … lebendig agieren – Ihre Aktivität löst das Problem.
- … ihn vertrauensvoll anlächeln – aus Ihrem Optimismus schöpft er Kraft.
- … ermunternd blicken und gelegentlich zustimmend nicken – Sie zeigen Ihr Vertrauen in den vorgeschlagenen Weg.
- … den Dialog suchen – Sie geben ihm Gelegenheit sich einzubringen.

Auf diese Weise tragen Sie Sorge dafür, dass Ihr Gesprächspartner allmählich das Ruder in der eigenen Sache übernehmen und aktiv werden kann.

Gespür für Dynamik – so tauschen Sie sich aus

Szenen, in denen Sie mit Kollegen Informationen austauschen, pflastern den Arbeitstag der meisten Berufstätigen. Es gibt zufällige Begegnungen mit halbprivatem Charakter und institutionalisierte in Form von anberaumten Gesprächen, Sitzungen und Tagungen. Mithilfe von Körpersprache können Sie Zustimmung und Interesse auf der einen und Ablehnung und Desinteresse auf der anderen Seite erkennen. Eine entscheidende Qualität besitzen diese Informationen weniger bei denen, die gerade sprechen – sie äußern ihren Standpunkt ohnehin verbal –, als bei denen, die zuhören. Indem Sie in der Körpersprache der Zuhörenden lesen, erhalten Sie ein recht gutes Bild über die aktuelle Stimmung und können zielgerichtet darauf eingehen.

Ablehnung und Desinteresse erkennen Sie körpersprachlich an ...

- ... einem Körper, der sich leicht anspannt – die aggressive Form der Ablehnung.
- ... einem Körper, der leicht in sich zusammensackt – die resignierte Form der Ablehnung.
- ... einem ablehnenden Gesichtsausdruck – negative Gedanken führen zu verkniffener, skeptischer Mimik.
- ... einem zurückgeschobenen Kopf – er weicht unwillkürlich zurück und distanziert sich.
- ... zusammengepressten Lippen und Schütteln des Kopfes – die offene Ablehnung wird gerade noch zurückgehalten.
- ... verschränkten Armen in Verbindung mit einer Anspannung des Oberkörpers – der andere möchte mit dem vorgebrachten Inhalt nichts zu tun haben.

Interesse und Zustimmung erkennen Sie körpersprachlich an ...

- ... einer wachen Körperspannung – Begeisterung schafft Wachheit.
- ... einem vorgeschobenen Kopf – der Mensch interessiert sich für das, was gerade vorgetragen wird.

- … hellwachen Augen und lächelndem Gesichtsausdruck – innere Freude überträgt sich auf die Mimik.

Sie selbst sollten in diesem Netz wechselnder Ablehnung und Zustimmung zielgerichtete Impulse setzen.

Andere Teilnehmer unterstützen Sie, indem Sie …
- … sich zurücklehnen – Sie lassen den anderen zum Zuge kommen.
- … interessiert und freundlich blicken – Sie zeigen, dass Sie den anderen schätzen.
- … Zwischenfragen und kurze Kommentare von sich geben – Sie ermuntern Ihr Gegenüber, weiterzusprechen.
- … gelegentlich mit dem Kopf nicken – Sie bestätigen, dass Sie dabei sind und die Ausführungen nachvollziehen.

Sie klären Standpunkte, indem Sie …
- … sich aufrecht hinsetzen – Sie wollen andere erreichen.
- … aus einer wachen Grundspannung heraus agieren – Sie signalisieren Bereitschaft, für Ihren Standpunkt einzutreten.
- … deutlich und klar sprechen – Sie wollen, dass man Sie hört.
- … Augenkontakt zu den Kollegen halten – Sie suchen die Auseinandersetzung.
- … durch eine klare Gestik Ihre Position unterstreichen – Ihre innere Klarheit spiegelt sich in der Gestik.

Gegnerische Interessen bekämpfen Sie, indem Sie …
- … eine ruhige, aber entschlossene Haltung aufbauen – nur Entschlossenheit kann andere beeindrucken.
- … eher langsam sprechen und Zäsuren wirken lassen – eine langsame Sprechweise erhöht Status und Wirkung.
- … eine kampfeslustige Haltung mitspielen lassen – Ihrer Energie, die nach vorne geht, können sich andere nur mit einigem Aufwand in den Weg stellen.
- … die Augen förmlich in den Gegner bohren – gepaart mit einer ruhigen Stimme geben Sie einen Geschmack davon, was an Schlagkraft noch folgen könnte.
- … durch klare und große Gesten entscheidende Punkte hervorheben – Sie nehmen sich Raum und erhöhen Ihre Präsenz.

Andere Teilnehmer begeistern Sie, indem Sie ...

- ... hellwach und innerlich gespannt sind – eigene Energie reißt andere mit.
- ... lebhaft agieren – Sie sind mit Ihrer Idee in voller Fahrt.
- ... begeistert sprechen und andere mit einer lebhaften Sprache ermuntern – Ihre Worte werben um Unterstützung.
- ... Ihre Lebhaftigkeit durch raumgreifende Gestik unterstützen – als wollten Sie sofort zur Tat schreiten.

Je geschickter Sie mit der Dynamik von Gesprächen umgehen, desto effektiver nutzen Sie Begegnungen mit anderen Menschen. Professionell tauschen Sie sich mit anderen aus, indem Sie flexibel auf neue Impulse Ihrer Gesprächspartner reagieren und gegebenenfalls die wichtigen in eine zielführende Richtung lenken.

Standpunkte beziehen – so setzen Sie sich durch

Indem Sie die eigene Position gegen abweichende Vorstellungen von Kollegen vertreten, womöglich noch durchsetzen, riskieren Sie Feindschaften und verfangen sich früher oder später im Netz gekränkter Eitelkeiten, alter Seilschaften und unbezahlter Rechnungen. Sie können dieser Entwicklung entgegensteuern, indem Sie Interessenkonflikte möglichst auf der Sachebene austragen und von persönlichen Empfindlichkeiten und Animositäten trennen. Körpersprachlich unterstützen Sie diese Vorgehensweise, indem Sie die Konfliktphase einer Begegnung in verbindende Anfangs- und Schlussphasen integrieren. Wichtig sind hierbei eine glaubwürdige Verhältnismäßigkeit und stimmige Übergänge: Wenn Sie jemandem erst um den Hals fallen, um ihn anschließend kalt zu stellen, und ihn zum Abschied noch zum Abendessen einladen, glaubt Ihnen das kein Mensch.

Gegnerische Positionen erkennen Sie körpersprachlich an ...

- ... einer leichten Anspannung des Körpers – eine Auseinandersetzung vor sich zu haben, deren Ausgang man nicht kennt, spannt an.
- ... Spannung im Nacken und einem leicht eingezogenen Kopf – Erbe unserer Vorfahren, die vor einem Kampf in Deckung gehen.

- ... einem künstlichen Lächeln, das ein- und ausgeschaltet wird – wo keine Wärme ist, bleibt nur die Künstlichkeit, um die Form zu wahren.
- ... Scheu, Ihnen in die Augen zu schauen, oder einem verengten Blick – dieses Merkmal können nur wenige überspielen.
- ... Abstand zu Ihnen – stattdessen suchen Ihre Gegner die Nähe zu Verbündeten.

Sie selbst sollten zu Beginn – je nach Schwere der Auseinandersetzung – in glaubwürdigem Maße entspannt auftreten.

Sie verbinden, indem Sie ...

- ... sich im Vorfeld möglichst entspannen – je entspannter Sie zu Beginn sind, desto souveräner der Eindruck, den Sie nach außen vermitteln.
- ... Ihren Kontrahenten begrüßen – Sie überspielen eine persönliche Betroffenheit.
- ... immer wieder Blickkontakt suchen – Sie haben nichts zu verbergen.
- ... entspannt auf Ihrem Platz sitzen, während gegnerische Thesen vorgebracht werden – Sie gewähren denen, die Sie beobachten, keinen Einblick in Ihre Befindlichkeit.

Sobald es an Ihnen ist, für Ihren Standpunkt zu kämpfen, vermeiden Sie jedes Zögern, jede Unklarheit, jede Weichheit.

Sie setzen sich für Ihre Sache ein, indem Sie ...

- ... sich aufrecht hinsetzen und sich am Tisch leicht vorbeugen – Sie treten geistig und körperlich in Aktion.
- ... Ihre Gesprächspartner fokussieren, als ob Sie Ihr Ziel anvisieren – durch einen offensiven Blick schärfen Sie Ihre Worte.
- ... sich beim Sprechen Raum nehmen und Ihre Worte durch eine lebhafte Gestik unterstützen – Sie sind in Bewegung, also auch Ihr Körper.

Mit einem alles entscheidenden Statement wird es nicht getan sein. In der Regel fliegen die Argumente hin und her. Für Ihr körpersprachliches Verhalten ist die Dynamik des Schlagabtausches entscheidend: Sind die Phasen, in denen andere sprechen, lang, weil Sie an einer größeren Runde teilnehmen, sollten Sie nicht wie ein schnaubender Jungbulle in der Box warten. Sie sparen Energie und wirken souveräner, wenn Sie sich körperlich etwas zurückziehen und entspannt Ihren Gegner beobachten.

Beachten Sie: Ständige Anspannung mindert Ihre Stärke. Durchschlagende Kraft kommt aus der Ruhe.

Ganz gleich ob Sie gewonnen oder verloren haben, ein fauler Kompromiss gefunden wurde oder die Entscheidung vertagt ist, versuchen Sie, nach einer Auseinandersetzung Brücken zu bauen.

Deeskalierend und verbindend treten Sie auf, indem Sie …

- … sich auf Ihrem Platz zurücklehnen und in den Bauch atmen – Ruhe signalisiert einen souveränen Umgang mit der Entscheidung.
- … leicht lächeln – andere sollen nicht erkennen, wie Sie sich fühlen.
- … sich Zeit nehmen – denn der Gedanke an Flucht oder Rückzug liegt Ihnen fern.
- … sich freundlich verabschieden – so müssen Sie später keine abgebrochenen Brücken wieder aufbauen.

Sinnvoll ist dieser Abgang deshalb, weil Sie das Feld weder als beleidigter Verlierer noch als triumphierender Sieger verlassen, sondern frei von Eitelkeit mit der Entscheidung umgehen und Ihre Aufmerksamkeit bevorstehenden Aufgaben schenken.

Messen mit Maß – so bewerten Sie

Beurteilungsgespräche gehören zu den Standardaufgaben von Führungskräften. Da ein Beurteilungsgespräch für den Betroffenen eine heikle Situation ist, sollten Sie sich Zeit nehmen und Ihren Auftritt klar und respektvoll gestalten – nur so wird sich Ihr Mitarbeiter von Ihnen geschätzt fühlen und Sie motiviert verlassen. Körpersprachlich sind für Ihren Auftritt vor dem Mitarbeiter fünf Phasen relevant:

Sie treten verbindlich auf, indem Sie ...

- ... aufstehen und ihm entgegenkommen – Sie zeigen Aufmerksamkeit.
- ... ihn bei der Begrüßung freundlich anblicken – Sie meinen es gut mit ihm und nehmen der Situation die Schärfe.
- ... ihn zu seinem Sitzplatz begleiten – durch Höflichkeit senken Sie Ihren Status ein wenig und sorgen für eine entspannte Atmosphäre.
- ... sich zunächst gemütlich hinsetzen – Sie zeigen, dass Sie Zeit und innere Ruhe für das Gespräch mitbringen.

Sie unterstützen ihn beim Abgeben seiner Selbsteinschätzung, indem Sie ...

- ... entspannt und zurückgelehnt sitzen bleiben – Ihr Gegenüber soll zu Beginn Raum bekommen.
- ... ihn offen und interessiert anhören – Sie zeigen, dass seine Worte bei Ihnen ankommen.
- ... gelegentlich nachfragen – Sie unterstützen den Redefluss und erfahren unter Umständen wichtige Details.
- ... ihn ausreden lassen – eine Unterbrechung ist unhöflich und verschärft unter Umständen die Situation.
- ... sich in Lautstärke und Dynamik Ihrem Gesprächspartner anpassen – Sie schaffen eine homogene Stimmung und drücken den anderen durch Ihre Stärke nicht an die Wand.

Sie klären Ihren Standpunkt, indem Sie ...

- ... sich aufrichten und aktiv einbringen – als Führungskraft nehmen Sie das Ruder in die Hand.
- ... laut und deutlich sprechen – Ihre Botschaften sollen den anderen erreichen.
- ... Ihre klare Position durch eine klare Gestik begleiten – Sie unterstreichen damit Ihre Worte.

Sie motivieren Ihren Mitarbeiter, indem Sie ...

- ... Ihre Zuversicht zeigen – nur mit eigenem Schwung bringen Sie andere in Bewegung.
- ... in Gestik und Sprache lebhaft sind – eine Frische, die sich auf Ihren Mitarbeiter übertragen soll.

- ... positive Aspekte herausstreichen und konstruktive Möglichkeiten für die Zukunft aufzeigen – nur so machen Sie die vorangegangene Analyse nutzbar.
- ... ihn zur Türe begleiten und mit Ruhe verabschieden – die Höflichkeit des Gesprächsbeginns soll auch das Ende zieren.
- ... mit wenigen zuversichtlichen Worten Ihr Fazit abgeben – diese Worte sind es, die Ihr Mitarbeiter mitnimmt.

Insgesamt sorgen Sie mithilfe eines wachen Körperausdrucks für eine lebendige Begegnung, in der die Zusammenarbeit von unterschiedlichen Seiten beleuchtet werden kann. Sie stellen einen Kontakt her und vermitteln dem jeweiligen Mitarbeiter, dass Sie sich individuell mit ihm auseinander setzen.

DER ORGANISIERTE SMALL TALK

... das kleine Gespräch mit der großen Wirkung

Small Talk – dieses unangenehme, oberflächliche und fadenscheinige Geplauder mit Menschen, die man in den meisten Fällen ohnehin nicht mag? – Diese Zusammenkünfte, bei denen die einen über nichtssagende Themen wie Wetter, Kinder und Urlaub quasseln, während die anderen Interesse heucheln? – Dieser Tanz der Eitelkeiten, auf dem jeder zum Besten gibt, wie großartig, außergewöhnlich und unentbehrlich er für die Welt ist? Entweder sieht man diese Menschen ohnehin jeden Tag – dann interessiert man sich wohl kaum für deren Alltagssensationen. Oder aber man kennt sie überhaupt nicht – und worüber sollte man mit Fremden schon reden? Im Geschäftsleben können diese Gestalten ohnehin keine Freunde sein – im Gegenteil: Alle sind sie potenzielle Konkurrenten und die, die keine Konkurrenten sein können, sind potenzielle Neider und die, die weder Konkurrenten noch Neider sein können, weil sie Vorgesetzte sind, die fühlen sich ohnehin als etwas Besseres. Warum sollte man da schon mitmachen?

Bei der Bewertung des kleinen Gesprächs scheiden sich die Geister: Die einen finden das Geplauder amüsant und wundern sich, was daran schwierig sein soll. Für andere jedoch ist es die reinste Tortur. Dabei liegt die Ursache für ihre Antipathie auf der Hand: Aufgrund ihrer Ähnlichkeit misst man berufliches und privates Geplauder mit demselben Maß und zieht daraus die falschen Schlüsse. Viele Menschen verhalten sich beim kleinen Gespräch in einer Weise, durch die sie sich selbst beruflich schaden.

Das organisierte kleine Gespräch stellt eine besondere und – szenisch betrachtet – sehr komplexe Situation dar: Meist findet es im Rahmen von Sitzungen, Präsentationen, Seminaren oder feierlichen Anlässen statt und immer ist sein Ziel dasselbe: Kontakte knüpfen und Kontakte pflegen. Falls Sie diesen Reigen nicht mittanzen wollen oder können, knüpfen Sie nicht nur keine Kontakte, Sie verabschieden sich auch von jeder Aussicht aufzusteigen: Um in eine Führungsposition zu gelangen und diese zu halten, benötigen Sie ein hervorragendes Netzwerk.

Im privaten Bereich ist jede Situation, in der Sie sich nicht wohl fühlen, in der Tat zu prüfen. Denn aus welchem Grund sollten Sie sich privat langfristig einer Konstellation aussetzen, in der Sie sich nicht wohl fühlen? Im Berufsleben hingegen wären Sie schlecht beraten, machten Sie denselben Wohlfühlfaktor zum Maß aller Dinge: Kämen Sie auf die Idee, Aufgaben wie Bewerbungen, Sitzungen und Präsentationen schlecht und genervt umzusetzen, weil Sie sich dabei nicht wohl fühlen? Das oben gezeichnete Bild von organisierten kleinen Gesprächen hat seine Berechtigung vor einem privaten Hintergrund, es verliert seine argumentative Kraft im beruflichen Zusammenhang.

Das kleine Gespräch ist eine berufliche Situation, die ein enormes Potenzial entwickeln kann. Es katapultiert Karrieren nach oben oder aber nach unten. Im Gewand einer harmlosen Plauderei kann es dem Ahnungslosen schaden und dem Wissenden dienen. Doch kaum jemand macht sich die Mühe, das vorhandene Potenzial, das Einsatz und Wahrnehmung von Körpersprache bietet, zu nutzen.

Die Situation: Akteur auf einer unsichtbaren Bühne

Sobald Sie den Raum, in dem ein organisiertes kleines Gespräch stattfindet, betreten, bietet sich Ihnen das immer gleiche Bild: Tische im lockeren Abstand, irgendwo ein Büfett, umherlaufendes Bedienungspersonal und dazwischen gedämpftes, auf unterschiedliche Grüppchen verteiltes Gemurmel – hier also soll man an seinem Netzwerk knüpfen und säße doch viel lieber gemütlich zu Hause. Mit etwas Glück erspähen Sie Kollegen aus Ihrer Abteilung. Ein schneller Gang zum Büfett und dann für den Rest des Abends in einer vertrauten Gruppe untergetaucht, die man nur verlässt, um für Nachschub zu sorgen. Sollen doch andere neue Kontakte knüpfen, bestehende wollen schließlich auch gepflegt sein. »Das Leben ist so groß, wie das Fenster, das du ihm öffnest«, lautet ein kluger Satz auf einer dieser esoterischen Postkarten mit viel Bodennebel. »Welches Fenster?«, könnten Sie ergänzen.

Der in dieser Form bestrittene Abend ist nicht deswegen so verführerisch, weil Sie sich auf bequeme Weise zurückziehen, er ist verführerisch und lädt zur Wiederholung ein, weil Sie nie erfahren werden, welche Chancen Sie gerade verschenken. Abgesehen von konkreten Kontakten, die hätten sein können, gibt es drei Angebote, die Sie auf diese Weise mit Sicherheit ausgeschlagen haben: soziale Kompetenz zu beweisen, Engagement für das Unternehmen zu zeigen und sich bei Entscheidungsträgern bekannt zu machen.

Nicht grundlos werden in Assessment-Centern zwanglose Abende abgehalten, bei denen genau beobachtet wird, wie sich Menschen verhalten, die glauben, es handle sich um einen zwanglosen Abend. Sie können sicher sein: Bei organisierten kleinen Gesprächen beobachten nicht nur Sie, Sie selbst stehen auf einer unsichtbaren Bühne im Rampenlicht und werden beobachtet. Die geschulten Augen Ihrer Vorgesetzten erkennen, ob Sie die genannten Eigenschaften – allesamt Voraussetzungen für eine Führungsposition – zeigen oder nicht. Ihr Auftritt gelingt, sobald Sie eine angenehme Stimmung verbreiten und Gemeinsamkeiten mit Ihrem Gesprächspartner suchen – nähere Ausführungen finden Sie im Kapitel *Der Umgang mit Kollegen*. Lediglich die Dynamik im Raum will erkannt und beherrscht sein.

Im Raum: Standpunkte erzählen, wo Sie willkommen sind

Das Umgehen mit einer Gesellschaft, in der sich viele Personen gleichzeitig bewegen, ist in der Tat nicht so einfach. Aus demselben Grund stellt eine Chorszene für Opernregisseure eine ganz besondere Herausforderung dar: Wie lassen sich 50, 60, 70 singende Menschen auf einer Bühne so bewegen, dass sie in ihrer

Gesamtheit ein glaubwürdiges organisches Ganzes ergeben? Die fertige große Szenerie, in der Sie als Zuschauer später nach Belieben umherblicken können, besteht aus vielen kleinen Episoden, Begegnungen von Figuren, die zuvor einzeln angelegt und erst später miteinander verwoben wurden. Sie als »Figur« innerhalb eines dynamischen Gesamtgeschehens können nur dann Kontakte knüpfen, wenn Sie in der Lage sind, diese kleinen untergeordneten Situationen innerhalb des großen Ganzen zu erkennen, zu deuten und zu nutzen.

Ein Netzwerk für den Abend

Die Unterscheidung der drei folgenden Situationen hilft Ihnen, das Knüpfen von Kontakten ganz unproblematisch zu gestalten:

- Ein Mensch steht alleine.
- Einzelne agieren gemeinschaftlich.
- Eine offene Gruppe lädt andere ein.

Der einzeln stehende Mensch bedarf körpersprachlich keines erläuternden Kommentars – man erkennt ihn sofort. Sie können davon ausgehen – zumal wenn er längere Zeit etwas verloren umherschaut –, dass er sich freuen wird, wenn Sie ihn ansprechen. Inhaltlich finden Sie die Brücke am ehesten über Fragen, die sich auf die Grundsituation beziehen und sich aus möglichen Gemeinsamkeiten heraus ergeben: »Ich kenne Sie gar nicht, in welcher Abteilung arbeiten Sie denn?« »Wie fanden Sie denn den Vortrag?« Das sind Beispiele für allgemein gehaltene Fragen. Je konkreter Sie sie auf die jeweilige Situation beziehen können, desto passender geraten sie.

Während das Ansprechen einer einsam herumstehenden Seele die Gefahr in sich birgt, dass Ihnen derjenige nicht mehr von der Seite weicht, bieten gemeinsam agierende Einzelpersonen das ideale Feld, um kurze Gespräche einzufädeln.

Menschen, die einzeln auftreten, jedoch gemeinschaftlich agieren, verbindet dieselbe Situation. Typische Beispiele sind: das gemeinsame Abgeben des Mantels an der Garderobe, das gemeinsame Warten beim Einlass, die gemeinsame Platzsuche, das gemeinsame Stehen am Büfett, das gemeinsame Rauchen in der Raucherecke. Bei diesen Gelegenheiten ist der Einstieg besonders leicht, da Sie mit dem anderen eine gemeinsame Tätigkeit verbindet, auf die Sie sich beziehen können. »Wissen Sie, ob man hier etwas bezahlen muss?« »Sind die Plätze nummeriert?« »Wo haben Sie denn diese Vorspeise her?« – All diese Fragen könnten Sie auch ohne fremde Unterstützung beantworten. Ihnen geht es aber nicht darum zu beweisen, wie selbstständig Sie sind, sondern darum, harmlose Anlässe für ein kleines Gespräch zu finden, das sich gleich anschließend oder zu einem späteren Zeitpunkt ausbauen lässt. Für neue Kontakte eignet sich die frühe Phase einer Veranstaltung besser als eine spätere. Die Beteiligten sind zu Beginn einer Veranstaltung häufiger durch lose Gespräche miteinander verbunden. Erst im Laufe der Zeit intensiviert sich die Konversation. Haben sich die Gesprächspartner erst einmal gefunden, wird es schwierig dazuzustoßen, ohne sich als störender Dritter zu fühlen.

Nutzen Sie deshalb in der ersten Phase einer Veranstaltung Situationen, in denen viele Einzelne auftreten, um kleine Gespräche einzuleiten. Auf diese Weise knüpfen Sie ein loses Netzwerk. Im weiteren Verlauf können Sie darauf zurückgreifen und sich die Gruppe aussuchen, zu der Sie sich gesellen möchten. Wenn einer Ihrer neuen Bekannten in der Nähe von jemandem sitzt, zu dem Sie einen Gesprächskontakt wünschen, nutzen Sie Ihre flüchtige Bekanntschaft galant als Vorwand, dorthin zu gelangen, und können anschließend denjenigen, auf den es Ihnen ankommt, ganz selbstverständlich kennen lernen.

Kontakt zu einer Gruppe

Schwieriger wird Ihr Vorhaben, Kontakte zu knüpfen, wenn sich bereits überall Gruppen gebildet haben. Dürfen Sie sich dazugesellen? Und wenn, wie? Das »Dürfen« nimmt in dem Beispiel bereits Ihren Status vorweg: Aus einem Hochstatus heraus dürfen Sie sich überall dazugesellen, aus einem Tiefstatus heraus will Ihr Vorgehen überlegt sein. Ausschlaggebend für Ihre Entscheidung ist, ob es sich um eine *geschlossene* oder *offene* Gruppe handelt.

Merkmale einer offenen Gruppe:

- Sie findet sich an zentralen Punkten im Raum.
- Sie besteht häufig aus mehr als nur zwei Personen.
- Ihre Mitglieder achten auf Einhalten der Intimzone.
- An einem Stehtisch bildet dieser das Zentrum der Gruppe.
- Der Redner spricht meistens lauter, damit alle ihn verstehen.
- Die Mimik der Teilnehmer wirkt in der Regel gelöst. Häufig werden Witze gerissen – die Stimmung ist entsprechend heiter und entspannt.
- Der Fokus auf den jeweils Sprechenden ist nicht besonders groß – gelegentlich blicken Zuhörende auch im Raum herum.

Die offene Gruppe

In einer offenen Gruppe wird in der Regel nichts Bedeutendes besprochen, das keinen Außenstehenden etwas anginge. Es handelt sich um eine harmlose Plauderei unter mehr oder weniger gut bekannten Menschen. Auch wenn Sie niemanden in dem Kreis kennen sollten, können Sie sich problemlos dazugesellen. Ein kurzes, stummes Nicken zu einigen aus dem Kreis, die Sie gerade anblicken, ist bei größeren Gruppen geschickter, als das Gespräch zu unterbrechen, um sich bekannt zu machen. Nur wenn sich die Aufmerksamkeit aller auf Sie richtet, sollten Sie sich in einer Gesprächspause kurz vorstellen und mit einem »Darf ich mich dazugesellen?« um Aufnahme in den Kreis bitten. Ansonsten gilt es, erst einmal zuzuhören und sich möglichst organisch in das Gruppengespräch einzufädeln. Kurze Bemerkungen oder Ergänzungen sind als Redebeiträge zu Beginn sicher angebrachter, als ein vehementes Statement für oder gegen etwas abzugeben oder gar einen Konflikt heraufzubeschwören. Da Sie neu in der Gruppe sind, knallt jede Äußerung gewaltig in den bestehenden Konsens hinein. Einen längeren Redebeitrag gleich zu Beginn interpretieren die anderen Gruppenmitglieder unweigerlich als eine lautstarke Selbstinszenierung. Die Tendenz, sich von Ihnen abzusetzen – unabhängig davon, ob Sie in der Sache Recht haben oder nicht –, ist deshalb groß.

In einer geschlossenen Gruppe hingegen wird vertraulich gesprochen. Die Neigung der Körper, sich innerhalb des Raumes gegenüber anderen abzuschließen, ist unverkennbar.

Merkmale einer geschlossenen Gruppe:

- Sie findet sich eher abseits im Raum.
- Selten besteht sie aus mehr als drei Mitgliedern.
- Ihre Mitglieder stehen dicht beieinander.
- An einem Stehtisch wenden sie sich gerne vom Tisch ab.
- Der Redner spricht meistens leiser – die Köpfe der Beteiligten sind deshalb häufig etwas vorgeschoben.
- Die Mimik der Teilnehmer ist häufig konzentriert – es wird etwas Konkretes besprochen.
- Der Fokus auf den jeweils Sprechenden ist hoch – die Umgebung wird ausgeblendet.

Zu einer geschlossenen Gruppe haben Sie keinen Zugang und Sie sollten sich auch keinen verschaffen. Das Risiko, dass Sie stören, ist groß und die Beantwortung Ihrer Frage »Störe ich?« dient Ihnen kaum als Anhaltspunkt, da sie in der Regel aus Höflichkeit verneint wird. Sobald aber die eng zueinander gerichteten Körper auf Abstand gehen und das Gespräch für einen kurzen Moment stockt, können Sie sicher sein, dass Sie gestört haben. Für einige wenige Sekunden wissen die Beteiligten nicht, worüber sie sprechen sollen, da das abgebrochene Thema in Ihrem Beisein nicht fortgesetzt werden kann. Sobald Sie diesen Vorgang bemerken, haben Sie – je nach Situation – immer noch die Wahl zu bleiben oder sich unter einem Vorwand kurz zu verabschieden, um zu einem späteren Zeitpunkt zurückzukehren.

Die geschlossene Gruppe

Kontakt zu einem bestimmten Gesprächspartner

Gespräche zu führen, die sich wie von selbst ergeben, ist eine leichte Übung. Schwierig wird es, wenn Sie einen bestimmten Kontakt knüpfen möchten. Neben einer konkreten Strategie gehört hierzu auch die richtige Einstellung: Falls Sie einen Kontakt einfädeln möchten, dieses Anliegen aber gleichzeitig versuchen zu kaschieren, um sich nicht der Gefahr auszusetzen, durch eine ablehnende Reaktion herabgesetzt zu werden, schaffen Sie sich eine widersprüchliche und unlösbare Ausgangssituation. Mit der Angst vor einer Blamage geben Sie der Situation eine Wertung, die ihr eigentlich nicht zukommt. Sie vermischen eine berufliche Konstellation, die heute für und morgen gegen Sie sprechen kann, mit einem persönlichen Wunsch nach Anerkennung.

Bewerten Sie das gezielte Anbahnen eines Kontaktes als einen legitimen Vorgang. Indem Sie die berufliche Situation als ein nüchternes Interessengeflecht sehen, innerhalb dessen Sie jemandem, der mehr Einfluss besitzt als Sie, nützlich sein können, lösen Sie den Ausgang Ihrer Anstrengung von jeder Bewertung Ihrer Persönlichkeit.

Solange Sie sich auf eine unaufdringliche, aber dennoch selbstverständliche und selbstbewusste Art für Ihre Interessen einsetzen, brauchen Sie sich nicht zu genieren. Kein anderer Weg als dieser führt Sie weiter und das organisierte kleine Gespräch ist ein legitimes Forum hierfür. Sie handeln nicht anders als der Ranghöhere, an den Sie sich gerade wenden. Mit Sicherheit hat dieser in gleicher Weise ein Netzwerk für seine Karriere gewoben und webt noch daran. Verpacken Sie deshalb Ihren Kontaktwunsch höflich, aber kaschieren Sie ihn nicht, denn Ihr Gesprächspartner kann sich ohnehin denken, was Sie zu ihm führt, und lässt sich nicht gerne für dumm verkaufen.

Da andere ebenfalls die Gunst der Stunde nutzen, ist es die Regel, dass der anvisierte Mensch von einem Zweiergespräch ins nächste wechselt – demnach von einer geschlossenen Gruppe zur nächsten. Vorausgesetzt, Sie sind im Tiefstatus, bleibt Ihnen in diesem Fall nur eine Möglichkeit:

Warten auf den Gesprächspartner

- Stellen Sie sich in die Nähe der Sprechenden und platzieren Sie sich so, dass Ihr gewünschter Gesprächspartner Sie sehen kann.
- Ihr Abstand zu der Gruppe sollte so groß sein, dass Sie die Konversation nicht verstehen – andernfalls wirken Sie indiskret.
- Blicken Sie nur gelegentlich zu den Sprechenden, um das Ende der Unterhaltung mitzubekommen – ein fixierender Blick wirkt penetrant und unhöflich.

Damit Ihre Warteposition als solche wahrgenommen wird, sollten Sie in jedem Fall alleine bleiben und sich nicht in ein anderes Gespräch verwickeln lassen. Kontaktsuchende verweisen Sie darauf, dass Sie gerade selbst auf ein Gespräch warten.

Ihr gewünschter Gesprächspartner wird erkennen, dass Sie mit ihm sprechen möchten, und sich Ihnen in der Regel nach Beendigung seiner Unterhaltung zuwenden. Falls Sie von Ihrer Zielperson ignoriert werden, obwohl Sie davon ausgehen können, dass sie Ihr Gesprächsinteresse bemerkt hat, sollten Sie von Ihrem Vorhaben ablassen – offensichtlich wünscht sie kein Gespräch mit Ihnen.

Der Körper: Die innere Spannung verrät die innere Haltung

Das organisierte kleine Gespräch ist eine ausgesprochen dynamische Situation. Zahlreiche Menschen möchten innerhalb eines begrenzten Zeitrahmens mit unterschiedlichen Partnern sprechen, so dass ein ständiges Kommen und Gehen entsteht. Respektieren Sie diese fließende Bewegung nicht, sondern plaudern munter weiter, froh, einen Zuhörer für den Abend gefunden zu haben, ist es sehr wahrscheinlich, dass sich Ihre Gesprächspartner, die gerne weiterziehen möchten, von Ihnen auf eine unangenehme und lästige Art angebunden fühlen.

So lassen Sie andere gehen

Im Unterschied zu kleinen Kindern, die mitten in einem Telefonat und ohne Vorwarnung »Tschüüüss!« rufen und auflegen, weil sie keine Lust mehr haben zu telefonieren, wissen Erwachsene häufig nicht so richtig, wie sie ein Gespräch galant beenden können. Aus diesem Zögern ergibt sich eine Zeitspanne zwischen gewünschtem und tatsächlichem Weggehen, in der jeder Ihrer Sätze von Ihrem Gesprächspartner als hinderliches Festhalten empfunden wird. Um eine zuvor gewonnene Sympathie nicht zu verspielen, sollten Sie auf seine Körpersprache achten. Sie verrät Ihnen, ob er bleiben oder lieber gehen möchte:

Ihr Gesprächspartner will bleiben, wenn ...

- ... sein Körper eine zuhörende Ruhe ausstrahlt – die Gestik ist entspannt und gelassen.
- ... sein Körper eine im Gespräch involvierte Lebendigkeit ausstrahlt – die Gestik ist lebhaft und illustrierend.
- ... sein ganzer Körper auf Sie ausgerichtet ist – der Kopf ist häufig leicht vorgeschoben, der Blick ist nur bei Ihnen.

Ihr Gesprächpartner will gehen, wenn ...

- ... sein Körper unruhig ist.
- ... seine Gestik nervös wirkt.
- ... nur sein Kopf, nicht aber sein Körper auf Sie ausgerichtet ist.
- ... sein Kopf leicht zurückgeschoben ist.
- ... sein Lächeln künstlich ist.
- ... sein Blick immer wieder von Ihnen wegwandert und er Ihr Reden durch schnelles und sich ständig wiederholendes »Hm-hm-hm« kommentiert.

Wenn Sie bereits im Vorfeld anhand der Körpersprache Ihres Gesprächspartners bemerken, dass dieser weiterziehen möchte, sollten Sie auf seine körpersprachlichen Signale reagieren, Ihre

Rede beenden und ihm auch keine neuen Fragen mehr stellen. Sie können eine Brücke bauen und ihm beispielsweise vorschlagen, ob man sich nicht wieder am Büfett bedienen will. Damit verhindern Sie, dass er sich unangenehm festgehalten fühlt, und tragen dafür Sorge, dass er die Begegnung mit Ihnen in angenehmer Erinnerung behält.

Wenn Sie sich darüber hinaus angewöhnen, längere Begebenheiten grundsätzlich stückweise zu erzählen, geben Sie Ihrem Zuhörer zwischen den Abschnitten Gelegenheit, das Gespräch in eine andere Richtung zu führen. Sie vermeiden, dem anderen eine Erzählung aufzudrängen, die er in dieser Ausführlichkeit vielleicht gar nicht hören möchte.

Die fließende Bewegung wechselnder Begegnungen gehört zur Situation des kleinen Gesprächs. Vor allem ranghöhere Gesprächspartner halten sich in der Regel nicht lange bei Gesprächen mit Rangniedrigeren auf, sofern sie kein konkretes Anliegen haben. Zum einen müssen Führungskräfte ohnehin den ganzen Tag reden und haben daher selten das Bedürfnis, ohne ein bestimmtes Ziel zu plaudern. Zum anderen nutzen die meisten ihrerseits das kleine Gespräch, um Kontakte zu pflegen und Verpflichtungen gegenüber anderen nachzukommen, die eine wichtige Position bekleiden. Haben Sie also Verständnis und seien Sie nicht enttäuscht, wenn Ihr Chef weiterzieht.

Dieser Gesprächspartner möchte das Gespräch beenden: Seine Füße zeigen in eine andere Richtung, die Lippen sind aufeinander gepresst

Dieser Gesprächspartner zieht sich zurück: Er steht auf den Fersen und schiebt den Kopf nach hinten. Das leichte Lächeln wirkt aufgesetzt

So kommen Sie selbst weg

Die andere Seite erleben Sie, wenn Sie selbst von Ihrem Gesprächspartner wegmöchten und dieser noch kein Körpersprache-Buch gelesen hat. Da hilft kein Wegschauen und kein künstliches Lächeln, keine Unruhe im Körper und kein »Hm-hm-hm« mit nickendem Kopf – der andere kapiert es einfach nicht und redet munter weiter. Was tun? – Sie können ja schlecht »Tschüüüs!« rufen und verschwinden.

Falls Sie ohnehin gehen möchten, können Sie mit einem überraschten Blick zur Uhr und einem Vorwand, der Sie zwingt, sofort zu gehen, problemlos verschwinden. Ganz clevere Zeitgenossen erfinden – da Sie schon einmal beim Erfinden sind – eine Ausrede, die sie als liebenden Ehemann, fürsorglichen Papa oder pflichtbewussten Mitarbeiter darstellt. Auf diese Weise können sie nicht nur elegant verschwinden, sie hinterlassen auch noch den gewünschten Eindruck. Möchten Sie hingegen noch länger bleiben, so sollten Sie einen Vorwand zu gehen – wie Toilettenbesuch, etwas zu trinken oder zu essen holen oder ein kurzes Telefonat führen – in keinem Fall mit dem Versprechen wieder zurückzukommen verbinden. Womöglich glaubt Ihnen Ihr Gesprächspartner und wartet vergeblich auf Sie. Der Eindruck, den Sie hinterlassen, wäre verheerend. Gleiches gilt für den beliebten Vorschlag, man möge doch noch gemeinsam etwas zu essen holen, um sich dann beim Büfett aus dem Staub zu machen.

Eine Alternative, mit Anstand aus der Situation zu kommen, besteht darin, dass Sie sich offen und ehrlich verabschieden: »Das war mir wirklich eine große Freude, Sie kennen zu lernen. Vielleicht können wir bei nächster Gelegenheit unseren Kontakt fortsetzen« ist eine Möglichkeit. Sie können sie beispielsweise durch »Ich möchte noch einige Gespräche führen, bevor ich gehe« ergänzen. Niemand wird Ihnen diesen Abschied übel nehmen, denn Sie erbitten etwas, das der Situation angemessen ist.

Der Peinlichkeit, den anderen alleine zu lassen, entgeht man auf diese Weise jedoch nicht. Insbesondere bei außenstehenden Personen tut man sich hiermit schwer. Indem Sie Ihrem Gegenüber einen neuen Gesprächspartner besorgen, umgehen Sie diese Situation: Sie bitten einen Dritten herbei, stellen die Unbekannten einander vor und bleiben anstandshalber während einer Übergangsphase. Etwas später können Sie sich dann auf die oben beschriebene Weise verabschieden.

Ihr Auftritt: Von der Kunst, sich selbst darzustellen

Ein Darsteller, der seine Aufgabe ernst nimmt, stellt sich beim Erarbeiten einer Szene drei zentrale Fragen: Welche Figur stelle ich dar? Mit welchen Motiven bewege ich mich durch den Raum?

Was verbindet mich mit meinen jeweiligen Spielpartnern? Sind sie geklärt, baut sich die Szene fast von selbst: Die Eckpfeiler seiner Darstellung stehen und auf jede Frage, die sich im Verlauf der Probenarbeit stellt, gibt es nur eine stimmige Antwort – als Konsequenz aus den festgesetzten Voraussetzungen. Der Vorteil für den Darsteller: Er weiß in jeder Sekunde auf der Bühne nicht nur genau, was er tut, sondern auch, warum er es tut.

Ihr Auftritt auf einer gesellschaftlichen Veranstaltung ist in gewisser Weise vergleichbar mit dem Auftritt des Darstellers. Obwohl Sie keine fiktive Figur spielen, sollten Sie wissen, wie Sie in einem vorgegebenen Rahmen von anderen gesehen werden möchten, denn daraus ergibt sich die Art und Weise, wie Sie sich präsentieren. Ebenso wichtig ist die Fähigkeit, sich souverän von einem Gesprächspartner zum nächsten zu bewegen und eine Sensibilität dafür zu entwickeln, welche Themen im Rahmen eines Gesprächs funktionieren und welche sich weniger eignen. Die Schauspielausbildung basiert wesentlich auf so genannten *Improvisationen*. Vor dem Hintergrund einiger Eckdaten zur Situation entwickelt sich ein Spiel, das aus dem wechselseitigen Machen und Aufnehmen von Spielangeboten besteht. In gleicher Weise funktioniert das kleine Gespräch: Spontan machen Sie Ihrem Gegenüber ein Gesprächsangebot und greifen seines anschließend auf. Dieses wechselseitige Hin und Her der Bälle wirkt nach außen leicht, erfordert jedoch auf der Bühne wie im Konferenzraum eine gewisse Geschicklichkeit. Sind Sie erfahren, erfolgreich und in führender Position, erscheinen Sie zu einem kleinen Gespräch und warten ab, was auf Sie zukommt. Sind Sie jung, unerfahren und stehen in der Unternehmenshierarchie an untergeordneter Stelle, sollten Sie eines vermeiden: einfach zu erscheinen und abzuwarten, was auf Sie zukommt.

Grundsätze gelungener Selbstdarstellung

Der Wert eines kleinen Gesprächs steigt in dem Maße, in dem es Ihnen gelingt, eine für Ihr Gegenüber wohltuende Atmosphäre herzustellen. Doch Fragen zu stellen, Interesse zu zeigen und Gemeinsamkeiten zu finden, wie es ausführlich in dem Kapitel *Der Umgang mit Kollegen* dargestellt wird, dient wohl kaum Ihrer

Empfehlung als heilbringender Samariter – Ihnen geht es um die eigene Darstellung und Positionierung innerhalb Ihres Unternehmens oder gegenüber Kunden.

Da jeder einzelne Mensch individuelle Vorzüge besitzt und in ganz unterschiedlichen beruflichen Zusammenhängen auftritt, sind den Empfehlungen für eine gelungene Selbstdarstellung enge Grenzen gesetzt. Dennoch gibt es einige Grundsätze, die zu befolgen sich lohnt, denn in einem lebhaften Gespräch lässt man sich beispielsweise schnell zu einer unbedachten Äußerung hinreißen, die schädliche Konsequenzen nach sich ziehen kann: Stolz über eigene Leistung oder Freude über verdientes Geld, aber auch der Versuch, eigene Unsicherheit zu überspielen, können sich gegen Sie wenden. Möglicherweise bemerken Sie selbst den Fauxpas gar nicht, während andere Sie bereits zum arroganten Wichtigtuer abstempeln. Urteile sind sehr schnell gefällt und nur äußerst mühsam – wenn überhaupt – aus der Welt zu schaffen. Klüger ist es, einige wenige Grundregeln zu beherzigen:

Vermeiden Sie …

- … vertrauliche Informationen weiterzugeben, wenn Sie nicht absolut sicher sein können, dass Sie verschwiegene Gesprächspartner haben – Sie könnten schnell als geschwätzig gelten.
- … schlecht über andere Menschen zu sprechen – Sie riskieren nicht nur, zitiert zu werden, Ihr Zuhörer rechnet damit, dass Sie bei nächster Gelegenheit über ihn in gleicher Weise herziehen.
- … Versprechungen zu Sachverhalten zu machen, die Sie nicht alleine entscheiden – Sie wirken prahlerisch und machen sich zudem unglaubwürdig.
- … eigene Leistungen und Besitzstände hervorzuheben – Sie gelten schnell als Gernegroß und lösen bei anderen womöglich Neid oder Minderwertigkeitskomplexe aus, die sich letztlich gegen Sie richten werden.
- … verschlossen, launisch, kompliziert und humorlos durch die Gegend zu laufen – Sie verdienen sich auf diese Weise sehr schnell den Ruf, eine Belastung für andere zu sein.
- … über Schwierigkeiten zu jammern – Sie setzen sich selbst in eine Position der Schwäche und machen sich angreifbar.

Stattdessen ...

- ... sprechen Sie entweder lobend über andere oder halten Sie sich bedeckt – mit der Zeit wird man aus Ihrem Schweigen Rückschlüsse ziehen. Ihre Position kommt nachhaltiger und sehr viel seriöser zum Ausdruck.
- ... betreiben Sie Understatement – es ist eleganter, Ihre Leistungen für sich sprechen zu lassen.
- ... zeigen Sie sich kontaktfreudig, sympathisch, unkompliziert und humorvoll – von diesen Eigenschaften fühlen sich Menschen angezogen.
- ... halten Sie auftretende Schwierigkeiten für lösbar – sofern Sie Ihre Ankündigungen einlösen können, wird man Ihnen mit der Zeit immer mehr Vertrauen schenken.

Körpersprache des Erfolgreichen

Im privaten Kreis, als Freund oder Partner, sind Ihre Offenheit und Ehrlichkeit die Eigenschaften schlechthin, um Sie ins Herz zu schließen. Im Kollegenkreis – gemeint sind nicht die wenigen Vertrauten – sind Sympathie und Erfolg die Kriterien, nach denen Sie bewertet werden. Wie aber zeigen Sie anderen, dass Sie Erfolg haben? Da man über errungene Lorbeeren nicht redet und Eigenlob bekanntlich stinkt, kommt Ihrer Körpersprache entscheidende Bedeutung zu.

> Die Körpersprache des Erfolgs lässt sich auf einen einfachen Nenner bringen: Vermeiden Sie alles Schwere und Komplizierte. Zeigen Sie alles Leichte und Zuversichtliche.

Da organisierte kleine Gespräche privaten Zusammenkünften so ähnlich sind, kann es Ihnen sehr schnell widerfahren, dass Sie im Verlauf einer längeren Veranstaltung im Umgang mit anderen unaufmerksamer werden und sich mit der Zeit immer mehr gehen lassen. Versuchen Sie, die leichte und zuversichtliche Wirkung nach außen mit einer stets wachen und aufmerksamen Haltung zu verbinden. Nichts darf Ihnen entgehen, wenn Sie klug mit anderen umgehen möchten!

Vermeiden Sie ...

- ... mit einer schlecht gelaunten, angespannten, von der Arbeit belasteten Einstellung aufzutreten – Sie stoßen damit Menschen vor den Kopf, weil sie schnell vermuten, Ihre Haltung bezöge sich auf sie.
- ... es sich »gemütlich« zu machen – privates Gebaren ist während eines kleinen Gesprächs fehl am Platze und führt zu einem laxen und nachlässigen Körperausdruck.
- ... private Sympathie oder Antipathie durch entsprechendes körperliches Zu- oder Abwenden offen zu zeigen – am darauf folgenden Tag wird es im Unternehmen die Runde machen.
- ... sich mit Essen vollzustopfen – studentische Attitüden, die ein schlechtes Licht auf Sie werfen, sollten Sie im Geschäftsleben unterlassen.
- ... unbedacht Alkohol zu trinken – seine enthemmende Wirkung mag im Privatleben erwünscht sein, im Berufsleben kann sie verheerende Konsequenzen nach sich ziehen.
- ... sich beständig am Rande des Geschehens aufzuhalten – Sie machen auf diese Weise den Eindruck, als wollten Sie mit den anderen nichts zu tun haben.
- ... sich laut und zügellos zu benehmen – Sie missachten den beruflichen Rahmen nachhaltig und laufen Gefahr, als unseriös und unzivilisiert abgestempelt zu werden.

Stattdessen ...

- ... begegnen Sie den Menschen mit einer freundlichen, leicht »lächelnden« Haltung – Sie signalisieren auf diese Weise, dass Sie offen für Begegnungen sind.
- ... halten Sie sich wach und aufrecht – Sie geben sich keine Blöße und präsentieren sich so, wie Sie im Unternehmen gesehen werden möchten.
- ... treten Sie jedem Einzelnen aufgeschlossen gegenüber – Sie zeigen, dass Sie zu Menschen eine Brücke schlagen können und professionellen Umgang nicht mit privaten Vorlieben vermischen.
- ... essen Sie zu Hause und versorgen sich lediglich mit einigen wenigen Häppchen – auf diese Weise schenken Sie dem Essen weniger und Ihrem Gesprächspartner mehr Aufmerksamkeit.

- ... trinken Sie wenig Alkohol – so bleiben Sie die ganze Zeit über aufmerksam und nutzen Ihre Beobachtungsfähigkeit noch, wenn die der anderen bereits nachlässt.
- ... beteiligen Sie sich an Gesprächen – Sie zeigen, dass Sie ein kontaktfreudiger und umgänglicher Mensch sind.
- ... achten Sie auf Stil- und Etiketteregeln – ein gepflegter Umgang und Formgefühl sind Zeichen von Intelligenz.

Ein Motiv führt Sie überall hin

Wie Ihre Körperhaltung so gehört die Art, in der Sie sich durch den Raum bewegen, zu einem überzeugenden Auftritt. Es ist ein großer Unterschied, ob Sie sich zögernd und unbeholfen an Menschen herantasten oder selbstbewusst und entspannt vom einen zum nächsten gehen. Die Situation ist allerdings so einfach nicht: Sie stehen irgendwo in einem riesigen Saal und entdecken jemanden, den Sie kennen lernen möchten. Die zentrale Frage lautet nun: Wie kommen Sie dorthin?

Es gibt für Sie zwei Wege: Auf dem direkten sprechen Sie denjenigen an und sagen frei heraus, dass Sie ihn kennen lernen möchten. Falls Sie der Ansicht sind, dass dieser Weg etwas pikant wäre, weil Sie beispielsweise einem potenziellen Kunden schlecht sagen können, dass Sie ein Geschäft mit ihm abschließen möchten, bleibt Ihnen noch der indirekte, der über einen Vorwand funktioniert.

Im Alltag spricht man von »Vorwänden«, bei der Theaterarbeit von »Motiven«: Jeder Gang, jedes Wort, jeder Blick muss »motiviert« sein – ist er das nicht, knickt die fiktive Welt an dieser Stelle ein. Wiederholt sich diese Schwäche, so empfindet der Zuschauer die Inszenierung als langweilig und misslungen.

> Motive führen nicht nur Darsteller über eine Bühne, sondern auch Sie durch einen Raum: Sobald Sie sich die richtigen Motive bauen, kommen Sie während eines organisierten kleinen Gesprächs nicht nur überall hin, Sie bewegen sich auch entschlossen und glaubwürdig.

Unter welchem Vorwand könnte man jemanden, mit dem man sich ein Gespräch wünscht, ansprechen? Der Amateur spricht eine schöne Frau an, indem er zu ihr hingeht und sie fragt, wie spät es ist. Da die schöne Frau an diesem Nachmittag wahrscheinlich schon drei Mal nach der Uhrzeit gefragt wurde, liegt das Motiv trotz Tarnung glasklar auf dem Tisch. Der Profi setzt sich nur in ihre Nähe, um zu essen, zu trinken oder mit jemand anderem zu sprechen, und wartet geduldig auf eine Gelegenheit, die sich früher oder später von alleine ergeben wird. Mit anderen Worten: Wenn schon indirekt, dann richtig. Sie benötigen kein Motiv, um den anderen anzusprechen, sondern eines, um in seine Nähe zu gelangen. Das ist ein kleiner, aber feiner Unterschied. Damit Ihr Vorwand nicht auffliegt, sollten Sie die Zielperson bei Ihrem ersten Schritt nicht einbinden.

Sie erreichen einen bestimmten Ort im Raum, indem Sie...

- ... sich zu jemandem gesellen, den Sie bereits kennen.
- ... sich am Büfett bedienen und mit Ihrem Teller einen Platz suchen, um zu essen.
- ... sich an dem Ort ausruhen, weil Sie zuvor beispielsweise einen anstrengenden Vortrag gehalten haben.
- ... sich bestimmte Objekte, Bilder etc. im Raum anschauen.
- ... etwas suchen.

Erst nach einiger Zeit gehen Sie den zweiten Schritt und nutzen eine sich bietende Gelegenheit, um das Gespräch zu beginnen.

DAS SEMINAR – SMALL TALK

Edith Öffner: »Also ... ich bin hier bestimmt die Einzige, die das überhaupt interessiert und die das nicht kann, aber ... Sie sagten ja, jeder darf sich etwas aussuchen.« Stephan Schätzky nickt. »Tja ... also eigentlich ist das ja gar kein richtiges Thema. Aber irgendwie ist es doch wichtig und ich dachte, Sie könnten mir vielleicht helfen ... also dürfte ich vielleicht Small Talk üben?« Öffner blickt vorsichtig die anderen Teilnehmer an. Schätzky: »Fragen wir doch mal in die Runde: Wer von Ihnen hat denn noch Schwierigkeiten mit dem Thema Small Talk?« Thomas Hartmann: »Ich!« Philipp Weiden: »Ich auch. Ich kom-

me mir dabei immer so blöd vor!« Konstanze Wolf: »Also, mich würde das auch interessieren.« Wolfgang Koller: »Mich auch.« Kurt Gessner: »Also, ich weiß nie, was ich da sagen soll.« Manfred Breitscheid: »Für mich ist das zwar kein Problem, aber wenn die anderen das üben wollen, mache ich da schon mit.« Schätzky: »Wie Sie sehen, Frau Öffner, sind Sie gar nicht so alleine mit Ihrem Thema. Ihre Frage hat zwar wenig mit Körpersprache zu tun. Ich könnte Ihnen aber vielleicht mit einer Übung aus der Schauspielausbildung ein Stück weiter helfen. – In Ordnung?« Öffner: »Warum nicht.« Hartmann: »Hauptsache, sie hilft.«

Schätzky: »Herr Breitscheid, Sie sind ja offensichtlich der Einzige, der in der Lage ist, die Situation zu lösen. Wie machen Sie das denn?« »Nun ja ... ob ich sie jetzt richtig löse, das weiß ich auch nicht. Ich komme ganz einfach dahin, zu dem Dingsda, der Versammlung. Dann nehm' ich mir n' Kaffee oder einen Wein je nach Tageszeit und dann stelle ich mich zu den anderen und rede ein bisschen mit.« Öffner: »Und worüber reden Sie?« Breitscheid: »Irgendwas – ist doch wurscht.« Gessner: »Also das sehe ich aber ganz anders, Herr Breitscheid. Ich möchte schließlich nicht oberflächlich reden, ich möchte auch keine abgedroschenen Floskeln wie das Wetter bringen. Privat möchte ich nicht reden, beruflich auch nicht, Autos interessieren mich nicht, bei Computern kenne ich mich nicht aus. Und mit altenglischer Philologie langweile ich meine Gesprächspartner nur – das habe ich schon bemerkt. Also, so unproblematisch ist das nicht mit der Themenfindung.« Weiden: »Da muss ich Herrn Gessner zustimmen. Bei mir dauert das keine fünf Minuten und dann bin ich schon wieder beim Beruf. Und dann komme ich abends nach Hause und meine Frau fragt, worüber ich mich unterhalten habe, und dann erst fällt mir auf, dass ich wieder nur über den Beruf gesprochen habe – den ganzen Abend.« Frau Öffner zückt ihren Schreibblock und wendet sich an Schätzky: »Also, Herr Schätzky, ist ein berufliches Thema jetzt richtig oder falsch?« Schätzky: »Darf ich die Frage noch einmal zurückstellen, Frau Öffner? – Ich schlage Ihnen eine Improvisation vor: Sie alle stellen sich bitte in Zweiergruppen zusammen und verteilen sich im Raum.«

Die Teilnehmer stehen auf und bilden Zweiergruppen. Schätzky: »Ich gebe Ihnen ein Thema nach dem anderen vor, und sobald Sie das Thema hören, fangen Sie augenblicklich an, darüber zu sprechen –

ohne nachzudenken. – Fertig? Dann geht es los: Weihnachten ...« Alle fangen an zu reden. Schätzky: » ... Sommerurlaub ... das Frühstück heute Morgen ... Laptop ... der Italiener um die Ecke ... Winter ... Ostereier ... Fidji-Inseln.« Öffner: »Huch, das wird jetzt aber schnell.« Schätzky: » ... Plastiktüten ... Unterwasserforschung ... Kuchenbacken ... künstliche Befruchtung ... Waldameisen ... Flug zum Mars. Danke!« Die Teilnehmer hören auf zu reden. Nur Gessner und Breitscheid sind nach wie vor in das Thema künstliche Befruchtung vertieft. Schätzky: »Entschuldigung?« Gessner: »Tschuldigung, wir mussten noch etwas klären.« Breitscheid: »Jetzt sind wir wieder ganz Ohr.« Schätzky: »Wer von Ihnen hatte Schwierigkeiten mit der Übung?« Niemand meldet sich. Öffner: »Also, ich finde das faszinierend. – Mir ist zu jedem Thema sofort etwas eingefallen, sogar zu dem Flug zum Mars, obwohl ich davon gar keine Ahnung habe.« Koller: »Und die Themen wurden immer verrückter.« Schätzky: »Wichtig ist, erst einmal festzustellen, dass jedem Einzelnen von Ihnen zu jedem Thema etwas eingefallen ist.« Gessner: »Verblüffenderweise waren ja alle Gespräche unabhängig vom Thema recht lebendig.« Schätzky: »Stimmt. – Woher aber kommen dann Ihre Schwierigkeiten, wenn Sie alle so gut plaudern können?« Wolf: »Die Themensuche war natürlich kein Problem, weil Sie ja Themen vorgegeben haben.« Schätzky: »Das heißt, Sie alle zögern nicht, wenn es darum geht, über ein Thema zu sprechen, sondern wenn Sie eines finden sollen.« Gessner: »Das habe ich ja bereits gesagt. Die Schwierigkeit ist, ein passendes und gleichzeitig originelles Thema zu finden, das mich mit meinem Gesprächspartner auch noch verbindet.« Schätzky: »Und ich behaupte, dass Ihnen, sobald Sie darüber nachdenken, welches Thema denn besonders passend und originell sein könnte, überhaupt nichts mehr einfällt. Ihr eigener Anspruch steht Ihnen im Weg.« Öffner: »Ja ... genau das kenne ich von mir.«

Schätzky: »Im Grunde haben es diejenigen, die an den ganzen Small Talk locker und lässig herangehen, am leichtesten, weil sie spontan bleiben. Wenn Sie dem Gesprächsfluss vertrauen und auch neugierig sind, was von Ihrem Gesprächspartner kommt, wird es ganz leicht. Diejenigen hingegen, die das Gespräch planen, fangen es erst gar nicht an.« Breitscheid: »Hab' ich doch gleich gesagt.« Alle wenden sich ihm zu: Er steht am Büfett und angelt sich einen Apfel: »Ist eh wurscht. – Dann geht's am besten.«

Der richtige Einstieg ins Gespräch

Zugegeben: Es ist nicht immer leicht, den richtigen Einstieg in ein Gespräch zu finden. Sobald Sie einen »originellen« oder »witzigen« Einstieg suchen, machen Sie es sich selbst unnötig schwer: Originalität und Humor beziehen sich in der Regel auf gemeinsam erlebte zurückliegende Ereignisse. Setzen Sie eine originelle oder witzige Bemerkung an den Beginn einer Konversation, womöglich gegenüber fremden Menschen, wirkt sie zwangsläufig konstruiert und gewollt. Darüber hinaus benötigen Originalität und Witz die Resonanz des Publikums. Bleibt sie aus, stehen Sie da wie ein Darsteller, dessen Pointe nicht funktioniert – verdammt einsam. Das Risiko, mit seiner Pointe zu scheitern, entfällt automatisch, wenn Sie eine solche erst gar nicht provozieren. Steigen Sie stattdessen schlicht und konkret in ein Gespräch ein. Humor können Sie im weiteren Verlauf immer noch beweisen.

Üblich und sinnvoll ist es, mit einer Frage zu beginnen. Sie zeigen Interesse und beziehen den anderen durch die erbetene Antwort von Anfang an mit ein. Beachten Sie hierbei folgende Fallen, die sich auftun können:

Vermeiden Sie Fragen ...

- ... deren Beantwortung Ihrem Gesprächspartner unangenehm sein könnte – Sie setzen den anderen unter Druck, womöglich bringen Sie ihn in eine peinliche Situation. Sie selbst stehen da als jemand, der andere aushorcht.
- ... die eine bestimmte Antwort erwarten lassen – Sie setzen den anderen auf diese Weise herab, weil Sie nicht wirklich an seiner Meinung interessiert sind. Gleichzeitig präsentieren Sie sich selbst als jemand, der eine Frage nur vorschiebt, um sich selbst zu produzieren.
- ... die eine übereinstimmende Meinung voraussetzen – das Gespräch verkrampft sich, sobald sich herausstellt, dass Ihr Gesprächspartner einen anderen Standpunkt als Sie vertritt. Die erwünschte Gemeinsamkeit ist dahin, stattdessen müssen Sie sich um Schadensbegrenzung bemühen oder geraten womöglich in einen Konflikt.

Machen Sie es sich zur Angewohnheit, nur solche Fragen zu stellen, die Sie selbst auch gerne beantworten würden. Indem Sie konkret und interessiert fragen, gestalten Sie Ihren Einstieg ins Gespräch persönlicher.

- »Wie geht es Ihnen?« – Diese Einstiegsfrage funktioniert immer. Indem Sie an die Antwort Ihres Gesprächspartners eine weitere Frage knüpfen, unterstreichen Sie Ihr Interesse und nehmen der ersten Frage das Floskelhafte.
- Eine nette Ergänzung erfährt diese Frage, wenn Sie sich darüber hinaus nach der Familie erkundigen – Sie zeigen, dass Sie sich auch für das nahe Umfeld interessieren.
- Falls Sie sich erinnern, was Ihren Gesprächspartner bei der letzten Begegnung beschäftigt hat, können Sie durch gezieltes Nachfragen zeigen, dass Sie seinerzeit zugehört haben und sich für seine Entwicklung interessieren.
- Alternativ können Sie sich im Vorfeld über seine gegenwärtigen Aktivitäten erkundigen. So dokumentieren Sie, dass Sie seine Arbeit verfolgen und für wichtig halten.

Was immer Sie fragen: Zeigen Sie Ihr Interesse an der Antwort. Andernfalls wirkt Ihre Frage vorgeschoben und floskelhaft.

Weitere Möglichkeiten zum Einstieg sind Dank, Lob, Komplimente und ein erbetener Rat. Falls es einen entsprechenden Anlass gibt, sind Dank und Lob geeignet, die persönliche Wertschätzung zum Ausdruck zu bringen und zu zeigen, dass man ein bestimmtes Engagement für außergewöhnlich hält. Bei Komplimenten sollten Sie sehr darauf achten, dass Sie andere Anwesende nicht in einem Zug herabsetzen. Der erbetene Rat ist ein Vertrauensbeweis, mit dem Sie zeigen, dass Sie auf die Meinung Ihres Gegenübers Wert legen. Gerne wird er auch eingesetzt, um Mitarbeiter zu motivieren.

Ist der Einstieg in ein Gespräch geschafft, entwickelt sich der weitere Verlauf meistens von selbst, da auch Ihr Gesprächspartner Impulse beisteuert. Sollten Sie in Ausnahmefällen einem extrem verschlossenen Zeitgenossen begegnen, den Sie unterhalten müssen, so bleibt Ihnen nichts anderes übrig, als Gesprächspausen mit kurzen Anekdoten zu beleben. Hierzu gehört, dass Sie längere Begebenheiten grundsätzlich stückweise erzählen. Damit geben Sie Ihrem Zuhörer zwischen den Abschnitten immer wieder Gelegenheit, das Gespräch in eine andere Richtung zu lenken. Sie vermeiden, dem anderen eine Erzählung aufzudrängen, die er in dieser Ausführlichkeit vielleicht gar nicht hören möchte.

Welches Thema führt wohin?

Sie sollen niemanden langweilen. Sie sollen niemanden herabsetzen. Sie sollen niemanden unter Druck setzen. Sie sollen keinen Konflikt provozieren. Sie sollen niemandem zu nahe kommen. – »Um Gottes willen!«, werden Sie entsetzt stöhnen, »mit welchen Themen kann ich das alles vermeiden?« Die Antwort lautet: Mit allen und mit keinem. Denn für ein kleines Gespräch gibt es keine Themen, mit denen Sie alles richtig oder alles falsch machen. Vielmehr kommt es auf Ihr Taktgefühl an, mit dem Sie ein Thema behandeln, und auf Ihre Geschicklichkeit, mit der Sie auf Ihren Gesprächspartner eingehen. Einerseits werden Sie einen Kollegen, der wegen einer Krankheit lange abwesend war, nach seinem gesundheitlichen Befinden fragen. Andererseits werden Sie wohl kaum medizinische Details einer akuten Entzündung in Ihrem Kniegelenk zum Besten geben. Einerseits können Sie durchaus über das Kurspotenzial einer bestimmten Aktie spekulieren. Andererseits werden Sie nicht erzählen, wie viele Sie davon besitzen. Sind Krankheiten und Geld nun »richtige« oder »falsche« Themen? Formulieren wir es genauer: Beide Themen sind für kleine Gespräche weniger geeignet, da sie Persönliches berühren und die Gefahr groß ist, indiskret zu werden.

Geeignete und weniger geeignete Themen für das kleine Gespräch

Geeignete Einstiegsthemen beziehen sich auf die gemeinsame Situation, in der man sich befindet. Typisch sind: Wetter, Anreise, Hotel, geplanter Ablauf der Veranstaltung, Interesse an bestimmten Themen, Speisen und Getränke. Der große Vorteil: Gemeinsamkeiten sind schnell gefunden und Unverfänglichkeit ist garantiert. Falls Sie im Voraus wissen, dass Sie mit einer wichtigen Person sprechen möchten, sollten Sie das bevorstehende Gespräch vorbereiten, indem Sie sich über die beruflichen Aktivitäten Ihres Gesprächspartners informieren.

Geeignete weiterführende Themen sind harmloser Natur: Reise, Sport, Autos, Computer, bildende Kunst, Literatur, Theater, Film und Fernsehen gehören hierzu. Reißen Sie ein Thema kurz an und achten Sie darauf, ob Ihr Gesprächspartner etwas beizutragen hat. Gegebenenfalls suchen Sie einen anderen Gesprächsgegenstand.

Ungeeignete Themen berühren entweder Persönliches wie Krankheiten, Geld, Lebensplanung, Liebe und Sexualität oder sie bergen ein Konfliktpotenzial wie Politik und Gesellschaft. Obwohl sie spannender und existenzieller sind, vertragen sie sich nicht mit dem Ziel des kleinen Gesprächs: Sympathie zu erzeugen und Gemeinsamkeiten zu finden.

Fallen im Gespräch – Auslöser für Peinlichkeit

Abschließend seien noch einige böse Fallen benannt, die Sie vermeiden sollten: Setzen Sie nicht voraus, dass andere automatisch Ihrer Meinung sind. Stellt sich heraus, dass Ihr Gesprächspartner eine entgegengesetzte Position vertritt, nachdem Sie einen Monolog für oder gegen etwas zum Besten gegeben haben, wird es peinlich. Ganz brisant ist, die eigene Meinung zu verallgemeinern oder gar pauschale Urteile zu fällen. Eine verallgemeinerte Position lässt sich überaus schlecht halten, wenn sie von differenziert reflektierenden Menschen infrage gestellt wird. Vermeiden Sie auch Äußerungen über Menschen, die Sie nicht kennen, oder über Zusammenhänge, deren Hintergründe Ihnen unbekannt sind. Sie laufen Gefahr, gehörig danebenzuliegen, und gelten in den Augen anderer schnell als oberflächlich.

Was aber können Sie tun, wenn das Kind in den Brunnen gefallen ist? Hier bieten sich unzählige Schleich- und zwei Königswege an: Schleichend können Sie sich auf eine schräge und unredliche Weise aus der Situation stehlen. In der Regel verschlimmern Sie dadurch aber Ihre Ausgangslage: Während Ihr Gesprächspartner den Fauxpas bereits bemerkt haben wird, offenbaren Sie zusätzlich Ihre Unfähigkeit, diesen einzugestehen. Königlich wandelt es sich demgegenüber nicht gerade leicht, denn Sie benötigen innere Größe: Reagieren Sie mit Humor, so zeigen Sie, dass Sie sich nicht so wichtig nehmen und über sich selbst lachen können. Reagieren Sie mit einer Entschuldigung, so zeigen Sie, dass Sie bereit sind zu Offenheit und Aufrichtigkeit. Beide Königswege machen Ihren Fehler nicht ungeschehen, sie klären aber das Geschehene und schließen die Angelegenheit durch ein ehrliches Bekenntnis sauber ab.

Vermeiden Sie darüber hinaus, das kleine Gespräch zu missbrauchen: Jeder wird peinlich berührt sein, wenn Sie eine harmlose Konversation beispielsweise in Geschäftsabschlüsse oder unentgeltliche Beratungsstunden umwandeln. In der Regel lassen sich Menschen, denen Sie erst vor kurzem begegnet sind, nicht gerne für fremde Zwecke einspannen. Besser ist es, ein berufliches Anliegen nur anzukündigen und ein detailliertes Gespräch hierüber zu vertagen.

VERKAUFEN UND VERHANDELN

... Konfrontation vermeiden, Verbindung schaffen

»Wer kein Dach über dem Kopf hat, braucht sich über die Tapeten keine Gedanken zu machen.« Zugegeben: In diesem Kapitel geht es um die Tapeten oder anders formuliert: um den Luxus und die Freiheit, verkaufen zu wollen und nicht verkaufen zu müssen. Die Frage, mithilfe welcher Körpersprachetricks man andere Menschen zum Kaufen bringt, verrät den Wunsch nach Manipulation des anderen, genährt von der Fantasie, es gäbe geheime Körperbewegungen, mit denen sich der Kunde von seinem Verkäufer wie ein Pferd von seinem Pferdeflüsterer in den Hänger bugsieren ließe. *Authentische Körpersprache* basiert darauf, dass die Wahrnehmung nonverbaler Kommunikation zu einem Verständnis von Menschen führt. Ein Verständnis, das sich nutzen lässt, um gezielt – und damit in den meisten Fällen recht fruchtbar – auf den Einzelnen einzugehen. Eingehen können Sie auf andere nur, wenn Sie in der Lage sind, sich mithilfe einer flexiblen inneren Haltung und eines flexiblen Körperausdrucks auf andere einzustellen. Sie können Ihre Wahrnehmung der Situation und Ihr Verständnis von dem jeweiligen Kunden nutzen, um diesen für etwas zu interessieren. Sie können sich aber nicht mithilfe cleverer Körperbewegungen anderer Menschen bedienen, um Umsatzzahlen in die Höhe zu treiben.

Wer tagtäglich Rechenschaft ablegen muss über abgeschlossene Geschäfte, steht unter einem enormen Druck: Er muss unter Umständen Produkte verkaufen, hinter denen er nicht steht, Verkaufsleitfäden befolgen, die ihm keinen Spielraum lassen, und sich mit Kunden verbrüdern, die er nicht mag. Körpersprache folgt der inneren Haltung auch beim Verkaufen und Verhandeln. Ist diese innere Haltung »Ich muss verkaufen«, entsteht ein Druck, den Ihr Kunde spürt. Und nicht nur das: Er spürt, dass Ihre Beratung in letzter Instanz nicht seinem, sondern Ihrem Interesse dient. Sobald es nicht um die Person, sondern um den Verkauf geht, für den die Person benutzt wird, ordnet sich diesem Nutzen alles unter: falsche Freundlichkeit, falsche Privatheit, falsche Zustimmung. Aber wer sich benutzt fühlt, weicht innerlich zurück, und wer zurückweicht, kauft nichts.

Derjenige, der als Marionette andere Marionetten mit unsinnigen Produkten überzieht, findet in der Körpersprache kein Hilfsmittel. Er würde sie den verbalen körpersprachlichen Phrasen an die Seite stellen und auf diese Weise weder an Überzeugungskraft noch an Glaubwürdigkeit gewinnen. Die nachfolgenden Empfehlungen, Körpersprache im Verkaufsgespräch einzusetzen, können die Gewinne eines erzwungenen Verhältnisses nicht steigern. Sie helfen nur demjenigen wirklich, der es sich leisten kann, seinen Kunden und nicht sein Geschäft in den Mittelpunkt zu stellen. Langfristig ist der beste Verkäufer derjenige, der es gut mit den Menschen meint.

Die Situation: Locken durch Unterspielen

»Geh' nicht zum Publikum, lass das Publikum zu dir kommen«, lautet einer der Schlüsselsätze im szenischen Unterricht, den vor allem überaktive, überengagierte und manchmal auch eitle Studenten zu hören bekommen. Aber auch derjenige, der auf einer Bühne einfach nur etwas Bestimmtes zum Ausdruck bringen möchte, sieht sich mit einem scheinbaren Widerspruch konfrontiert: Einerseits gibt er sich große Mühe, eine bestimmte Szene für sein Publikum zu gestalten. Andererseits ist es genau diese auf den Zuschauer ausgerichtete Spielweise, die das Publikum zurückweichen lässt. **Ein Beispiel:** Er möchte sie privat näher kennen lernen und erzählt deshalb im Verlauf eines ersten gemeinsamen Abends sein ganzes Leben. Die Wirkung: Das Anliegen, eine Freundschaft oder Beziehung zu beginnen, liegt auf der Hand. Sich selbst beraubt er durch den Redefluss seines Geheimnisses, sie ihrer Aktivität. Das Tempo ist seines, aber kein gemeinsames. Er hat den aktiven Part übernommen, ihr bleibt der passive. Die Folge: Sie wird zurückweichen, weil sie sich bedrängt fühlt.

Um eine Figur für den Zuschauer interessant zu machen, vergleicht man sie im Probenprozess gerne mit einem Eisberg: Dieser zeigt seinem Betrachter lediglich einen kleinen Teil, der über der Wasseroberfläche sichtbar ist. Nach dem gleichen Aufbau wird eine Figur zunächst entwickelt und anschließend in Szene gesetzt: Man erarbeitet sie zwar in ihrer Gesamtheit, verrät davon aber nur den kleinen Teil, den man benötigt, um das Interesse des Zuschauers zu entzünden. Von dem großen verborgenen Teil enthüllt man nur gelegentlich ein weiteres Stück. Auf diese Weise hält man das Interesse aufrecht. Der Zuschauer spürt die ganze Zeit über, dass die Figur ein Geheimnis besitzt, das es zu ergründen gilt: Er ist aktiv.

»Lass das Publikum zu dir kommen« heißt so viel wie: »Zeige nicht den ganzen Eisberg, zeige nicht alles, was du erarbeitet hast. Dränge dich nicht auf, sondern deute nur an und halte das Interesse aufrecht, indem du dein Geheimnis wahrst.« Da Menschen in der Realität ebenfalls mit ihrem Geheimnis herumlaufen – der Teil, den sie nicht gleich oder niemals zeigen –, erzeugt diese Technik in ihrer Perfektion den Eindruck, der Darsteller spiele gar nicht, sondern sei so.

Wie dem sendungsbewussten Darsteller kann es dem engagierten Verkäufer sehr leicht geschehen, dass er sich bereits im Vorfeld – ohne es zu bemerken – aufdrängt. Aus jeder Pore dringt ihm die Verkaufsabsicht und er erstickt das Interesse seines Kunden, statt es zu wecken. Doch wie kann man Zuschauer und Kunden für etwas interessieren, ohne sich aufzudrängen?

Durch den bewussten Einsatz von Körpersprache können Sie weder Desinteresse in Interesse noch ein schlechtes Angebot in ein gutes verwandeln. Sie können aber durch ein geschicktes Auftreten Dynamik und Spannung erzeugen, die ein latentes Interesse wecken, und es im Verlauf einer Verhandlung weiter nähren.

Unterspielen – so erzeugen Sie Interesse

Vor allem beim Anbahnen neuer Geschäftskontakte und der Eröffnung von Verhandlungen ist es wichtig, erst einmal Interesse zu säen, ernten können Sie später. Es lohnt sich, darüber nachzudenken, was genau Interesse ist. Dramaturgisch gesehen ist Interesse eine aktive Bewegung aus einem leichten Tiefstatus heraus, die genährt wird durch etwas, das es zu erfahren gilt. Deshalb: Setzen Sie Ihrem Kunden Ihr Angebot vor die Nase, kann er sich nicht mehr bewegen. Breiten Sie es gleich zu Beginn aus, nehmen Sie ihm sein Geheimnis und damit seinen Wert. Biedern Sie sich an, sind Sie es, der in den Tiefstatus tritt.

Sie erzeugen Interesse, indem Sie Ihrem Gegenüber vor allem anderen Raum geben. Grundlage hierfür ist eine wohl dosierte Gesprächsführung. Unterstützen können Sie diese, indem Sie nonverbal »unterspielen« – eine Technik aus der Schauspielkunst, mit der man Spannung erzeugt: Sie bauen innerhalb einer Begegnung eine Spannung auf und deuten Ihr Wissen, Ihr Können oder Ihre Bereitschaft zu einem neuen Geschäftskontakt lediglich an. Anschließend gehen Sie wieder in die Entspannung und leiten auf ein ganz anderes Thema über. Bei längeren Gesprächen können Sie dieses Spielen mit Andeutungen wiederholen: Sie stoßen kurz vor und ziehen sich wieder zurück. Ihr Vorstoß bietet dem Kunden die Möglichkeit, von dem Angebot zu erfahren. Ihr Rückzug gibt ihm Raum, sich bei Bedarf selbst in Bewegung zu setzen. Bemühen Sie sich vor allem darum, eine vertrauensvolle Stimmung zu Ihrem potenziellen Kunden aufzubauen. Ein elegantes Erwähnen Ihrer Tätigkeit, ein Überreichen Ihrer Karte und ein dezenter Hinweis auf eine mögliche Fortsetzung des Kontaktes sind vollkommen ausreichend. Ihr Kunde versteht Ihr Anliegen ohnehin und wird einen zurückhaltenden Auftritt schätzen.

Vermeiden Sie …

- … sich dynamisch und vollgestopft mit Verkaufsenergie auf den gerade erspähten Kunden zu stürzen – er wird innerlich zurückweichen.
- … nach zwei oder drei Standardfragen zum Thema zu kommen – auf diese Weise setzen Sie Ihre eigenen Fragen auf das Niveau inhaltsloser Floskeln herab.
- … das kleine Gespräch zum Verkaufsgespräch umzufunktionieren – Sie verhalten sich unpassend und aufdringlich.

Stattdessen ...

- ... gehen Sie ruhig und entspannt auf Ihren Kunden zu – Sie geben ihm die Möglichkeit, ebenso entspannt in ein Gespräch einzusteigen.
- ... plaudern Sie ohne inneren Druck über alle möglichen Themen – Ihr Kunde wird es angenehm finden, wenn Sie nicht gleich mit der Tür ins Haus fallen.
- ... nutzen Sie das kleine Gespräch ausschließlich zum Kennenlernen – über Geschäftliches lässt sich bei Bedarf zu einem späteren Zeitpunkt sprechen.

Überprüfen Sie gelegentlich, ob Ihre Körpersprache keine ungestümen »Ich muss unbedingt verkaufen«-Signale sendet. Das kleine Gespräch ist die ideale Möglichkeit, um Kundenkontakte zu knüpfen – das weiß auch Ihr Kunde. Aus diesem Grund ordnet er von vornherein Ihr Bemühen richtig ein. Der Nachteil für Sie: Da die Antennen Ihres Gegenübers geschärft sind, kann dieses unangenehme Gefühl, in eine bestimmte Richtung gedrängt zu werden, sehr schnell aufkommen. Wollen Sie nicht als billiger Vertreter gesehen werden, ist vornehme Zurückhaltung oberstes Gebot.

Vermeiden Sie ...

- ... jede Nervosität im Körper, vor allem Unruhe in den Händen – sie verrät, dass Sie noch etwas anderes vorhaben.
- ... einen breitbeinigen Stand – er hat, vor allem im Gespräch, einen stark auffordernden Charakter.
- ... einen permanent vorgeschobenen Kopf, verbunden mit einem beständigen Nicken, während der andere spricht – das wirkt übereifrig und liebedienernd.
- ... unruhige Blicke zu anderen Menschen im Raum – Ihr Gesprächspartner bemerkt, dass Sie gerade auf Verkaufstour sind.
- ... schnell aufeinander folgende »Hm-hm-hm«-Laute, während Ihr Gegenüber spricht – damit treiben Sie den anderen an.
- ... künstliches Lächeln, das bei Bedarf ein- und ausgeschaltet wird – Sie senken damit Ihre Seriosität und Glaubwürdigkeit.

Stattdessen ...

- ... nehmen Sie die Anspannung aus Ihrem Körper: Verlagern Sie Ihr Gewicht auf die Fersen oder auf ein Bein – denn nur wenn Sie entspannt wirken, kann sich Ruhe und bei Ihrem Gegenüber Sympathie entwickeln.
- ... nehmen Sie einen schulterbreiten Stand ein – das wirkt selbstverständlicher und hat keinen offensiven Charakter.
- ... entspannen Sie Ihren Nacken und nicken Sie zu der Rede Ihres Gegenübers nur gelegentlich – auf diese Weise vermitteln Sie innere Ruhe.
- ... blicken Sie ruhig und ausschließlich Ihren Gesprächspartner an – Sie schenken ihm auf diese Weise Ihre ganze Aufmerksamkeit.
- ... nehmen Sie Druck aus Ihrer Sprache und bemühen Sie sich um ruhiges Sprechen und einen persönlichen Klang – Ihr Zuhörer wird das als angenehm empfinden.

Dramatisieren – so halten sie das Interesse

»Jetzt dramatisier das doch nicht so!« – Dieser Satz, den jeder aus dem Privatleben kennt, möchte eine aufgescheuchte Seele beruhigen – Spannung ist nicht erwünscht. Komponist, Librettist, Regisseur und Darsteller hingegen richten ihre unterschiedlichen Fähigkeiten genau darauf aus: die Dramatisierung eines Stoffes. Denn der dramatische Aufbau ist es, der den Zuschauer einen ganzen Abend auf seinem Sessel hält. Unter den zahlreichen Techniken, mit deren Hilfe man Spannung erzeugt, sei eine herausgestellt, die für Sie von Bedeutung ist, sofern Sie längere Verhandlungen führen: Dynamik.

Musik, Gesang, Sprache und Körper im Raum bilden gemeinsam ein Gewebe, das zwischen leise und laut, zwischen starr und bewegt, zwischen dunkel und hell unterschiedliche Schattierungen sucht und dabei einem Prinzip folgt: Bewegung – denn sobald eine Szene in sich verharrt, entsteht Langeweile. Konsequentes Zurücknehmen führt zu einer schwachen Position, die niemand ernst nimmt. Permanentes Vorstoßen führt zu einer unangenehmen Penetranz, gegen die sich alsbald Ihre Kontrahenten zusammenrotten. Lenken Sie Verhandlungen in Ihrem

Sinne, indem Sie sie dramatisieren. Strategisches oder diplomatisches Handeln bedeutet im weitesten Sinne, dass Sie in Bewegung sind und andere in Bewegung setzen. Sorgen stattdessen andere für Ihre Bewegung, geraten Sie in die Defensive. Sie schaffen Dynamik, indem Sie mit dem eigenen Status spielen: Mal gehen Sie in einen minimalen Tiefstatus, um andere zu beteiligen, Informationen zu erhalten oder Ihr Gegenüber aus der Reserve zu locken. Mal gehen Sie in einen minimalen Hochstatus, um beispielsweise zu provozieren, zu kritisieren oder einen eigenen Vorschlag zu propagieren. Körpersprachlich setzen Sie diese Dynamik um, indem Sie Raum geben und Raum nehmen.

Rücksicht – so geben Sie anderen Raum

Auf der inhaltlichen Ebene bedeutet »Raum geben«, zu schweigen und zuzuhören, damit sich der andere äußern kann. Wird aber Ihr Schweigen von einer körpersprachlichen Dominanz begleitet, die dem anderen gleichzeitig Raum nimmt, beispielsweise einer sichtbaren Unruhe oder einer herausfordernden Nähe, wirkt diese nachhaltiger. Ihr Zuhörer wird Ihr Schweigen als nur vorgeschoben interpretieren und das Gefühl haben, Sie beachten ihn nicht wirklich. Diesen Eindruck gewinnen andere vor allem dann von Ihnen, wenn Sie ungeduldig sind, die Antwort schon längst begriffen haben oder anderer Meinung sind als der Sprechende und nur aus Höflichkeit vorgeben zuzuhören. Wenn Sie anderen Ihr Entgegenkommen signalisieren möchten, achten Sie darauf, dass Sie Ihnen auch körpersprachlich Raum geben.

Beim Begrüßen geben Sie Raum, indem Sie ...

- ... dem anderen zuvorkommend, gegebenenfalls mit einer angedeuteten Verbeugung begrüßen.
- ... Blickkontakt halten und aufmerksam sind.
- ... sich ruhig und entspannt bewegen.
- ... dem anderen beim Betreten des Raumes und beim Hinsetzen den Vortritt lassen.

Beim Stehen vor einer Gruppe geben Sie Raum, indem Sie …

- … mit einer angenehmen, freundlichen Stimme sprechen.
- … eine entspannte und ruhige Körperhaltung einnehmen.
- … zurückhaltend, gelegentlich einladend und verbindend gestikulieren.

Beim Gehen und Begleiten von Personen geben Sie Raum, indem Sie …

- … sich dem Tempo des anderen anpassen.
- … dem anderen Türen öffnen und ihn vorgehen lassen, auf Treppen nach oben hinterher-, nach unten vorgehen.
- … sich beim Gehen um Blickkontakt bemühen und mit minimal gesenktem Kopf von unten blicken.

Beim Sitzen geben Sie Raum, indem Sie …

- … sich zurücklehnen und ruhig verhalten.
- … ruhig und wohlwollend sprechen.
- … sich Ihrem Gesprächspartnern sowohl beim Sprechen als auch beim Zuhören zuwenden.

Dominanz – so nehmen Sie anderen Raum

»Sprechen« heißt nicht automatisch »Raum nehmen«. Wenn Menschen sprechen, ohne sich Raum zu nehmen, beispielsweise aus einer unsicheren, zurückhaltenden, immer höflich lächelnden Haltung heraus, werden sie von anderen gerne übersehen. Man hört ihnen anstandshalber zu, nimmt sie aber nicht wirklich ernst. Für denjenigen, der inmitten seiner Kollegen Position bezieht, ist es deshalb wichtig, auch körpersprachlich Position zu beziehen und sich Raum zu nehmen. Manche Menschen nehmen sich ihren Raum ganz selbstverständlich, andere müssen sich überwinden, da sie diese Art aufzutreten als ungehörig oder aggressiv anderen gegenüber empfinden. Bestes Beispiel ist das Zu-Wort-Kommen bei Sitzungen. Derjenige, der Wohlerzogenheit vor Durchsetzungskraft stellt, hat häufig das Nachsehen.

Beim Begrüßen nehmen Sie Raum, indem Sie ...

- ... klar und bestimmt begrüßen, ohne einen Anflug von Nettigkeit.
- ... den Blickkontakt kurz und förmlich halten.
- ... sich in Ihrem eigenen Tempo ohne Rücksicht auf den anderen bewegen.

Beim Stehen vor einer Gruppe nehmen Sie Raum, indem Sie ...

- ... klar, deutlich und bestimmt sprechen.
- ... eine aufrechte, minimal angespannte Körperhaltung einnehmen.
- ... Ihr Vorhaben mit lebhaften, auffordernden Blicken und Gesten unterstreichen.

Beim Gehen und Begleiten von Personen nehmen Sie Raum, indem Sie ...

- ... das Tempo bestimmen.
- ... grundsätzlich vorgehen.
- ... den anderen, während Sie sprechen, nur selten anblicken.

Beim Sitzen nehmen Sie Raum, indem Sie ...

- ... aufrecht sitzen und auch zu den Seiten hin Raum beanspruchen.
- ... deutlich und kraftvoll sprechen.
- ... Ihr Gegenüber mal auffordernd und angriffslustig ansprechen, mal beim Sprechen ignorieren.

Extrem viel Raum nehmen Sie sich durch theatralische Einlagen wie ...

- ... betont langsames, mit Pausen versetztes Sprechen – der Zuhörer wird gezwungen, dem langsamen Tempo zu folgen.
- ... plötzliche, laute emotionale Ausbrüche.
- ... Aufstehen, Umherlaufen und Verlassen des Raumes.

Diese Mittel sollten Sie besser nicht von sich aus einsetzen. Sie eignen sich aber hervorragend, um eine Diva in Ihrem Umfeld, die derartig auftritt, durch Spiegelung in ihre Grenzen zu weisen.

DAS SEMINAR – VERKAUFSGESPRÄCH

Manfred Breitscheid: »Ich muss in meinem neuen Job regelmäßig mit Frauen essen gehen. Könnten wir das mal üben?« Schätzky: »Inwieweit hat diese Situation mit Ihrem Beruf und mit Ihrer Körpersprache zu tun?« Breitscheid: »Verkaufsstrategien beherrsche ich im Schlaf – vorwärts und rückwärts. Ich muss an der Körpersprache arbeiten.« Edith Öffner: »Gemeinsam essen gehen, das ist doch sehr angenehm.« Breitscheid: »Aber nicht, wenn man dabei verkaufen muss. Ich arbeite für einen Pharmakonzern und muss mit Gynäkologinnen essen gehen, die gerade eine neue Praxis eröffnet haben.«

Schätzky: »Gut. Ich schlage vor, wir reden nicht lange, wir probieren das einfach. – Frau Wolf, würden Sie die Gynäkologin spielen?« Konstanze Wolf: »Die Gynäkologin? Und warum ausgerechnet ich?« Öffner: »Also wenn Ihnen das unangenehm ist, stelle ich mich gerne zur Verfügung.« Wolf: »Nein, nein. Wieso sollte mir das unangenehm sein? – Verhalten sich Ihre Gesprächspartnerinnen in irgendeiner Weise besonders?« Breitscheid: »Nein, überhaupt nicht. Das sind ganz normale Frauen.« Schätzky: »Zu schwierig?« Wolf: »Nein, lassen Sie mal, ich mache das schon.« Der Raum wird ein wenig umgebaut: Drei Tische mit Stühlen markieren ein Restaurant. Kurt Gessner: »Darf ich den Kellner spielen? Ich habe als Student gekellnert.« – Gessner organisiert sich zwei Tagungsordner als Speisekarten. Gläser, Flaschen und eine Serviette nimmt er vom Büfett. Gessner: »Das ist ein Feinschmecker-Restaurant. Einverstanden?« Breitscheid: »Das passt schon. Die Restaurants sind meistens besser.« Schätzky gibt das Zeichen zum Start.

Erster Versuch: Breitscheid begleitet Frau Wolf zu einem der Tische und setzt sich mit ihr hin. Breitscheid freundlich: »Und? Sie haben gerade in der Hubertusstraße eine Praxis eröffnet? – Wie läuft es denn so?« Wolf unterbricht: »Also so was! – Sie haben mir nicht aus dem Mantel geholfen. Sie haben sich vor mir hingesetzt. Sie fragen mich nicht, was ich essen und trinken möchte und jetzt fallen Sie auch noch mit der Tür ins Haus!« Breitscheid wird ganz blass, zu Schätzky: »Wieso, das war doch nett gemeint ... ich habe sie doch nur nach der neuen Praxis gefragt.« Thomas Hartmann: »So wirken Sie wie ein Autoverkäufer.« Öffner: »Also, das finde ich jetzt etwas sehr hart.« Hartmann: »So ist es aber.« Öffner: »Was haben Sie denn gegen Autoverkäufer?« Schätzky: »Vielleicht probieren wir es noch einmal. Herr Breitscheid, denken Sie erst einmal gar nicht an Ihr Verkaufsgespräch, sondern daran, dass Sie mit einer Dame ausgehen.« Wolf: »Ein ausgezeichneter Vorschlag.«

Zweiter Versuch: Breitscheid und Wolf betreten das Restaurant. Höflich fragt Breitscheid Wolf, wo sie Platz nehme möchte, bittet um ihren Mantel, den er aufhängt, wartet, bis sie sich setzt, und erkundigt sich, wie ihr das Restaurant gefällt. Während sie plaudern, fällt ihm zufällig eine Anekdote vom Tag ein: » ... jedenfalls stoße ich im Zug mit jemandem zusammen, drehe mich um und stelle fest, dass es sich um eine junge Dame handelt und dazu auch noch sehr attraktiv! – Ich frage sie: Wie kann ich das wieder gutmachen?« Wolf unterbricht aufs Neue: »Also so geht das wirklich nicht, Herr Breitscheid!« Schätzky: »Könnten wir uns darauf einigen, dass ich die Improvisation beende, Frau Wolf?« Wolf pikiert: »Meinetwegen.« Schätzky: »Herr Breitscheid, ich glaube, die Geschichte kommt bei Ihrer Kundin jetzt gar nicht gut an.« Wolf: »Worauf Sie sich verlassen können.« Hartmann: »Vielleicht sollten Sie besser mit Gynäkologen ausgehen.« Alle lachen, nur Breitscheid blickt etwas unglücklich: »In meinem Bezirk gibt es aber fast nur Gynäkologinnen.« Schätzky, versöhnlich: »Erinnern Sie sich an einen richtig charmanten Abend, den Sie einmal verbracht haben.« Breitscheid: »Ja, das weiß ich noch sehr gut. Vor fünfeinhalb Jahren mit meiner Frau.« Schätzky: »Wunderbar! – Und jetzt stellen Sie sich vor, dass Sie Frau Dr. Wolf überhaupt nichts verkaufen möchten. Sie gehen mit einer attraktiven Dame essen und denken sich während des Gesprächs immer wieder, wie attraktiv Frau Wolf ist.« Breitscheid, ganz geschäftlich: »Gut, mache ich.« Schätzky: »Und noch eines: Sie erzählen absolut nichts von anderen attraktiven Damen.« Breitscheid: »Ist doch klar.«

Dritter Versuch: Erneut betreten Breitscheid und Wolf das Restaurant. Breitscheid ist wie verwandelt: Nicht nur höflich, sondern richtig charmant begleitet er Frau Wolf zum Tisch, nimmt ihren Mantel entgegen, erkundigt sich nach ihrem Tag, plaudert ein wenig und verbreitet eine angenehme Flirtstimmung. Schätzky: »Wunderbar! – Jetzt ist Ihnen zum ersten Mal etwas sehr Wichtiges gelungen: Sie haben Atmosphäre geschaffen.« Wolf: »Und ich habe jetzt richtig Lust, mit

Ihnen auch übers Geschäft zu reden.« Öffner: »Wirklich, Herr Breitscheid, sehr galant!« Hartmann: »Das hätte ich Ihnen gar nicht zugetraut.« Breitscheid: »Sie wollen mir sagen, dass ich am besten verkaufe, wenn ich gar nicht ans Verkaufen denke?« Schätzky: »Nicht ganz: Frau Wolf weiß ja ohnehin, dass es sich um ein Verkaufsgespräch handelt. Doch wenn Sie ständig Ihr Ziel, zu verkaufen, im Kopf haben, erzeugen Sie Druck. Ihre ganze Körpersprache vermittelt das: Sie bewegen sich etwas hektisch, sitzen spannungsgeladen auf Ihrem Platz, drücken sich mit dem Oberkörper an die Tischplatte, strecken den Kopf vor, so dass Ihr Nacken verspannt, reißen Ihre Augen weit auf, lächeln ständig – und das alles nur, weil Sie schnell zum Geschäftlichen kommen wollen.« Breitscheid zu Wolf: »Das habe ich alles gemacht?« Wolf: »Die Hektik und das Dauerlächeln sind mir auch aufgefallen.« Schätzky: »Auf diese Weise kann sich der andere, zumal beim Abendessen im Restaurant, schnell als Mittel zum Zweck fühlen. Und so fühlt sich keiner gerne. – Ihr erstes Ziel sollte sein, dafür zu sorgen, dass sich der andere in Ihrer Gegenwart wohl fühlt. Hierfür sorgen körpersprachlich ruhiges Gehen, entspanntes Sitzen, ein charmanter Klang in der Stimme, kurzum: ein gelöstes und entkrampftes Auftreten. – Möchten Sie es noch einmal probieren?« Gessner: »Also darum möchte ich doch sehr bitten. Schließlich haben Sie noch gar nichts bestellt.« Mit einer Serviette um den Unterarm und einer als Tablett umfunktionierten Servierplatte, auf der zwei Gläser bereitstehen, steht er erwartungsvoll in der Zimmerecke.

Im Raum: So unterstützen Sie Ihren Standpunkt

Seit die Kamera selbst bei Talkshows in Ohren und Gebisse kriecht und schnelle Schnitte permanente Aktion suggerieren, bleibt in Fernsehen und Film wenig Ruhe für das Wahrnehmen von Menschen in Räume übrig. Die Kraft, die zwischen Raum und Mensch entstehen kann, erfährt man heutzutage eher im Theater. Aus seinem ruhigen Blickwinkel heraus erlebt der Zuschauer die intensive Beziehung zwischen Bühnenraum und Mensch. Auch im Geschäftsleben lassen sich Konfrontationen oder aber Verbindungen zwischen Menschen im Raum wahrnehmen. Nützlich ist diese Sensibilität vor allem dann, wenn man verdeckte Bündnisse erkennen oder eigene schaffen will. Ihr Verhalten im Raum entscheidet nicht alleine über den Ausgang von Verhandlungen. Sie können aber durch eine geschickte Positionierung im Raum Fehler vermeiden und Entwicklungen beeinflussen.

Verschränkte Arme in Verbindung mit einem Schritt nach vorne: Dieser Gesprächspartner macht Front

Wendepunkte zeigen die Gesprächsentwicklung

Wenn Sie versuchen, die Körpersprache Ihres Gegenübers zu deuten, sollten Sie nicht Positionen, sondern Entwicklungen interpretieren. In welcher Körperhaltung Ihnen ein Mensch gegenübersitzt, ist zweitrangig. Wichtiger für eine sinnvolle Deutung des Körperausdrucks ist, zu beobachten, *wie* sich seine Haltung im Verlauf eines Gesprächs verändert, und vor allem, *wann* sie sich verändert. »Wendepunkte« sind die Momente, in denen ein Mensch von einer Haltung in eine andere wechselt. Wann genau diese Bewegung stattfindet und wohin sie zielt, ist für Ihre Interpretation von großer Bedeutung. Öffnet sich während einer Sitzung in einem bestimmten Moment die Bewegung oder schließt sie sich? Nimmt im Verlauf einer Verhandlung die Körperspannung Ihres Gegenübers zu oder ab? Schaffen zwei Menschen im Verlauf ihrer Arbeit Distanz oder Nähe? Dass ein Mensch Ihnen gegenüber einen mittleren Abstand einnimmt, sagt alleine nicht viel. Interessant ist, wohin sich dieser Abstand entwickelt.

Verschränkte Arme in Verbindung mit einem Schritt nach hinten: Dieser Gesprächspartner nimmt sich Zeit und denkt nach

Verwenden Sie den Körper des anderen wie einen Kompass, der Ihnen anzeigt, ob Sie mit Ihrem gerade eingeschlagenen Kurs richtig liegen. Schließen Sie nicht aus einem Detail auf das Ganze, sondern betrachten Sie das Ganze und verifizieren Sie es anhand eines oder mehrerer Details.

Verschränkte Arme in Verbindung mit hochgezogenen Schultern: Dieser Gesprächspartner zieht sich zurück

Es ist beispielsweise falsch, verschränkte Arme grundsätzlich als »Verschließen« oder »Ablehnen« zu deuten. Geht derjenige, während er die Arme verschränkt, beispielsweise einen Schritt auf Sie zu, so nimmt er eine *konfrontative* Haltung ein; geht er hingegen einen kleinen Schritt nach hinten und verlagert darüber hinaus seinen Schwerpunkt ebenfalls nach hinten, bezieht er eine *bequeme*, *gemütliche* Haltung und wartet erst einmal ab.

Wendepunkt: Der nach vorne verlagerte Schwerpunkt und der vorgeschobene Kopf signalisieren Interesse

Ausgangsposition: Hier hört jemand zu

Wendepunkt: Der nach hinten verlagerte Schwerpunkt und der zurückgeschobene Kopf zeigen Distanz

Distanzieren, annähern, konfrontieren – der Körperabstand

Sie können es selbst anhand eines einfachen Versuchs ausprobieren: Blicken Sie jemandem in die Augen und nähern Sie sich ihm langsam. Ab einer Distanz von ungefähr 70 Zentimetern wird Ihnen komisch – der Abstand ist zu nah. An dieser Grenze bleiben Menschen im Allgemeinen stehen. Nur zu besonders herausgehobenen Persönlichkeiten hält man einen größeren Abstand, der von Ehrerbietung zeugt. Unterschritten wird der Abstand von Menschen, die sich vertraut sind oder sich gerade etwas Vertrauliches erzählen. Achten Sie deshalb in Gesprächen darauf, in welchem Abstand jemand zu Ihnen steht und wie sich dieser Abstand im Verlauf einer Verhandlung entwickelt. Das Näherkommen des Körpers signalisiert in der Regel eine Annäherung des Menschen an Ihre Position oder Ihr Angebot. Er interessiert sich. Ob diese Bewegung durch den Kopf, den Schwerpunkt oder einen Schritt geschieht, ist sekundär.

In gleicher Weise kann ein Mensch durch eine entsprechende Gegenbewegung Abstand zu Ihnen schaffen. Entscheidend ist nicht der messbare Abstand, sondern die Entwicklung vom Ausgangspunkt. Geht der Körper Ihres Gesprächspartners auf Distanz, geht er auch zu dem, was Sie vorbringen, auf Distanz.

Seien Sie mit Ihrer Bewertung von Nähe und Distanz grundsätzlich vorsichtig und berücksichtigen Sie stets den Zusammenhang: Nähe und Distanz sollten Sie immer in Relation zu dem Menschentyp sehen, mit dem Sie es zu tun haben. Derselbe Abstand, der beispielsweise für einen Gleichrangigen, mit dem Sie dazu noch befreundet sind, normal ist, ist für einen distanzierten oder Ihnen vorgesetzten Menschen ausgesprochen nah. Beachten Sie auch, dass Sie durch Beobachtung immer nur einen kleinen, aktuellen Ausschnitt wahrnehmen, der sich im Verlaufe des Gesprächs wieder verändern kann. Körperliche Nähe ist nicht gleichzusetzen mit »gut« und körperliche Distanz nicht mit »schlecht«. Wer Ihnen zu nah kommt, breitet sich aus Gründen in Ihrem Raum aus, die Ihnen nicht immer gefallen werden: Geht die Nähe beispielsweise mit einer aggressiven Überspannung einher, deutet das auf ein Dominanzverhalten, ebenso, wenn Sie ein vorgeschobenes Kinn und ein Blick von oben nach unten trifft. Ist die Nähe hingegen mit einer schwächlichen Unterspannung und einem ständig netten Lächeln kombiniert, zeigt der Mensch eine Bedürftigkeit. Aus seiner Not heraus wird er distanzlos. Eine wirklich vertraute und angenehme Nähe geht demgegenüber mit einer entspannten Körpersprache einher.

Auch ein körperlicher Abstand muss nicht zwangsläufig von Nachteil sein: Ist der Abstand kombiniert mit einer leicht gebeugten Haltung und einem Blick, der Sie folglich leicht von unten trifft, hat Ihr Gegenüber Respekt vor Ihnen. Nutzt er beispielsweise den Abstand, um Ihren Vorschlag zu prüfen, ist auch das akzeptabel: Er verschafft sich lediglich den Raum, den er benötigt, um in Ruhe nachzudenken.

Abweisen, annehmen, übereinstimmen – der Körperwinkel

Sie betreten ein halb volles Restaurant: Niemand sitzt bei der Türe, niemand sitzt in der Mitte, stattdessen sind die Tische am Rand besetzt. Einzelne sitzen mit dem Rücken zur Wand, Paare oder solche, die es werden wollen, sitzen über Eck, Gruppen bilden Zirkel, mal über den halben, mal über den ganzen Tisch verteilt, jedoch immer so, dass die Beteiligten denselben Abstand zueinander einnehmen. Man muss kein Feng-Shui-Experte sein, um zu erkennen, dass es offensichtlich bevorzugte Konstellationen gibt, wenn Menschen beieinander sitzen. Beim Stehempfang finden sich dieselben Gruppierungen wieder: Einzelne blicken in den Raum und nicht zur Wand, Mitglieder einer Gruppe nehmen zueinander denselben Abstand ein und Paare stehen in der Regel im Winkel zueinander.

Die Ausrichtung von Körpern im Raum können Sie sich in Verkaufs- oder Verhandlungssituationen zu Nutze machen: Durch ein bewusstes Ausrichten Ihres Körpers zum Gesprächspartner unterstützen Sie Ihre jeweilige Haltung. Konträr ausgerichtete Körper schaffen eine Front – man blickt aus diametralen Positionen auf den Verhandlungsgegenstand.

Angewinkelte Körper bis hin zu einer parallelen Stellung schaffen einen gemeinsamen Standpunkt – man blickt gemeinsam auf den Verhandlungsgegenstand.

Sie unterstützen eine konträre Haltung, indem Sie ...

- ... eine aufrechte und gespannte Haltung einnehmen.
- ... den Blickkontakt von vorne suchen.
- ... sich auf einen entgegengesetzten Platz setzen.
- ... Ihr Gegenüber klar und bestimmt anblicken.

Sie unterstützen eine verbindende Haltung, indem Sie ...

- ... im Stehen und Sitzen eine Eckposition wählen.
- ... gegebenenfalls Ihren Stuhl so verstellen, dass er im Winkel zu Ihrem Gegenüber steht.
- ... Ihre Haltung leicht entspannen.
- ... während Sie nachdenken, gelegentlich die Blickrichtung Ihres Gesprächspartners einnehmen.

Innerhalb größerer Gruppen können Sie darüber hinaus Fronten aufweichen, indem Sie sich bewusst ins gegnerische Lager setzen.

Der Auftritt zu zweit

Im Geschäftsleben kommt die Viererverhandlung beziehungsweise Ihr Auftritt zu zweit häufig vor. Dass ein Ranghöherer seinen rangniedrigeren Mitarbeiter bei sich hat oder Kompetenzen unterschiedlich verteilt sind, darf nicht dazu führen, dass jeder für sich alleine auftritt. Ziel sollte sein, als eine kooperierende Gemeinschaft wahrgenommen zu werden. Vertieft sich jedoch einer der Beteiligten beispielsweise längere Zeit in seine Akten, grübelt angestrengt über etwas nach oder gönnt sich eine kleine Pause, weil er bestimmte Ausführungen seines Kollegen bereits kennt, ist der gemeinsame Auftritt zerstört.

Sie unterstützen Ihren sprechenden Kollegen nonverbal, indem Sie ...

- ... ihm zuhören und gelegentlich bestätigend nicken.
- ... mit ihm Ihre gemeinsamen Verhandlungspartner anblicken.
- ... seine jeweilige emotionale Haltung mittragen.

Häufig startet ein Lager, meistens der Kunde, mit den günstigeren Voraussetzungen. In Konfliktsituationen ergibt sich durch den unterschiedlichen Status der beiden Paare sehr schnell eine Schräglage: Die Kunden lehnen sich aus ihrem Hochstatus heraus zurück und lassen Sie mit Ihrem Partner erst einmal kommen. Dadurch rutschen Sie als die Betroffenen in Ihrem Bemühen um den Kunden auf die Stuhlkante und landen auf der »Anklagebank«. Alternativ könnten Sie sich zu zweit ebenfalls zurücklehnen. Damit schaffen Sie eine gleich starke, unter Umständen aber konfrontative Situation.

Eine dritte Variante: Der Sprecher geht nach vorne und zeigt damit Engagement, während der schweigende Partner zurückgelehnt bleibt und für eine ruhige, kraftvolle Ergänzung sorgt. Diese letzte Möglichkeit ist den extremen vorzuziehen, da sie eine ausgewogene Verhandlung unterstützt.

Das eine Paar bemüht sich um den Kunden, gerät jedoch in die Defensive

Beide Paare verhandeln aus einer ausgewogenen Position heraus

Die Partner ergänzen einander: Einer bemüht sich, der andere sorgt für den Ausgleich im Kräfteverhältnis

Der Körper: Sein Ausdruck hält Sie auf Kurs

Vor allem während komplizierter und langwieriger Verhandlungen innerhalb von Gruppen ist es sehr hilfreich, die jeweils Zuhörenden zu beobachten. Sie erkennen an der Körpersprache, welche Haltung der Einzelne zu dem gerade vorgebrachten Standpunkt einnimmt. Zahlreiche Körperreaktionen werden Sie bereits ganz selbstverständlich interpretieren: Das zustimmende Nicken oder abweisende Schütteln des Kopfes, das skeptische Runzeln der Stirn oder das begeisterte Strahlen des ganzen Gesichts, der sich missmutig ab- oder interessiert zuwendende Körper oder das freudige Auf-die-Schenkel-Klopfen sind nur einige von zahlreichen augenfälligen Möglichkeiten. Allerdings: So geläufig wie Ihnen diese Beispiele sind, so geläufig, sind Sie Ihren Gesprächspartnern und sie werden diese tunlichst unterbinden, um sich von Ihnen nicht in die Karten blicken zu lassen.

Möchten Sie wirklich etwas erkennen, so müssen Sie genauer hinsehen, denn nur ganz Ausgebuffte sind in der Lage, ihren Ausdruck vollständig zu neutralisieren. Meist bleiben kleine Bewegungen in Mimik und Gestik zurück. In ihnen können Sie lesen und in ihnen haben Sie bereits gelesen, unzählige Male: eine Augenbraue, die sich plötzlich hebt, ein Mundwinkel, der sich in die Breite zieht, eine Hand, die leicht zuckt, um zum Revolver zu greifen. Mithilfe von Detaileinstellungen auf Mund, Augen und Hände setzen Filmregisseure minimale Veränderungen des Körpers in Szene und animieren Sie, darin zu lesen.

Die Finger, die leicht zucken, um zum Revolver zu greifen, können wir für Ihre Verhandlungsführung getrost außer Acht lassen. Doch es gibt andere: verwunderte oder fokussierende Augen, sich öffnende oder zusammengepresste Lippen, unruhige, verkrampfte oder ruhige Hände. Minimale Bewegungen lassen sich nicht verbergen, und haben Sie sich erst einmal daran gewöhnt, auch diese wahrzunehmen, ist ihre Interpretation genauso leicht wie die von großen. Auch hier gilt: Gehen Sie zunächst von Ihrem Gefühl für den ganzen Menschen aus und verifizieren Sie dieses anschließend anhand von körpersprachlichen Details. Es ist nicht notwendig, unablässig auf alles zu achten – so nebenbei müssen Sie sich ja auch noch auf das konzentrieren, was Sie gerade verhandeln. Nutzen Sie aber unbedingt die wenigen Sekunden, die unmittelbar auf wichtige Statements innerhalb der Verhandlung folgen. Diese Schlüsselmomente sind es, in denen unbewusste Körperreaktionen Ihrer Verhandlungspartner viel verraten, noch ehe sie es selbst bemerken. Mithilfe dieser zusätzlichen Informationen können Sie Ihren eingeschlagenen Kurs überprüfen.

Merkmale einer interessierten Haltung sind:
- der aufgerichtete oder vorgebeugte Körper
- der vorgestreckte Kopf
- sich weitende Augen
- kurzes Anhalten des Atems
- unvermittelte Ruhe im gesamten Körper

Merkmale einer skeptischen Haltung sind:
- der sich zurücknehmende Körper
- der zurückgeschobene Kopf
- eine gerunzelte Stirn
- ein skeptischer Blick leicht von unten oder aus dem Augenwinkel
- ein plötzliches angespanntes Verschränken der Arme
- Verdecken des Gesichts mit der Hand

Merkmale einer abwartenden Haltung sind:
- der sich zurücklehnende, ruhige Körper
- der schräge Kopf
- ein langsames, gemütliches Verschränken der Arme

Merkmale einer abweisenden Haltung sind:
- ein verkniffener Gesichtsausdruck
- das Schütteln des Kopfes
- das plötzliche, empörte Zurückwerfen des ganzen Körpers
- das abrupte, ungestüme Vorgehen des Körpers
- unvermitteltes Wegblicken in eine andere Richtung
- Vermeiden eines weiteren Blickkontaktes
- ein kurzes, stoßendes Ausatmen
- Zusammenpressen der Lippen

Merkmale einer zustimmenden Haltung sind:
- ein wohlwollender, zufriedener Gesichtsausdruck
- das Nicken des Kopfes
- ein gemütliches Anlehnen oder gespanntes Vorgehen des Körpers
- ein leichtes Schmunzeln
- ein zufriedenes Anblicken des Sprechers

Die Körpersprache des Sprechendes bietet die geringsten Aufschlüsse, da sie dem Sprechen folgt und den vorgetragenen Inhalt begleitet. Gewöhnen Sie sich deshalb an, gelegentlich die Zuhörenden zu beobachten – Sie können aus ihrer Körpersprache die aktuellen Meinungen zum vorgetragenen Inhalt ableiten.

Sprechen Sie selbst, ist das unauffällig möglich, da Sie ja ohnehin Ihre Zuhörer anschauen. Sind Sie Zuhörer, ist der eine oder andere Blick an entscheidenden Stellen möglich, ohne dass es auffällt oder Sie als unhöflich gelten.

Ihr Auftritt: Reagieren Sie auf unterschiedliche Typen

Verkaufs- und Verhandlungsstrategien orientieren sich an dem jeweiligen Partner, mit dem Sie es zu tun haben. Ihr Geschick auf der verbalen Ebene kann jedoch sehr schnell zur Behauptung oder Masche schrumpfen, wenn Sie es körpersprachlich nicht unterstützen. Kompetente Äußerungen beispielsweise nutzen Ihnen wenig, wenn Ihr Gesprächspartner Sie in der Situation nicht kompetent erlebt. Vergleichen Sie hierzu auch das Kapitel *Der erste Eindruck*, in dem erläutert wird, wie Sie Ihre Wirkung auf Menschen durch Ihre innere Haltung steuern können.

Ob sich ein eitler oder ein hilfloser Mensch eine neue Bratpfanne kauft, macht für den Verkäufer keinen großen Unterschied. Verkaufen Sie jedoch Autos, Lebensversicherungen oder Häuser, spielen Ihre Sensibilität für den jeweiligen Typ und Ihre Fähigkeit, sich individuell einzustellen, eine entscheidende Rolle.

Je komplexer und aufwändiger Verhandlungen sind, desto bedeutsamer wird es für Sie, die Persönlichkeit Ihres Gesprächspartners zu erfassen und sich darauf einzustellen. Erkennen Sie, mit welchem Kundentyp Sie es zu tun haben, und richten Sie Ihren Auftritt danach aus.

Wer kauft, will während des Kaufs zugleich etwas Bestimmtes erleben. Ihre Aufgabe ist, dieses Erlebnis zu schaffen. Welches Erlebnis Ihr Kunde braucht, erkennen Sie an seinem Auftreten. Im Kapitel *Das Vorstellungsgespräch* wurden bereits verschiedene Cheftypen vorgestellt. Dort wie hier gilt: Menschen sind vielschichtiger als die nachfolgend beschriebenen Typen. Die Überzeichnung verdichtet jedoch charakteristische Züge und erleichtert dadurch die Vermittlung.

Der Eitle

Der Kunde ist König und derjenige, der diese Herrschaft auskostet, ist der eitle Kunde. Könige benötigen Gefolgschaft und diese finden sie in Verkaufssituationen. Könige benötigen Bewunderung und erwarten diese von Ihnen. Fühlen sie sich genügend gebauchpinselt und durch devotes Verhalten erhöht, steigt ihre Bereitschaft zu kaufen.

Merkmale des »Eitlen« sind:

- ein gepflegtes Äußeres – Adel, auch der eingebildete, verpflichtet.
- zu Beginn ein musternder Blick leicht von oben – er prüft, ob Sie seiner wert sind.
- eine etwas zurückhaltende, leicht gezierte Gestik – er ist mit seinem Umfeld grundsätzlich per »Sie«.
- während des Gespräches nur gelegentliche Blicke zum Verkäufer – wer schenkt schon seinen Dienstboten Aufmerksamkeit?
- eine gestochene, leicht herablassende Sprache – entsprechend seiner Perspektive von oben nach unten.

Sie reagieren, indem Sie ...

- ... auf Abstand bleiben und Zurückhaltung üben – wie es sich für einen Diener gehört.
- ... sich seinem Tempo und seiner Präsenz anpassen – in keinem Fall dürfen Sie dynamischer oder stärker wirken.
- ... dem Kunden grundsätzlich Recht geben – alles andere würde er als Beleidigung werten.

Der Hilflose

In Kauf- und Verhandlungssituationen überkommt den Hilflosen die Angst, sich womöglich falsch zu entscheiden und unter Umständen negative Konsequenzen ertragen zu müssen. Hilflose Geschäftspartner benötigen vor allem Orientierung, Klarheit und Sicherheit.

Merkmale des »Hilflosen« sind:

- zu Beginn ein unruhig umherwandernder Blick – er sucht nach seinem Retter.
- ein nervöser Körper, der unaufhörlich in Bewegung ist – innere Ruhe fehlt ihm.
- ein fast erleichterter Blick, sobald er Sie gefunden hat – die ersehnte Hilfe naht.
- ein nettes, Harmonie stiftendes Lächeln – Ecken und Kanten hat er nicht.
- ein ewiges Zögern und Zaudern – Entscheidungen sind nicht seine Stärke.

Sie reagieren, indem Sie ...

- ... die Ruhe selbst sind – das gibt Ihrem Kunden Halt.
- ... ihn etwas väterlich anlächeln und ein beruhigendes »Alles wird gut« in der Stimme mitklingen lassen – das beruhigt Kinder wie hilflose Käufer.
- ... dem anderen aufmerksam zuhören und auf alle Bedenken eingehen – ansonsten fürchtet er, Sie hätten etwas übersehen.
- ... in allem, was Sie sagen, ganz sicher sind – Relativierungen beunruhigen diesen Kundentyp.

Der Pedant

Gleichgültig wie preiswert oder teuer ein Produkt, wie unwichtig oder wichtig ein Geschäftsabschluss ist: Der Pedant überlässt nichts dem Zufall und macht alles hundertprozentig. Was er sucht, ist ein Experte – haben Sie ihn erst von Ihren Fähigkeiten überzeugt, vertraut er Ihnen.

Merkmale des »Pedanten« sind:

- der prüfende Blick – er wägt genau ab, mit wem er es zu tun hat.
- genaues Nachfragen – er prüft Ihre Kompetenz.
- kurze Zäsuren beim Sprechen – er denkt über seine Formulierungen nach.
- sofern möglich, genaues Betrachten von Objekten – sein Wunsch nach Informationen setzt ihn in Bewegung.

Sie reagieren, indem Sie …

- … sich in Zurückhaltung üben – für Schaumschläger hat er nichts übrig.
- … differenziert antworten – das beweist in seinen Augen die Kompetenz, die er sucht.
- … auf Details hinweisen – er sieht in Ihnen einen gleichgesinnten Pedanten und wird Sie sympathisch finden.
- … ihn nicht zu stark führen – der Pedant sucht sich seinen Weg selbst.

Der Besserwisser

Der Besserwisser meint, selbst über ausreichend Kompetenz zu verfügen. Er braucht keine Beratung, sondern ein Forum, um seine Fähigkeiten zur Schau zu stellen. Den Verkäufer benötigt er, um seine Ansichten bestätigt zu bekommen, oder als minderbemittelten Menschen, den er von seinen Irrtümern befreit. Einen Konflikt schätzt er gar nicht, einen einzugestehenden Irrtum quittiert er, indem er das Geschäft platzen lässt.

Merkmale des »Besserwissers« sind:

- ein Auftreten aus dem Hochstatus heraus – seine »natürliche« Perspektive.
- eine klare, unnachgiebige Sprache – dass er alles weiß und nichts benötigt, spiegelt sich im Klang der Sprache.
- Unterbrechen des Verkäufers – nur die eigenen Ausführungen zählen.
- weitläufige thematische Ausflüge – sie dienen seiner Selbstdarstellung.

Sie reagieren, indem Sie ...

- ... in Dynamik und Spannung hinter ihm zurückbleiben – Ihr Tiefstatus macht Sie in seinen Augen sympathisch.
- ... ihm in allem zustimmen – er kauft nur bei Bediensteten, nicht bei Kritikern.
- ... alle Ausführungen geduldig anhören – auf diese Weise zeigen Sie Ihre Gefolgschaft.

Der Selbstständige

Der Selbstständige verlässt sich am liebsten auf sich selbst. Er benötigt Gesprächspartner lediglich, um Informationen einzuholen, die ihm fehlen. Er achtet auf die Qualität von Produkt und Aussagen. Überzeugt man ihn nicht, ist er weg.

Merkmale des »Selbstständigen« sind:

- ein klares und autonomes Auftreten – er ist auf niemanden angewiesen.
- ein ausgeprägtes Interesse für Verhandlungsgegenstand oder Kaufobjekt – Sie spielen für ihn nur eine untergeordnete Rolle.
- knappe Fragen, die nur dem Einholen von Informationen dienen – er benötigt Sie nicht für einen zwischenmenschlichen Austausch.

Sie reagieren, indem Sie ...

- ... ihn zurückhaltend begleiten – wenn Sie ihn erst einmal machen lassen, wird er sich von alleine an Sie wenden.
- ... ebenso klar und knapp antworten – ungeschmückte Präzision gefällt Ihrem Kunden.
- ... sich lediglich zur Verfügung stellen – jede Form von Führung empfindet er als aufdringlich.

Der Ratsuchende

Weniger als der Hilflose, aber mehr als der Selbstständige benötigt der Ratsuchende eine Unterstützung. Während der Hilflose nach jedem Strohhalm greift, hat der Ratsuchende nach wie vor die Wahl. Sie fällt auf Sie, wenn er zu Ihnen Vertrauen fasst.

Merkmale des »Ratsuchenden« sind:
- ein eindeutiges Ausrichten auf einen Verkäufer – er wendet sich sofort an Sie.
- ein minimaler Tiefstatus – Sie sind für ihn der Experte.
- hohe Aufmerksamkeit, wenn Sie sprechen – denn Ihren Rat hat er nötig.

Sie reagieren, indem Sie ...
- ... ihn ausführlich beraten – je mehr, desto besser aufgehoben fühlt er sich.
- ... mit Sicherheit und Ruhe in der Stimme sprechen – Sie kennen die beste Lösung.
- ... eine freundliche Stimmung verbreiten – Sie zeigen, dass er Ihnen willkommen ist.

Der Erzähler

Einsame Menschen lieben es, zu kaufen und zu verhandeln, weil ihnen endlich mal jemand zuhört. Nebensachen werden zur Hauptsache und die Hauptsache wird zur Nebensache. Haben sie lange genug erzählt und fühlen sie sich aufgenommen und verstanden, vollziehen sie die größten Geschäfte ganz nebenbei.

Merkmale des »Erzählers« sind:
- sehr viel Zeit – entsprechend zeugt sein Auftritt von unerschöpflicher Ruhe.
- ein plaudernder, freundlicher Ton – er sucht Gesellschaft.
- ausgiebiges Erzählen, das nichts mit der Sache zu tun hat – für ihn geht es um eine angenehme Stimmung.

Sie reagieren, indem Sie ...
- ... sich ebenfalls viel Zeit nehmen – jedes Hetzen würde Ihr Kunde als unhöflich werten.
- ... sich entsprechend entspannt und ruhig geben – Sie unterstützen die gewünschte Atmosphäre.
- ... ebenso freundlich und entspannt plaudern – nur als angenehmer Gesprächspartner schließen Sie das Geschäft ab.

Der Schnelle

Der Schnelle hat keine Zeit und häufig auch keine Lust zu großen Verhandlungen. Da er auch in anderen Bereichen seines Lebens von der schnellen Truppe ist, verfügt er meistens über eine rasche Auffassungsgabe und erwartet diese ebenso von Ihnen. Umständliche Menschen mag er nicht. Wo man sich schnell und zuverlässig seiner annimmt, dorthin kommt er wieder.

Merkmale des »Schnellen« sind:

- sein zügiger Gang, schnelle Bewegungen und unruhige Blicke – Geschwindigkeit ist sein Prinzip.
- schnelles, manchmal vernuscheltes Sprechen – Aufmerksamkeit und Höflichkeit benötigen Zeit, die er nicht zu haben meint.
- sein schnelles Zur-Sache-Kommen und eine ebenso schnelle Auffassungsgabe – dadurch steigert er seine Effektivität.

Sie reagieren, indem Sie …

- … ebenso pointiert zur Sache kommen – der Schnelle wird das als guten Service interpretieren.
- … in der Sprache ruhig und klar bleiben – auch der Schnelle benötigt Orientierung.
- … sich zügig, aber nicht hektisch bewegen – Sie stellen sich auf Ihren Kunden ein, ohne sich treiben zu lassen.

Die skizzierten Kundentypen sind beispielhaft zu verstehen. Fragen Sie sich: Wer ist er? Was braucht er? Wie geb' ich's ihm? – Indem Sie spielerisch und flexibel auf die unterschiedlichen Kundentypen eingehen, statt an unantastbaren Verkaufsleitfäden festzuhalten, schaffen Sie einen individuellen Kontakt zu dem jeweiligen Menschen. Sie erhöhen damit die Wahrscheinlichkeit, dass er sich bei Ihrer Beratung wohl fühlt und Ihnen Vertrauen schenkt.

SITZUNGEN

... wie Sie erfolgreich Ihre Interessen durchsetzen

»Die eine Hälfte unserer Belegschaft sitzt in einer Besprechung, die andere arbeitet.« – So lautet ein bekanntes Bonmot, das Sinn und Unsinn von Sitzungen pointiert benennt. »Sinn«, da es deutlich macht, welchen eindrucksvollen Raum Sitzungen aller Art innerhalb des Arbeitspensums zahlreicher arbeitender Menschen einnehmen, »Unsinn«, da dieser Raum selten einem aufrichtigen Meinungsaustausch und einer konstruktiven Lösungsfindung dient, die frei von Eitelkeiten und Machtspielchen ist. Ehrlichkeit und Offenheit nehmen mit größerer Bedeutung von Sitzungen innerhalb der Unternehmenshierarchie ab: Findet man noch in den unteren Ebenen Menschen, die bereit sind, sich frei zu äußern und vor einer Gruppe kundzutun, was sie denken und empfinden, so nimmt diese Bereitschaft mit steigender Bedeutung der Beteiligten ab. Ehrlichkeit wird als Naivität, Offenheit als blindes Rennen ins offene Messer gewertet. Am Ende der Hierarchieleiter gerät die Besprechung nicht selten zu einer Pokerrunde.

Da die Macht vor allem auf Pfaden verborgener Netzwerke entlangschleicht und entscheidende Weichen häufig in bilateralen Gesprächen vor Sitzungen gestellt werden, kommt der Veranstaltung »Sitzung« weniger Bedeutung bei der Entscheidungsfindung zu, als die Beteiligten vorgeben. Häufig ist im Vorfeld das Ergebnis bereits abzusehen, da offensichtlich ist, welchen Einfluss einzelne Parteien besitzen und welche Allianzen hier aufeinander treffen werden. Häufig ist das Ergebnis von Sitzungen auch nur aus dem Kontext verständlich, da sie Teil laufender »Geschäfte« sind, die weit zurück und weit voraus reichen. Vergangene Gefälligkeiten, ehemalige Mentorenschaften und Abhängigkeiten unterschiedlicher Art spielen ebenso eine Rolle wie zukünftige Pläne, die der Einzelne verfolgt und die er durch sein aktuelles Verhalten nicht gefährden will. Den Schein, Entscheidungen würden auf Sitzungen getroffen, erhält man dennoch gerne. Sie tarnen die verborgenen Netzwerke.

Der schöne Traum, man könne innerhalb dieses Interessengeflechts durch einen brillanten körpersprachlichen Auftritt das Netz zu seinen Gunsten zerschneiden, wird durch die Realität nur allzu häufig enttäuscht: Feste Strukturen, die auf derart komplexen Systemen divergierender Interessen gründen, können nur selten durch einen cleveren körpersprachlichen Auftritt gelöst werden. Das große Potenzial, das Körpersprache bietet, liegt woanders: Sitzungen sind wie kleine Theaterstücke, die zwischenmenschliche Verhältnisse in einen abgesteckten Rahmen zwängen. Dem geschulten Auge bieten sich hier ideale Bedingungen, das verborgene Beziehungsgeflecht anhand des körpersprachlichen Auftretens der Sitzungsteilnehmer zu analysieren, auszuwerten und für das eigene Vorgehen zu nutzen.

Die Situation: Inmitten von Königen, Prinzen, Hofnarren und Fußvolk

»Den König spielen die anderen«, lautet eine Bühnenweisheit, mit deren Hilfe mächtige Figuren auf der Bühne wirkungsvoll in Szene gesetzt werden. Gemeint ist, dass die Bedeutung des Königs über die Reaktion der Umstehenden zu inszenieren ist: Der Hofstaat begegnet seinem Herrn mit Ehrfurcht.

Wer meint, heutige Unternehmensstrukturen basierten auf demokratischen Entwürfen und funktionierten nicht wie absolutistische Herrschaftssysteme, verweist zu Recht auf die komplexen Prozesse der Konsensbildung, die der Einzelne nicht alleine dominieren kann. Diese Argumentation meint allerdings die sichtbare Oberfläche. Wer sich dahinter umsieht, entdeckt sie alle wieder: den alten an der Macht klebenden König, den hochgelobten, von sich eingenommenen Thronerben, den neidischen Zweitgeborenen, den brutalen General, den sich dumm stellenden Hofnarren, die edlen Fürsten aus der Provinz und die rücksichtslosen, untereinander wetteifernden Jünglinge.

Dem historischen »Hof halten« entspricht die zeitgenössische Sitzung. Wenn Sie wie ein Blinder inmitten dieses Hofstaates umhertasten, werden Sie schnell stolpern und sich schwer tun, Ihre Vorstellungen durchzusetzen. Ratsam ist deshalb, sich ein möglichst profundes Verständnis des Beziehungsgeflechts zu erarbeiten. Das, was Menschen auf einer Sitzung sagen, müssen sie noch lange nicht meinen. Sich ereifernde Redner können ihr Pulver wirkungslos verschießen, während sich stille Fädenzieher ins Fäustchen lachen. Sie sollten deshalb nicht nur genau hinhören, sondern auch genau hinsehen. Wer die Körpersprache der Mitglieder einer Sitzung auszuwerten versteht, ist im Vorteil. Man erkennt auf diese Weise emotionale Nuancen zwischen den Menschen und individuelle Schattierungen im Ausdruck Einzelner. Insgesamt vermitteln Ihnen diese Eindrücke das Geflecht der Interessen und versetzen Sie in den Stand, sich darin geschickt und zielstrebig zu bewegen.

Da Sie nur sehr vage von einem einzelnen konkreten körpersprachlichen Ereignis auf den Menschen oder zwischenmenschliche Strukturen schließen können, besitzt der Faktor Zeit grundlegende Bedeutung für eine aussagekräftige Analyse. Erst Konstanten und Varianten im körpersprachlichen Verhalten erhellen im Laufe der Zeit Ihren Blick. Bewerten Sie das Auftreten anderer Sitzungsteilnehmer nur im Vergleich zu deren normalem Habitus. Das Explodieren eines Kollegen beispielsweise, der wutentbrannt die Sitzung verlässt, werden Sie je nach Person unterschiedlich bewerten. Während man den regelmäßigen Ausbruch eines primitiven Machtmenschen leise belächelt, wiegt dieselbe Aktion bei einem seriösen und gutmütigen Kollegen sehr viel schwerer.

Der Mensch im König

Nach dem König, der ranghöchsten und einflussreichsten Gestalt am Hofe, richtet sich der gesamte Hofstaat aus. Ob es sich bei dem »König« um den Vorstandsvorsitzenden, den Bereichs- oder Abteilungsleiter handelt, spielt keine Rolle – das System lässt sich auf unterschiedliche Ebenen innerhalb der Unternehmenshierarchie übertragen.

Lassen Sie sich von der Erscheinung des Königs blenden, sehen Sie nur Umrisse. Voraussetzung jeder kühlen Analyse ist, dass Sie in der Lage sind, den Menschen im Chef zu erkennen. Die herausgehobene Position des anderen und seine Fülle an Macht sowie die eigene Unsicherheit oder Abhängigkeit können Ihre Wahrnehmung vernebeln. Die erforderliche Sehschärfe erhalten Sie, indem Sie nichts als gegeben hinnehmen.

Sie schärfen Ihren Blick, indem Sie den Vorgesetzten – in Ihrer Fantasie – aus seinem Kontext lösen. Stellen Sie sich beispielsweise vor, Ihr Chef wäre ein Kind, werden Sie seinen Umgang mit anderen klarer bewerten können. Zu jeder Verhaltensweise gibt es Alternativen und Gründe, warum diese nicht gewählt wurden. Reflektieren Sie, warum sich Ihr Chef genau so und nicht anders verhält, und führen Sie das jeweilige Verhalten auf plausible Motive zurück. Bereits vor der Sitzung zeigt Ihnen die Körpersprache Ihres Chefs, in welchem Verhältnis er zu den verschiedenen Mitarbeitern steht.

- Wie viel Zeit nimmt er sich für die Begrüßung?
- Wen empfängt er knapp, förmlich, höflich und wen mit Ruhe, entspannt, herzlich?
- Welchen körperlichen Abstand hält er in Zweiergesprächen?
- Steht er in konfrontativem oder in ähnlichem Winkel zu seinem Partner?
- Hält er Blickkontakt oder weicht er aus?
- Welche Qualität hat sein Blick?
- Für wen nimmt er sich wie viel Zeit?
- In wessen Nähe wirkt er entspannt, in wessen konzentriert?
- Wie hört sich seine Sprache an, wenn er die Sitzung eröffnet?
- Welche Stimmung gibt er zu Beginn der Sitzung vor?

Es gibt eine Vielzahl interessanter Fragen. Entscheidend ist nicht, eine vollständige Liste pflichtbewusst abzuhaken, sondern mit Leidenschaft immer wieder neue Fragen zu stellen und diese durch Beobachtung zu beantworten.

Von besonderer Bedeutung für Ihren Umgang mit dem Chef ist, ob sich dieser grundsätzlich als Diener einer großen gemeinsamen Sache versteht oder aber die Sache benutzt, um sie in seine Dienste zu stellen.

Ein souveräner Chef dient der Sache. Er macht sich nicht wichtig, er ist wichtig. Die Aura, die ihn umgibt, weben andere, nicht er selbst. Körpersprachlich entsteht seine Dominanz durch die respektvolle Reaktion der Mitarbeiter, nicht durch sein Gehabe. *Ein eitler Chef* stellt die Sache in seine Dienste. Er bemüht sich, wichtig zu wirken, und legt auf Formen Wert, die ihn herausstellen. Körpersprachlich entsteht seine Dominanz durch sein Gehabe, die Mitarbeiter reagieren allenfalls höflich.

Die Konsequenz für Sie: Ein souveräner Chef wünscht die direkte, effektive und ungeschminkte Konzentration auf das Wesentliche. Ein devotes Verhalten wird er erkennen und ablehnen, weil er es nicht braucht. Ein eitler Chef wünscht Nahrung für sein Ego. Sie werden ihn immer auf Ihre Seite bringen, wenn Sie ihm zeigen, wie wichtig er für Sie ist. Ihre Vorschläge wird er unterstützen, sobald er glaubt, es wären seine.

Der König im Menschen

Da die Rangordnung innerhalb eines Unternehmens selten so dynamisch und vielschichtig aufgebaut ist, dass sie den tatsächlichen Einfluss ihrer Mitglieder abbilden könnte, existieren neben der offiziellen Hierarchie die bereits skizzierten verborgenen Netzwerke. Sie sind einflussreich, da sie keine ordentlichen Zuständigkeiten kennen und ihre Mitglieder aus der Deckung heraus operieren können.

Einfluss werden Sie auf Dauer nur gewinnen, wenn Sie die verborgenen Netzwerke kennen und lernen, sich ihrer zu bedienen.

Das Tor zum verborgenen Netzwerk öffnet Ihnen der König, da er im Zentrum steht, auf das alle Pfade ausgerichtet sind. Indem Sie auswerten, wer in welcher Weise mit ihm umgeht, erschließt sich Ihnen Stück für Stück das verborgene Netzwerk. Ihre Beobachtungen können Sie in Bezug auf rangniedrigere Prinzen in gleicher Weise nach unten übertragen. Im Laufe der Zeit erkennen Sie ein System, das ständigem Wandel unterworfen ist. Jeder König pflegt bestimmte Sympathien und Antipathien in Bezug auf Arbeits- und Ausdrucksweisen, Menschen und Stimmungen. Beobachten Sie, in welcher Weise sich Untergebene an diese Vorlieben anpassen. Die Stellung des Einzelnen lesen Sie an seinem Verhältnis zum König ab: Je mehr sich der Mitarbeiter im körpersprachlichen Verhalten an seinen Chef anpasst, desto abhängiger, je weniger er sich anpasst, desto unabhängiger ist sein Status.

Beachten Sie, dass »abhängiger« und »unabhängiger« Status nicht gleichzusetzen sind mit »tiefem« und »hohem« Status. Am Theater findet man beispielsweise zahlreiche Handwerker mit einem niedrigen Status, die sich größter Unabhängigkeit erfreuen, weil sie unkündbar sind. Im Gegensatz hierzu besitzen freie Regisseure einen hohen, aber abhängigen Status. Sie sind auf Folgeaufträge des Intendanten angewiesen.

Im Raum: Körpersprache enthüllt verborgene Netzwerke

Eine Besprechung beginnt nicht mit ihrer ordentlichen Eröffnung durch den Moderator oder Vorsitzenden und sie endet ebenso wenig mit ihrem verkündeten Abschluss. Eine Besprechung beginnt mit dem Eintreten des ersten Teilnehmers in den Raum und endet, wenn der letzte gegangen ist. Die Phasen vor und nach dem offiziellen Teil werden von den Teilnehmern als »außerdienstlich« oder »nicht öffentlich« gewertet. Sie achten deshalb weniger auf ihr Auftreten und gelegentlich offenbaren sie hier, was sie während der Sitzung verbergen. Für denjenigen, der herausfinden möchte, welche Strukturen sein Arbeitsumfeld bestimmen, sind diese Phasen deshalb besonders wichtig.

Nähe und Distanz charakterisieren Netzwerke

Falls Sie innerhalb Ihres Unternehmens aufsteigen, wird Ihnen Ihre Einbindung im Netzwerk besonders augenfällig: Alte Verbündete fallen von Ihnen ab, neue gesellen sich zu Ihnen; Informationen, die Ihnen früher zugänglich waren, werden nun vor Ihnen verborgen. Entsprechend werden zuvor geschlossene Türen nun für Sie geöffnet. Durch die Änderung Ihrer Position verschiebt sich die Interessenlage Ihres Umfelds.

Ein verborgenes Netzwerk ist nichts anderes als ein Geflecht von Interessen. Seine Mitglieder weben die Fäden aufgrund gemeinsamer oder konträrer Interessen. Dementsprechend nehmen sie innerhalb dieses Systems unterschiedliche Abstände und Ausrichtungen zueinander ein. Entweder ziehen sie sich gegenseitig an oder aber sie stoßen sich wechselseitig ab. Körpersprachlich drücken sich gemeinsame Interessen durch nahe Körper, konträre Interessen durch distanzierte Körper aus. Der große Vorteil: Nähe und Distanz beziehungsweise die Stufen, die zwischen diesen beiden Polen liegen, können Sie anhand zahlreicher Details am körpersprachlichen Umgang zwischen Menschen ablesen.

Die folgende Orientierungshilfe funktioniert relativ, nicht absolut. Sie können einen aktuellen körpersprachlichen Ausdruck nur im Verhältnis zu dem Verhalten deuten, das ein Mensch üblicherweise an den Tag legt. Derselbe Gestus gilt bei dem einen als banal, weil alltäglich, bei dem anderen als wichtiger Hinweis, weil er nur selten vorkommt.

Merkmale eines vertrauten Umgangs sind:

- der geringe Abstand der Körper
- der geringe Abstand der Köpfe
- die ähnliche Blickrichtung
- die offenen Augen
- die herzliche Mimik
- häufige Berührungen
- eine entspannte Körperhaltung
- frische, unkonventionelle Gestik
- längere, offene Blickkontakte

Der vertraute Abstand

Der respektvolle Abstand

Merkmale eines distanzierten Umgangs sind:

- der übergroße Abstand der Körper
- der übergroße Abstand der Köpfe
- die entgegengesetzte Blickrichtung
- prüfende Augen
- höfliche oder korrekte Mimik
- fehlende Berührungen
- eine aufrechte, gelegentlich angespannte Körperhaltung
- korrekte, konventionelle Gestik
- kürzere, versteckte Blickkontakte

Gruppenbildung und Sitzordnung enthüllen Bündnisse

Sicher haben Sie es schon einmal bei einem Opernbesuch beobachtet: Der Chor kommt auf die Bühne und irgendwie wirkt der Aufmarsch dieser vielen Menschen eigenartig: Gleichmäßig über die Bühne verteilt, beziehen die Sänger ihre Positionen und agieren trotz prachtvoller Kulisse und üppiger Kostüme irgendwie künstlich. Nähe und Distanz sind es, die die Menschen in realen Situationen in unterschiedliche Gruppen zusammenführen. Fehlt diese Gruppenbildung oder ist sie szenisch nicht motiviert, erscheint die Inszenierung des Chores unglaubwürdig.

Für Sie bietet die Gruppenbildung einen Hinweis, wer zu wem wie steht: Die Mitglieder einer *offenen* Gruppe halten Abstand zueinander. Sie halten sich im Zentrum des Raumes oder im Eingangsbereich auf und signalisieren: Wir sind offen für weitere Gesprächsteilnehmer. Die Mitglieder einer *geschlossenen* Gruppe stehen dicht beieinander. Sie wenden sich vom Raumzentrum ab oder stehen weit außerhalb des Zentrums und Eingangsbereichs. Die Gruppe signalisiert: Wir möchten ungestört bleiben.

Netzwerke innerhalb von Unternehmen bestehen nicht nur aus Einzelpersonen, die mit- oder gegeneinander in Verbindung stehen, sondern auch aus konkurrierenden Bündnissen. Ihre Mitglieder bilden häufig Gruppen im Raum. Besonders gut erkennen Sie Bündnisse bei den als inoffiziell angesehenen Gesprächen vor einer Sitzung. Gleichrangige Kollegen bilden häufig ein Bündnis, denn gemeinsam besitzen sie einen größeren

Einfluss als jeder Einzelne alleine. Aber auch Mitarbeiter suchen das Bündnis mit dem Vorgesetzten. Der begrenzte Einfluss wird durch die Rückendeckung von oben vergrößert, während sich der Vorgesetzte Solidarität und wichtige Informationen sichert.

Die geschlossene Gruppe

Versuchen Sie, Bündnisse anhand von Gruppenbildung vor der Sitzung zu erkennen. Suchen Sie nach Motiven, warum sich die Sitzungsteilnehmer genau so und nicht anders gruppieren. Indem Sie »offene« und »geschlossene« Gruppen unterscheiden, können Sie auf die Nähe ihrer Mitglieder zueinander oder die Bedeutung des besprochenen Themas schließen.

Die offene Gruppe

Vermutlich kennen Sie dieses Gedankenspiel: Sie sitzen im Wartezimmer eines Arztes und tippen, auf welchen Stuhl sich der nächste Patient setzen wird, der den Raum betritt. Wenn Sie wissen, dass sich Menschen, die keine Verbindung zueinander haben, innerhalb eines Raumes gleichmäßig verteilen, können Sie voraussagen, auf welchen Stuhl sich der nächste setzt.

Für Sitzungen gilt dasselbe Prinzip: Die Teilnehmer sind mehr oder weniger miteinander verbunden und verteilen sich gemäß diesen Bindungen. Häufig setzen sich diejenigen, die zuvor beieinander gestanden haben, auch als Gruppe an den Sitzungstisch, so dass die Sitzordnung Aufschluss darüber geben kann, wer sich bereits vor der Sitzung zueinander gesellt hat. Doch was treibt Menschen in die Gruppe? Zwei Kräfte: Sympathie und Hierarchie.

Die sympathische Gruppe kennzeichnet Bündnisse

Menschen, die sich mögen, die sich etwas zu sagen haben oder sich gemeinsam für ein bestimmtes Thema einsetzen, bilden eine Gruppe im Raum. Sympathische Gruppen erkennen Sie an lebhaften Gesprächen gleichberechtigter Mitglieder. Eine sympathische Gruppe zeigt, wer sich mit wem verbunden fühlt und wer sich mit wem austauscht. Vielleicht haben Sie es bereits erlebt: Menschen, die man nicht mag, hält man gerne auf Distanz. Es ist ein unangenehmes Gefühl, direkt neben seinem Kontrahenten sitzen zu müssen. Und: Eine sympathische Gruppe gibt auch Aufschluss darüber, wer nicht zu ihr gehört.

Beobachten Sie ...

- ... warum Menschen genau so und nicht anders am Sitzungstisch sitzen – eine Sitzordnung entsteht nicht willkürlich.
- ... wer regelmäßig zusammensitzt – lebhaft kommunizierende Menschen und nahe Körper deuten auf Bündnisse hin. Ihre Mitglieder üben in der Regel wechselseitig großen Einfluss aufeinander aus.
- ... wer immer alleine sitzt – einsame Streiter sind meistens weniger gut integriert und weniger einflussreich als Mitglieder von Bündnissen. Möglicherweise sind sie aber auch potenzielle und sehr treue Partner.
- ... wie Gruppen miteinander umgehen – Distanz im Raum und förmlicher Umgang weisen auf konkurrierende Interessen hin.

Die hierarchische Gruppe kennzeichnet Rangordnung

Kaum jemand kann es sich leisten, von seinem Vorgesetzten nicht beachtet zu werden. Demzufolge pflegen die meisten Menschen eine gute Verbindung »nach oben«. Eine Sitzung bietet ein ideales Forum, wahrgenommen zu werden und sich Entscheidungsträgern zu empfehlen. Eine hierarchische Gruppe erkennen Sie an dem unterschiedlichen Status ihrer Mitglieder. Dem Ranghöheren schenken die Rangniedrigeren besondere Aufmerksamkeit. Der Chef steht nicht nur im Zentrum, er sitzt auch im Zentrum. So gut wie nie werden Sie einen Chef finden, der sich an die Ecke eines Sitzungstisches setzt. Die Mitte einer Tischseite ist für die Könige reserviert, enge Berater oder in der Hierarchie nachfolgende Menschen nehmen flankierend Platz, weitere starke Persönlichkeiten wählen sich einen der anderen mittigen Plätze.

Eine hierarchische Gruppe zeigt Ihnen ...

- ... wer einen hohen Status bekleidet.
- ... wer einen untergeordneten Status bekleidet.
- ... wer von den Rangniedrigeren sich um Kontakt nach oben bemüht.

Betrachten Sie zusätzlich den Abstand zwischen Ranghöheren und Rangniedrigeren, erhalten Sie noch detailliertere Aufschlüsse: Ist der Abstand in der Hierarchie groß, wahrt der Rangniedrigere einen respektvollen, größeren Abstand zum Ranghöheren. Die Umgangsweise ist höflich und förmlich. Ist der Abstand in der Hierarchie klein oder das Verhältnis ein persönliches, kommt der Rangniedrigere dem Ranghöheren näher. Die Umgangsweise ist vertraut und entspannt.

Besondere Aufmerksamkeit sollten Sie Menschen schenken, die regelmäßig im Mittelpunkt stehen, ohne eine entsprechende Stellung in der offiziellen Unternehmenshierarchie zu bekleiden. Es sind häufig die Stimmungsmacher und Fädenzieher im verborgenen Netzwerk. Sie sind umso beharrlicher beim Verfolgen eigener und Zerstören gegnerischer Interessen, je überzeugter sie davon sind, ihnen stünde eine höhere Position zu als die, die sie besitzen. Wenn Sie einen Stimmungsmacher entdecken, sollten Sie versuchen, ihn bei eigenen Projekten einzubinden. Stimmungsmacher, die sich ausgegrenzt fühlen, entwickeln eine ungeheure destruktive Energie.

Der Körper: Er zeigt die Haltung zum Thema

Der Sitzungstisch ist Brennpunkt beruflicher Auseinandersetzungen: Hier begegnen sich Menschen, die brisante Themen

Er glaubt, Bedeutendes beizutragen

Er hält sich selbst für nicht so wichtig

Er muss sich dringend einbringen

verhandeln und immer wieder heftige Konflikte austragen. Den Sitzungstisch verlassen Menschen als Sieger oder Verlierer, als Freunde oder Feinde. Stellen Sie sich den Tisch vor, an dem Sie als Kind zu Hause gegessen haben. Sofort taucht vor Ihrem geistigen Auge ein bestimmter Tisch auf. Mit ihm verbinden Sie Menschen, Geschichten, eine vertraute Atmosphäre, einen ganzen Kindheitskosmos. Der Tisch aus der Kindheit ist in besonderer Weise mit der eigenen Geschichte behaftet. Das Bild verdeutlicht, dass Tische nicht einfach nur Gegenstände sind, an denen man sitzt und auf denen irgendetwas steht oder liegt. In außergewöhnlichen Situationen besitzen sie für diejenigen, die an ihnen Platz nehmen, eine Bedeutung. Sie sind Räume, die zwar nicht physisch, jedoch geistig und emotional betreten werden.

Wichtig ist diese Betrachtung einer Platte auf vier Beinen, um zu veranschaulichen, aus welchem Grund Sitzungsteilnehmer körpersprachlich so stark auf den Tisch, an dem sie verhandeln, reagieren. Stellen Sie sich vor, die Tischplatte sei identisch mit dem Boden eines Raumes, der auf dem Tisch liegt. Dieser Raum wird gefüllt mit den Themen der Sitzung. Indem Sie beobachten, wie die Körper im Verlauf der Sitzung mit diesem Raum umgehen, erfahren Sie, wie der Mensch mit dem jeweiligen Thema umgeht.

Gestik verrät Gesprächsabsichten

Er beobachtet, ohne intensiv beteiligt zu sein

Sie kennen den Effekt, dass die Emotionen des Tages in der Nacht von den Träumen wortwörtlich bebildert werden. Man fühlt sich nackt: Im Traum läuft man entkleidet durch die Gänge des Unternehmens. Oder man fühlt sich als Sieger: Im Traum winkt man von einem Siegerpodest der Menge zu. Auf die gleiche unvermittelte Art setzt der Körper innere Haltungen des Menschen in Aktion um. Die Beispiele verdeutlichen, dass es nicht erforderlich ist, die Bedeutung von Gesten wie Vokabeln auswendig zu lernen. Sie müssen die Körper nur beobachten und ihre Sprache genauso nehmen, wie sie ist: direkt.

Hände ...

- … vergrößern – Großes wird gedanklich bewegt.
- … verkleinern – Details werden betrachtet.
- … zerteilen den Raum – das Thema wird zerteilt oder gegliedert.
- … schaffen einen Boden – das Thema wird untermauert.
- … weisen zurück – der Vorschlag wird abgelehnt.
- … schieben heran – ein Aufgabenfeld wird beansprucht.
- … werfen weg – ein Thema wird weggeworfen.
- … deuten – ein bestimmter Punkt wird gezeigt.

DAS SEMINAR – TEAMSITZUNG

Die Teilnehmer sitzen an einer großen Tafel, die aus vier Tischen zusammengestellt ist. Darauf stehen kalte Getränke, Kaffee, Tee, Gebäck. Alles sieht nach einer Sitzung aus, die sich Philipp Weiden gewünscht hat. Auf ihn richten sich erwartungsvoll alle Augenpaare, denn noch weiß niemand, worum es genau geht. Weiden: »Tja, wie soll ich es sagen. Sie wissen ja bereits, dass ich neuerdings eine Abteilung mit 87 Mitarbeitern leite. Und nun gibt es einmal im Monat Sitzungen mit den anderen Abteilungsleitern. Das Problem dabei ist: Ich sitze unter Gleichrangigen, also keiner ist mir vorgesetzt, und komme trotzdem eigentlich nie zu Wort.« Kurt Gessner wundert sich: »Wie? Nie zu

Vergrößern

Untermauern

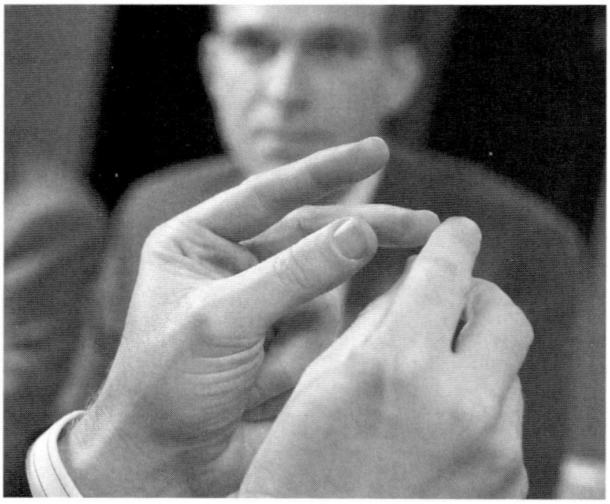

Verkleinern

Abwehren

Zerteilen

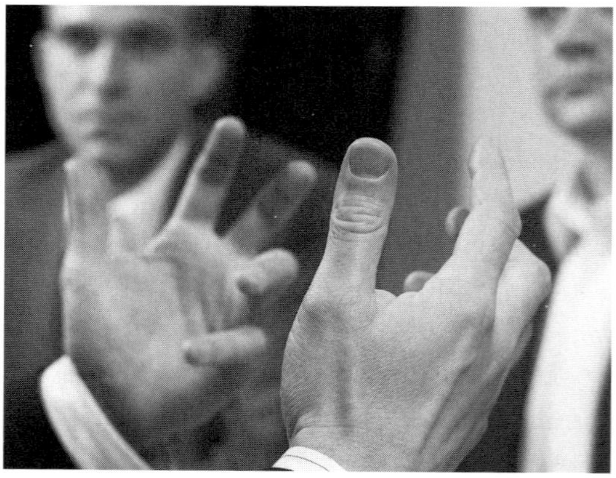

Vereinnahmen

Wort?« Thomas Hartmann poltert: »Das kann doch gar nicht sein!« Konstanze Wolf blickt ihn streng an: »Und warum sollte das Herr Weiden dann üben wollen?« Weiden: »Monat für Monat wiederholt sich die Situation und ich habe keine Idee, was ich daran ändern könnte.« Hartmann: »Sagen Sie doch einfach etwas – dann kommen Sie zu Wort.« Stephan Schätzky: »Wir probieren das einfach aus. Thema: Rauchen am Arbeitsplatz. Bitte fangen Sie an.«

Tatsächlich: In den fünf Minuten lebhafter Auseinandersetzung diskutieren sich alle Beteiligten nach und nach heiß – jeder gibt seine Meinung zum Besten – nur Herr Weiden nicht. Schätzky: »Danke! – Herr Weiden, haben Sie nichts zu sagen?« Weiden: »Doch, eine ganze Menge – ich komme nur nicht zu Wort.« Hartmann: »Das gibt's doch gar nicht!« Er ist nach seinem Plädoyer fürs Rauchen auf der Toilette immer noch in Fahrt: »Also ich würde ...« Schätzky unterbricht: »Obwohl das nicht gerade eine Aufgabe ist, die wir über Körpersprache lösen können, wiederholen wir die Improvisation mit einer kleinen Änderung: Sie, Herr Weiden, sind in der nächsten Runde der Moderator.« – Erneut entwickelt sich die Diskussion. Die Beteiligten reden sich heiß und heißer. Herr Weiden befindet sich mitten im Geschehen: Er lenkt, unterbricht, fasst zusammen und gibt auch seine eigene Meinung in die Runde. Schätzky: »Danke! – Herr Weiden, wieso klappt das denn jetzt?« Weiden: »Als Moderator ist es ja meine Aufgabe, mich einzubringen.«

Schätzky: »Ihre neue Aufgabe hat zu einem neuen Status geführt und damit zu Ihrer Einsatzbereitschaft. Wir kommen damit zu einem wichtigen Begriff, ohne den keine Improvisation bei der Schauspielarbeit auskommt: der Status. Innerhalb einer Unternehmenshierarchie können Menschen offiziell zwar denselben Rang bekleiden, so wie Sie Herr Weiden mit Ihren Kollegen. Aber unabhängig davon folgen die Sitzungsteilnehmer einer ganz anderen Rangordnung: Wer das Wort ergreift, nimmt sich Raum und damit einen höheren Status als die Zuhörenden, den so genannten Hochstatus.« Wolf: »Das ist ja interessant. Gibt es auch dementsprechend einen tiefen Status?« Schätzky: »Ja. – Merken Sie sich bitte: Wenn Menschen miteinander umgehen, nimmt in jedem Moment einer den Tief- und einer den Hochstatus ein. Sind Menschen beispielsweise gleichberechtigte Kollegen oder Freunde, wechseln sie sich im Verlauf ihrer Begegnung ab. Mal ist der eine, mal ist der andere im Hoch- beziehungsweise Tiefstatus. Deshalb ist die festgeschriebene Rangfolge innerhalb einer Unternehmenshierarchie nur ein Teil der Wahrheit. Der andere Teil – und häufig der spannendere – ist der der Statusverteilung. – Herr Weiden! Diskutieren Sie doch bitte noch einmal, ohne dass Sie offiziell der Moderator sind. Nehmen Sie sich aber vor, dass Sie immer wieder den Raum nehmen, den Sie benötigen, um zu Wort zu kommen – auch gegen die anderen in der Runde.« Weiden: »Ach so, heißt das, dass ich zu rücksichtsvoll bin?« Hartmann: »Genau – Sie warten immer auf den Moment der edlen Stille. – Einfach drauf los auf die Hochebene – oder wie das heißt.«

Ihr Auftritt: Wie Sie das Wort bekommen und behalten

Für eine Wortmeldung müssen Sie selbst die Initiative ergreifen. Der Raum, zu reden, wird Ihnen nicht zugeteilt. Diejenigen, die sich schwer tun, zu Wort zu kommen, behindern sich häufig selbst: Sie hören aufmerksam den anderen Gesprächsteilnehmern zu, setzen sich ernsthaft mit deren Statements auseinander, möchten niemanden unterbrechen und warten deshalb auf den Moment der Stille, in dem sie das Wort ergreifen können. Doch: Dieser Moment kommt nie. Am Ende sind es einmal mehr die aggressiven Sprecher, die sich den nötigen Raum verschafft und die größten Redeanteile erhalten haben. So ehrenwert die Haltung ist, sie führt zu nichts. Solange andere Sitzungsteilnehmer nicht über denselben Edelmut verfügen, kommt der rücksichtsvolle Mensch so gut wie nicht zu Wort.

- Bei einer lebhaften Debatte bekommt derjenige Redezeit, der sich den nötigen Raum dafür nimmt. Warten Sie nicht darauf, dass Ihnen dieser Raum gegeben wird.
- Behalten Sie Ihre Argumente vor Ihrem geistigen Auge und lassen Sie sich nicht durch die Argumente anderer zu sehr ablenken.
- In einer leidenschaftlichen Diskussion überlappen sich Ende des vorangehenden Statements und Beginn des nachfolgenden. Warten Sie nicht auf den Moment der Stille, der nie kommen wird.

- Nehmen Sie sich Zeit, wenn Sie sprechen, und beeilen Sie sich nicht. Sie senken damit Ihren Status.
- Sprechen Sie nicht nur zum Vorsitzenden oder zu demjenigen, auf den Sie sich gerade beziehen. Blicken Sie auch andere Sitzungsteilnehmer an.

Die Kurzpräsentation innerhalb einer Sitzung

Kurzpräsentationen innerhalb von Sitzungen sind üblich. Punkt für Punkt wird die Sitzungsordnung abgearbeitet, bis plötzlich die Aufforderung kommt: »Äußern Sie sich doch bitte detailliert zu dieser Frage.« Die Sitzung dauert vielleicht schon Stunden, manche Teilnehmer sind unkonzentriert, einer isst, einer steht kurz auf, um sich ein Getränk zu holen, der dritte macht eine Bemerkung, während der Vorsitzende der Sekretärin, die nicht stören wollte, ein Schreiben abzeichnet. Niemand will stören, aber die Situation ist denkbar ungeeignet für eine kurze Präsentation. Die Aufmerksamkeit der Sitzungsmitglieder will erst erarbeitet werden. Doch auf welche Weise? Häufig haben Sie nicht die Möglichkeit, für Ruhe zu sorgen. Führungskräfte lassen sich nicht ermahnen. Hinzu kommt, dass Sie nicht irgendein Statement abgeben: Womöglich hat die Entscheidung, die aufgrund Ihrer Präsentation getroffen wird, schwerwiegende Folgen für Ihre Abteilung. Vielleicht wissen Sie bereits um die ablehnende Haltung einiger Führungskräfte Ihrem Projekt gegenüber. Kurzum: Sie befinden sich in einer Situation, in der Sie lieber gehen als reden möchten.

Wenn Schauspielschüler die ersten Male szenisch improvisieren, lässt man sie zunächst gemeinsam spielen: Die gesamte Gruppe ist ängstlich, traurig, wütend, verliebt. Die Stimmung des Einzelnen wird von den anderen mitgetragen und wechselseitig schaukelt man sich hoch. Später kontrastieren die Stimmungen: Ich bin verliebt, du bist traurig. Ich bin erfreut, du bist ängstlich. Nur Fortgeschrittene treten schließlich gegen eine ganze Stimmungswand an: Ich bin ängstlich, alle sind fröhlich; ich bin aggressiv, alle sind traurig. Ihnen ergeht es zeitweise nicht anders: Sie sollen begeistern, alle sind dagegen.

- Vergegenwärtigen Sie sich, welche Stimmung Sie vermitteln möchten, und bereiten Sie sich inhaltlich und mental – beispielsweise über innere Bilder – darauf vor.
- Rechnen Sie damit, dass Sie die Stimmung der Gruppe gegen sich haben, und versuchen Sie, einem voraussehbaren Konflikt in Gedanken die Dramatik zu nehmen, indem Sie ihn beispielsweise wie ein Schachspiel betrachten, das Sie gewinnen möchten, von dem aber nicht Ihr Leben abhängt.
- Lassen Sie sich von der Gruppenstimmung nicht beirren. Bleiben Sie in jedem Fall bei Ihrer eigenen Stimmung. Sobald Sie nicht mehr an Ihre eigene Sache glauben, sind Sie verloren – die Gruppe hat gesiegt.

Im Umgang mit Störungen müssen Sie differenzieren: Reagieren Sie auf jede kleine Störung, indem Sie beispielsweise eine Pause machen, bis der Störende ruhig ist, werden Sie sich schwer tun, einen Redefluss zu entwickeln, der die Gruppe mitreißt. Wenn Sie hingegen auf massive Störungen nicht reagieren, laufen Sie Gefahr, dass Ihnen das Ruder entgleitet und die Gruppe dem Störenden mehr Aufmerksamkeit schenkt als Ihnen.

- Ignorieren Sie unbedeutende Störungen.
- Reagieren Sie humorvoll, aber bestimmt auf bedeutende Störungen.
- Wenden Sie sich bei massiven Störungen an den Vorsitzenden und bitten Sie um sein Eingreifen.

Wann genau die jeweilige Grenze überschritten wird, hängt von Ihrem Status gegenüber der zuhörenden Gruppe ab und muss individuell entschieden werden. Wichtig ist, dass Sie einen Fehlschlag nachbereiten und Ihre Reaktionen auf die Gruppe bei nachfolgenden Statements verbessern.
Falls eine bevorstehende Kurzpräsentation für Sie brisant werden kann, da Entscheidungsträger Ihnen gegenüber negativ eingestellt sind, hilft ein »mentaler Leitfaden«. An ihm können Sie sich festhalten wenn Konflikte hochkochen. Den mentalen Leitfaden spinnen Sie nach Ihren Bedürfnissen.

Sie können sich beispielsweise vornehmen ...

- ... auf jede Unverschämtheit besonders charmant zu reagieren.
- ... über jede Unterbrechung zu schmunzeln.
- ... bei jeder Antwort auf eine Störung mit dem Subtext »Nicht mit mir!« zu reagieren.
- ... sich die Führungskräfte als Kindergarten vorzustellen.

Ihr mentaler Leitfaden dient nur einem Zweck: Sie sollen nicht Opfer der Situation werden, sondern diese aus einem möglichst souveränen Standpunkt heraus gestalten. Haben Sie erst einmal entdeckt, dass die meisten Ängste nichts anderes sind als Kräfte abbauende Fantasien, werden Sie beginnen, Kräfte aufbauende Fantasien zu entwickeln und einzusetzen.

Präsentieren im Sitzen

Das Schwierige beim Präsentieren im Sitzen ist die gleichberechtigte sitzende Position am Tisch. Sie heben sich nicht von anderen Teilnehmern ab. Bei einem rechteckigen Tisch können Sie zudem die Kollegen, die neben Ihnen sitzen, schlecht sehen. Achten Sie darauf, dass Sie diese ungünstige Ausgangssituation nicht zusätzlich verschlechtern, indem Sie nachlässig auftreten.

Vermeiden Sie ...

- ... sich in Ihrem Stuhl gemütlich zurückzulehnen.
- ... häufig in Ihrem Manuskript zu lesen.
- ... aus einer gebeugten Haltung heraus die anderen Teilnehmer von unten anzublicken.
- ... schlecht artikulierend zu sprechen.
- ... sich von einer konträren Stimmung anstecken zu lassen.

Stattdessen ...

- ... sitzen Sie aufrecht.
- ... blicken Sie in ruhigem Wechsel die anderen Sitzungsteilnehmer an.
- ... artikulieren Sie in einem persönlich gehaltenen Ton.
- ... setzen Sie Ihre Stimmung gegebenenfalls gegen andere Stimmungen durch.

Präsentieren im Stehen

Bei der Präsentation im Stehen befinden Sie sich in einer exponierten Stellung, die die Aufmerksamkeit der übrigen Sitzungsteilnehmer bündelt. Da Sie als Einziger stehen, ist die Gefahr, sich seltsam aufgestellt und hingestellt zu fühlen, groß. Die Situation empfindet man als künstlich und entsprechend gehemmt agieren viele Redner.

Vermeiden Sie...

- ... sich direkt an den Tisch oder einen Stuhl zu stellen, um sich einen Halt zu verschaffen.
- ... sich auf die Stuhllehne zu stützen und aus einer schrägen Körperhaltung heraus mit den Kollegen zu sprechen.
- ... laut vortragend zu sprechen, als befänden sich 50 Menschen im Saal.
- ... mehr auf Ihre Folien zu blicken als in die Augen Ihrer Zuhörer.

Stattdessen ...

- ... achten Sie auf einen guten Bodenkontakt und stellen Sie sich in geringem Abstand zum Tisch hin.
- ... stehen Sie aufrecht und blicken Sie in ruhigem Wechsel die Teilnehmer an.
- ... sprechen Sie die Menschen freundlich an und artikulieren Sie deutlich.
- ... halten Sie möglichst Blickkontakt zu Ihren Zuhörern.

Für Kurzpräsentationen jeder Art wird Ihnen innerhalb einer Sitzung ein besonderer Raum zugestanden. Da Ihre Redezeit eng begrenzt ist, haben Sie keine Anlaufphase – ehe Sie sich versehen ist Ihre Zeit verstrichen und Ihre Gelegenheit vertan. Füllen Sie deshalb den angebotenen Raum sofort, indem Sie selbstverständlich und mit Engagement Ihre Sache vor der Runde vertreten.

FREIE REDE UND PRÄSENTATION

... die Quelle der Begeisterung sind Sie

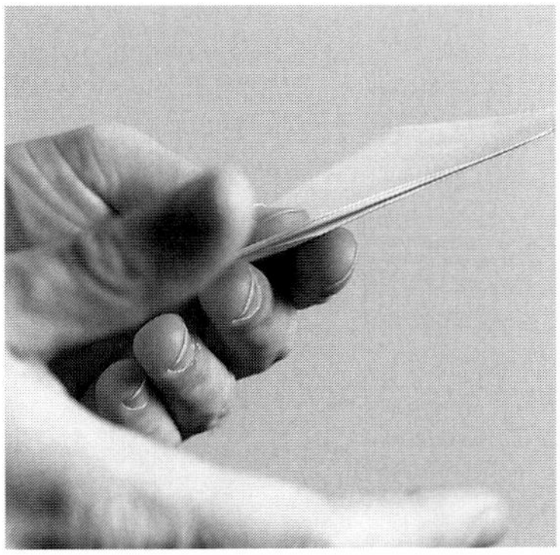

Sie kennen diese Bilder: Ein Mensch steht auf einer Bühne, er redet, ruft, gestikuliert, suggeriert und schleudert seinen Zuhörern Inhalte von zweifelhafter Qualität entgegen. Doch was einen einzelnen aufmerksamen Zuhörer in große Skepsis versetzen würde, scheinen die Menschen vor der Bühne nicht zu hinterfragen. Wie von einer unsichtbaren Woge ergriffen geht die Masse mit. Redner und Publikum schaukeln sich gegenseitig auf, und was dem Komödianten recht, ist dem Politiker nur billig. Der Redner steht im Fokus vieler Menschen. Und in gleicher Weise, wie sich die Stimmung eines Einzelnen auf einen anderen übertragen kann, überträgt sich hier die Stimmung des Redners auf die Zuhörer – nur eben nicht 1:1, sondern 1:50 oder 1:500. Inhalte treten in den Hintergrund, Emotionen in den Vordergrund. Der Zuhörer mag den Saal am Ende eines Vortrags mit einigen Fakten und Argumenten, die er sich merken konnte, verlassen, vor allem anderen aber nimmt er ein ganz bestimmtes Gefühl mit: Er fühlt sich nach Ihrer Rede gelöst, beschwingt, begeistert oder aber verspannt, bedrückt, demotiviert. Er mag Sie oder er lehnt Sie ab. Er stimmt für Ihr Projekt oder dagegen.

Die Kraft von Fakten und Argumenten soll hier nicht heruntergespielt, sondern die von Emotionen heraufgespielt werden. Beobachten Sie, wem die Menschen in Politik und Gesellschaft folgen und wer in Ihrem Unternehmen die Aufmerksamkeit anderer auf sich zieht. In der Regel sind es Menschen, die charmant, strahlend und optimistisch auftreten. Ob diese sich tatsächlich so fühlen und wohin sie eine Dauermaskerade mit der Zeit führen mag, steht auf einem anderen Blatt. Sie müssen nicht zum Vierundzwanzigstunden-Strahlemann Ihrer Umgebung mutieren, um einen lebendigen Vortrag zu halten. Wenn Sie allerdings als Redner andere Menschen für Ihre Sache begeistern möchten, sollten Sie während der Dauer Ihres Auftritts Ihre ganze Aufmerksamkeit den Inhalten und der emotionalen Wirkung Ihrer Rede schenken. Wenn Sie Inhalte transportieren möchten, bringen Sie einen Artikel oder eine E-Mail in Umlauf. Wenn Sie Emotionen transportieren möchten, gehen Sie auf eine Bühne und halten Sie eine Rede.

Alleine vor Hunderten von Menschen zu stehen und – womöglich auch noch frei – reden zu müssen, ist für viele Menschen der Alptraum schlechthin. Und je weiter Sie die Karriereleiter emporsteigen, desto näher rückt der Tag, an dem dieser Alptraum Wirklichkeit wird. Gelegenheiten hierfür gibt es viele: Die Präsentation vor dem Kunden, das Jubiläum eines Mitarbeiters, die Berichterstattung für den Vorstand. Die Erwartungshaltung Ihrer Zuhörer ändert sich mit dem jeweiligen Redeanlass. Auch Ihre Möglichkeiten zur Vorbereitung werden nicht immer dieselben sein. Von der improvisierten bis hin zur perfekt ausformulierten Rede werden ganz unterschiedliche Arten des Auftritts von Ihnen verlangt. Das Entscheidende aber: Die Bedeutung, die eine Rede für Ihr Unternehmen und Sie selbst haben kann, schwankt gewaltig. Die humorvoll dahingeworfene Jubiläumsrede einer bodenständigen Sekretärin kann großen Beifall finden. Ein ebenso locker-leicht dahingeworfener Jahresbericht des Vorstandes auf einer Pressekonferenz kann zum großen Absturz der Börsennotierung führen. An einer Inszenierung, die Sie 90 Minuten lang in einem Theater oder in der Oper erleben, wird sechs Wochen lang acht Stunden täglich gearbeitet. Für eine ebenso lange Präsentation beim Kunden, die gelegentlich über die Vergabe eines Millionen-Auftrags entscheidet, werden in einem Unternehmen einige wenige Stunden oder Tage der Vorbereitung veranschlagt – womöglich Praktikantenstunden, die preiswerter sind. Überlegen Sie gut, welche Auswirkungen eine flüchtig vorbereitete und schlecht durchdachte Rede für Sie haben kann. Je unerfahrener Sie sind, desto weniger sollten Sie auf die Kunst der Improvisation vertrauen, denn diese gekonnt und effektvoll einzusetzen ist den Meistern vorbehalten.

Im Folgenden finden Sie Vorschläge, wie Sie sich mental auf eine Rede vorbereiten und diese körpersprachlich überzeugend durchführen können. Der nachfolgende Fahrplan verhindert, dass Sie bei Ihren ersten Schritten ins Stolpern geraten und vermeidbare Fehler begehen. Die Lorbeeren für einen souveränen und die Massen mitreißenden Redner hängen allerdings nicht ganz so tief: Erst praktische Erfahrung und eine sich mit der Zeit einstellende Routine rücken sie in greifbare Nähe.

DAS SEMINAR – VORTRAG I

Erster Versuch: Kurt Gessner taucht in einer Ecke des Seminarraums hinter einem Flipchart auf. Den Blick auf den Boden geheftet geht er nach vorne. Schließlich hebt er den Kopf, ein tiefer Atemzug bläht die Brust, unvermittelt verzieht er den Mund zu einem Lächeln. Gessner: »Guten Tag, meine ....« Stephan Schätzky: »Stop! Danke! – Warum kommen Sie in den Raum?« Gessner, irritiert: »Um meinen Vortrag zu halten.« Schätzky: »Sie kommen in den Raum, um den Menschen, die hier sitzen, etwas zu erzählen. – Nehmen Sie sich bitte vor, dass Sie mich begrüßen. – Kommen Sie auf mich zu, um mir etwas zu erzählen.« Gessner blickt Schätzky freundlich an und kommt auf ihn zu. Gessner: »Guten Tag, Herr Schätzky. Schön, Sie zu sehen. Ich wollte ... « Schätzky: »Danke. – Merken Sie den Unterschied?« Gessner: »Nein, offen gestanden nicht.« Edith Öffner: »Herrn Schätzky haben Sie beim Gehen angeblickt – uns aber vorhin nicht. Sie haben auf den Boden geschaut.«

Zweiter Versuch: Gessner taucht in der Ecke des Seminarraums hinter einem Flipchart auf. Den Blick seinen Zuhörern zugewandt geht er nach vorne. Im Gehen: »Guten Tag meine Damen ...« Schätzky: » Danke! – Wie wirkt Herr Gessner auf Sie?« Konstanze Wolf: »Etwas unruhig.« Manfred Breitscheid: »Stimmt, irgendwie nervös.« Gessner: »Nervös? Aber ich habe ja noch gar nicht angefangen!« Schätzky: »Ist Ihnen aufgefallen, dass Sie während des Gehens Ihre Zuhörer begrüßt haben?« Gessner: »Nein.« Schätzky: »War aber so. – Versuchen Sie jetzt einmal alternativ erst stehen zu bleiben, die Zuhörer einen kurzen Moment anzublicken und dann erst zu sprechen.«

Dritter Versuch: Gessner taucht in der Ecke des Seminarraums hinter einem Flipchart auf. Den Blick seinen Zuhörern zugewandt geht er nach vorne. Vor seinen Zuhörern bleibt er stehen und blickt zunächst ruhig in die Runde – dann: »Guten Tag, meine Damen und Herren ich freue mich, Sie begrüßen zu dürfen. Ich ...« Zu Schätzky: »Sie unterbrechen ja gar nicht.« Schätzky: »Warum sollte ich, Sie waren wunderbar.« Gessner: »War das denn jetzt anders?« Hartmann: »Ganz anders, viel souveräner.« Weiden: »Das ist ja wirklich verblüffend. Nur wegen dieser kleinen Pause wirken Sie jetzt viel ruhiger und entspannter.« Gessner: »Also jetzt bin ich ganz durcheinander. Ich weiß gar nicht mehr, was ich sagen wollte.« Öffner: »Vielleicht, dass Sie Kurt Gessner sind?« Gessner: »Ach ja, genau. – Darf ich von hier beginnen – ohne diesen Gang?« Schätzky: »Gerne.« Gessner beginnt seinen Vortrag von neuem, indem er tapfer ein weiteres Mal seine Zuhörer begrüßt, sich vorstellt, seine Freude über die Gelegenheit, einen Vortrag halten zu dürfen, zum Ausdruck bringt, die Agenda für die folgenden 30 Minuten bekannt gibt und schließlich in die Unternehmensstruktur der Kox-AG vordringt. Gessner beherrscht seine Rede perfekt. Während er ganz und gar in den Details, die er fehlerfrei und auswendig referieren kann, aufgeht, bemerkt er nicht, wie sich die Stimmung seines Publikums entwickelt: Hartmann holt sich ein Glas Wasser vom Büfett, Koller und Breitscheid schlafen langsam, aber sicher weg, während Wolf und Weiden mit großem Interesse draußen die vorüberziehenden Wolkenformationen beobachten. Alleine Edith Öffner sitzt aufrecht und aufmerksam auf ihrem Stuhl. Und nur bei näherer Betrachtung erkennt man, dass ihr interessiertes Dauerlächeln sich seltsam anstrengt und schließlich einfriert. Nach 15 Minuten ist der Vortrag beendet. – Gefälliger Applaus. Gessner lächelt höflich und späht zu Schätzky, der nichts sagt. Öffner: »Vielen Dank Herr Gessner, das war aber interessant.« Höflich bestätigt sie ihm die Qualität des Vortrags, die Übrigen murmeln zumindest nichts Gegenteiliges. Da Stephan Schätzky immer noch nichts sagt, kehrt Stille ein und allmählich nehmen die Anwesenden eine gequälte, etwas gedrückte und müde Atmosphäre wahr. Gessner ist irritiert, weil ihm erst jetzt auffällt, dass irgendetwas schief gelaufen ist. Schätzky: »Herr Gessner, beschreiben Sie Ihre Motivation, diesen Vortrag zu halten, bitte mit einem Verb.« – Gessner ist irritiert: »Ein Verb ...?« Schätzky: »Oder: Was unterscheidet Ihren Vortrag von einem Handout mit demselben Inhalt?« Gessner zögert: »Tja ... äh ... das weiß ich jetzt nicht so genau.« Schätzky: »Oder: Was sollen Ihre Zuhörer nach dem Vortrag fühlen? Und: Wie sollen sie nach dem Vortrag handeln?« Gessner: »Tut mir wirklich leid, Herr Schätzky, da bin ich im Moment offen gestanden etwas überfordert.«

Schätzky: »Diese Art von Fragen dienen Schauspielern, um ihr Handeln für die Bühne zu motivieren. Indem sie sich diese oder ähnliche Fragen beantworten, versetzen sie sich in die Lage, glaubwürdig aufzutreten.« Gessner ist geplättet. Er hat sich perfekt vorbereitet und den Redetext auswendig gelernt, aber er hat sich weder über seine eigene Redehaltung noch über die beabsichtigte emotionale Wirkung auf seine Zuhörer je Gedanken gemacht. Obwohl er seinen Vortrag bereits zig Mal gehalten hat, hat er noch nie darüber nachgedacht, zu welchem Handeln er überhaupt aufruft. Er hat über Quartalszahlen geredet ohne Motiv und ohne Ziel. Immerhin mit einer Erklärung: »Das wird bei uns immer so gemacht.«

Die Situation: Eine Aufgabe schafft Spannung

Ein wirklich spannendes Bühnengeschehen entspinnt sich nur dann, wenn sich die Figuren nach der Exposition auf einen neuen Weg begeben. Für jeden einzelnen Darsteller heißt das: Meine Figur muss auf der Bühne handeln. Glaubwürdig handeln kann nur die Figur, deren Handeln motiviert ist. Dieses Motiv wiederum basiert auf einer oder mehreren Aufgaben, die es zu lösen gilt.

Erstaunlicherweise wissen die meisten Redner nicht wirklich, warum sie zu ihrem Publikum sprechen. Sie referieren, fassen zusammen, legen dar, informieren, analysieren – doch auf eine ganz simple Frage können sie im konkreten Fall nur selten antworten: »Welchen Standpunkt nehmen Ihre Zuhörer ein, wenn Sie den Saal betreten, und welchen Standpunkt sollen sie einnehmen, wenn Sie den Saal verlassen?« Die gestellte Frage nach den unterschiedlichen Standpunkten der Zuschauer vor und nach der Rede berührt Grundlegendes: Ihr Motiv, eine Rede zu halten. Nur aus der Differenz dieser beiden Standpunkte ergibt sich für Sie ein Weg. Auf diesem Weg voranzuschreiten ist Ihre Aufgabe. Und nur diese Aufgabe ist es, die Sie als Redenden motiviert und Sie – und damit Ihren Körper – wirklich in Bewegung setzt. Nur diese Aufgabe macht Sie zum Handelnden. Überlegen Sie sich vor allem, wo Ihre Zuhörer zu Beginn stehen und wohin Sie sie mit Ihrem Vortrag führen wollen.

Falls Sie keine Aufgabe finden können, streichen Sie Ihr Vorhaben, eine Rede zu halten. Sie ist überflüssig. Alle Menschen, die nur referieren, informieren und analysieren wollen, ernten nichts als Gefälligkeitsapplaus. In Wirklichkeit scheitern sie, weil sie nicht wirklich wissen, warum sie auf der Bühne stehen. Jeder Versuch, einen unmotivierten Redner durch körpersprachliche Tricks aufzupäppeln, ist zum Scheitern verurteilt, weil er eine äußere Bewegung vorgaukelt, der keine innere motivierend zugrunde liegt.

Klären Sie, welches Ziel Sie mit Ihrer Rede erreichen möchten, und verknüpfen Sie dieses mit konkreten Handlungsaufforderungen, am Ende Ihrer Rede. Andernfalls kann es geschehen, dass Sie motiviert auf einer Bühne herumspringen, die Zuhörer Ihre Absicht verstehen, und am Ende keiner weiß, was er jetzt eigentlich tun soll. Ohne Handlungsaufforderung versickert die beste Rede wie Wasser im Wüstensand.

Den Vortrag als »Vorstellung« denken

Lebendige Figuren sind es, die jede Bühnenhandlung vorantreiben, die jedem Stück Leben einhauchen und den Zuschauer in Spannung versetzen. Im Vergleich hierzu wird ein Vortrag aus bestimmten Inhalten entwickelt. Diese »vorzutragen« ist Aufgabe des Redners. Im Mittelpunkt steht demzufolge der Inhalt. Dem Redner ist eine dem Inhalt dienende Rolle zugewiesen. Die Schwierigkeit: Wie soll es einem Redner, der nur dem Inhalt seines Vortrags dient, gelingen, ein für die Zuschauer fesselndes Erlebnis zu schaffen?

Zum Vergleich: Eine Vorstellung wird auf Grundlage eines vorgegebenen Stückes konzipiert. Der Regisseur »stellt sich vor«, wie dieses auf der Bühne wirken könnte. Im Mittelpunkt stehen hier die Darsteller beziehungsweise die Figuren, die sie darstellen.

Wenn Sie sich selbst als Referent denken, der gegenüber dem Inhalt seines Vortrags in den Hintergrund zu treten hat, können Sie unmöglich ein spannendes Erlebnis schaffen. Denken Sie stattdessen Ihren Vortrag als Stückvorlage und »stellen Sie sich vor«, dass Sie die Hauptrolle spielen, die dem Redetext erst Leben einhaucht. Auf diese Weise verändert sich Ihre Fantasie: Sie hören in Ihrem Inneren nicht mehr den vorzutragenden Inhalt, sondern sehen sich selbst als den Hauptdarsteller Ihres inneren Films. Stellen Sie sich vor, wie Sie sich selbst als Zentrum der Veranstaltung fühlen würden und wie es wäre, den Inhalt im Schlepptau mit sich zu ziehen, statt als dessen Diener aufzutreten. Es wird Ihnen nur dann gelingen, andere Menschen zu fesseln, wenn Sie selbst im Zentrum stehen.

Zu einer geglückten Vorstellung gehört ebenso, eine dem Anlass und Inhalt entsprechende Länge zu finden. Wie oft wird in Theaterstücken, Kinofilmen oder Vorträgen Nichtssagendes zelebriert und längst Verstandenes wiederholt? Wie oft denkt man sich, dieser Vortrag wäre doppelt so gut, wenn er nur halb so lang wäre? Es gibt Redner, die bei der leisesten Kritik an ihrem Vortrag unumwunden zugeben, dass sie selbst bestimmte Teile langweilig finden. Es gibt Redner, die kündigen an, sie sprechen 10 Minuten und sprechen stattdessen 20. Und es gibt welche, die sagen, sie kämen jetzt zum Ende, obwohl sie erst 15 Minuten später am Ende ankommen.

Deshalb: Stellen Sie sich Ihren Vortrag auch aus der Perspektive der Zuschauer vor und vermeiden Sie banale Fehler, die jeden dramaturgischen Aufbau zerstören. Sobald Ihnen Ihre Aufgabe, Ihre Ziele und Ihre Handlungsaufforderungen klar vor Augen stehen, betrachten Sie Ihre Ideensammlung. Verabschieden Sie sich von allem, was nicht wirklich stichhaltig, wichtig und interessant ist. Es erfordert Disziplin, den inneren Baum, der voller liebgewonnener Ideen hängt, kräftig durchzuschütteln und nur das zu verwenden, was hängen bleibt.

- Denken Sie Ihren Vortrag als Vorstellung und gestalten Sie Szenen statt Inhalte.
- Sie spielen die Hauptrolle. Vermeiden Sie alles, was Sie in eine Nebenrolle zwingt.
- Streichen Sie Text, der Sie selbst nicht interessiert.
- Halten Sie Ihre Zeitangaben ein.

Im Raum: Mentale Vorbereitung festigt Ihre Präsenz

Während die Zuschauer vor dem Einlass zu einer Theateraufführung im Foyer für Karten anstehen, plaudern oder das Programm studieren, tut sich allerhand hinter den noch verschlossenen Türen im Theaterraum: Techniker, Requisiteure und Assistenten legen letzte Hand an und auf der Bühne irren nicht selten einige seltsame Gestalten umher. Sie murmeln, jaulen, hecheln, scherzen, verzweifeln, springen, werfen mit Schwung die Arme auseinander, um sie mit einem Stöhnen wieder fallen zu lassen: Schauspieler, die sich auf ihren Auftritt vorbereiten.

Was zuvor in anderen Zusammenhängen behandelt wurde und für jeden Darsteller, der eine Bühne mental ausfüllen soll, eine Selbstverständlichkeit ist, gilt auch hier: Machen Sie sich den Raum, in dem Sie wirken und bewirken wollen, »zu Eigen«. Konkret: Vor einem für Sie wichtigen Ereignis, sollten Sie nach Möglichkeit versuchen, sich mit dem Raum, der Bühne und den für Sie neuen Gegebenheiten vertraut zu machen. Beim Kunden, im Hotel, in der Zentrale Ihres Unternehmens sind Sie zwar Gast, für die Dauer Ihres Auftritts dürfen Sie sich aber nicht als Gast fühlen: Während Sie vortragen, sind Sie der Einladende, ein Mensch, der andere Menschen an die Hand nimmt und durch seinen Vortrag führt.

Proben für Präsenz

Wichtig ist deshalb, dass Sie eine Gelegenheit finden, sich in Ruhe und möglichst alleine mit dem Vortragsraum vertraut zu machen. In Seminarräumen von Hotels eignet sich beispielsweise der Abend: Man schaltet Ihnen die Bühnenbeleuchtung ein und in Ruhe können Sie auf die Bühne gehen, den leeren Stuhlreihen Ihren Vortrag erzählen, Gänge ausprobieren und technische Details überprüfen. Sie sollten die Scheinwerfer nach Möglichkeit so einstellen lassen, dass Sie nur wenig geblendet werden, bei einer Sprechprobe die Empfindlichkeit des Mikrofons auf Ihre Stimme und die Höhe des Rednerpultes auf Ihre

Körpergröße abstimmen lassen. Vielleicht bemerken Sie, dass Sie mit Ihren Schuhen auf dem Bodenbelag ausrutschen oder der Stuhl, auf dem Sie Platz nehmen wollen, quietscht. Nicht immer werden Sie Zeit und Gelegenheit haben, alle Details zu beeinflussen. Versuchen Sie aber, die Möglichkeiten, die Ihnen zur Verfügung stehen, zu nutzen, statt sie zu verschenken.

Stellen Sie sich mental auf den Vortragsraum ein und proben Sie Ihren Vortrag laut sprechend – mindestens aber Auftritt, Begrüßung und Abschluss.

Überprüfen Sie technische Details:
- Gibt es eine Treppe, um auf die Bühne zu gelangen?
- Blenden die Scheinwerfer?
- Stimmt die Mikrofoneinstellung?
- Stimmt die Höhe des Rednerpults?
- Kann man auf dem Stuhl aufrecht sitzen, ohne zu versinken?
- Ist der Tisch verhangen oder sehen die Zuschauer die Beine?

Eine Vorstellung soll zwar leicht wirken. Diese Wirkung erzielen Sie aber nur, wenn Sie sich auf Ihre Umgebung blind verlassen können. Nur dann haben Sie die Ruhe und das Selbstvertrauen, das Sie für einen gelungenen Auftritt benötigen.

Ihr Stand schafft Standpunkte

Die innere Haltung des Redners überträgt sich unbewusst auf seinen Stand. Für denjenigen, der selbstsicher vor seinem Publikum steht, ist das kein Problem; wer sich hingegen unsicher fühlt, verrät sich auf diese Weise. Menschen, die innerlich vor ihrem Publikum zurückweichen, stehen häufig steif und hölzern vor ihren Zuhörern. Obwohl andere ganz ähnlich und ebenso ruhig dastehen, wirken sie offener. Wodurch entsteht diese unterschiedliche Wirkung?

Betrachten wir ein Detail: die Art des Bodenkontaktes. Der steife und zurückweichende Redner steht, ohne dass er sich dessen bewusst ist, auf den Fersen. Sein Gewicht verlagert er unbewusst

Der Redner weicht innerlich zurück – er wirkt steif und verschlossen

Der zurückweichende Redner steht unbewusst auf den Fersen

Der Redner will seinem Publikum etwas mitteilen – er wirkt lebhaft und offen

Der kontaktfreudige Redner steht unbewusst auf dem Fußballen

nach hinten, da er in seinem tiefsten Innern lieber flüchten würde. Demgegenüber bewegt sich der kontaktfreudige Redner zu seinem Publikum hin. Er steht, ebenfalls unbewusst, auf den Fußballen.

Vermeiden Sie außerdem einseitige Belastung, die bequem, einen engen, wackeligen Stand, der unsicher sowie einen breitbeinigen Stand, der arrogant wirken kann.

Der Redner macht es sich bequem – er erreicht sein Publikum nicht

Der bequeme Redner belastet unbewusst einseitig

Der Redner ist unsicher. – Seine Anspannung überträgt sich auf das Publikum

Der unsichere Redner hat die Füße zu eng beieinander

So stehen Sie richtig:

- Ihre Füße sollten in etwa auf Schulterbreite stehen.
- Wichtig ist ein guter Bodenkontakt. Ziehen Sie bequeme Schuhe an.
- Ihre gesamte Fußsohle sollte den Boden berühren.
- Wenden Sie sich an Ihr Publikum. Dadurch verlagert sich Ihr Gewicht minimal nach vorne.

Der Körper: Die richtige Einstellung führt Sie sicher durch den Vortrag

Schauspielschüler führen einen ihrer größten Kämpfe gegen die eigene innere Anspannung. Je wichtiger Ihr Vortrag und je ungewohnter die Redesituation ist, desto nervöser werden auch Sie im Vorfeld sein und desto konsequenter sollten Sie jeder zusätzlichen Anspannung entgegenwirken. Für den Tag des Vortrags gilt: Kein kurzer Anruf im Büro, kein letztes Umändern des Manuskripts, keine wichtigen Gesprächstermine. Nur wenn Sie sich gut fühlen, können Sie sich begeistern, und nur wenn Sie begeistert sind, können Sie andere Menschen mitreißen.

Techniken gegen Lampenfieber

Dieses Mitreißen von Menschen gelingt vielen Rednern allerdings erst nach einem längeren Anlauf: Während des ersten Teils ihrer Rede fühlen sie sich noch etwas klamm und hölzern, im zweiten entspannen sie sich und im dritten und letzten Teil schließlich laufen sie zur Hochform auf und reißen das Publikum mit. Die Gunst des Publikums will im Verlauf einer Rede erst erarbeitet sein. Dennoch können Sie die Zeit, die Sie benötigen, um mit Ihrem Publikum warm zu werden, verkürzen, indem Sie sich mental vorbereiten. Nachdem Sie im Vorfeld alles getan haben, um sich zu entspannen, laufen Sie sich unmittelbar vor Ihrem Auftritt warm. Sie bringen sich selbst in Schwung, um anschließend andere in Schwung zu bringen. Integrieren Sie belebende Tätigkeiten ganz selbstverständlich in die Phase der Vorbereitung.

Das wirkt belebend:

- Hören Sie auf der Fahrt Musik, die Sie aufweckt.
- Steigen Sie Treppen, statt den Aufzug zu benutzen.
- Plaudern Sie mit Zuhörern und Kollegen.

Das Plaudern gibt Ihnen die richtige innere Haltung, um entspannt mit dem Vortrag zu beginnen. Vermeiden Sie alles, was Sie verharren lässt wie ein Kaninchen vor der Schlange oder einen Läufer vor dem Startschuss. Ihr Ziel sollte sein, den Übergang zum Beginn Ihrer Rede so selbstverständlich wie möglich zu gestalten. Sie sind körperlich aktiv und bleiben aktiv, sie fühlen sich beschwingt und bleiben beschwingt, sie bauen Kontakt auf und halten den Kontakt, und ohne dass Sie Gelegenheit finden, sich innerlich zu verspannen, beginnen Sie Ihren Vortrag. Falls Sie unmittelbar vor Ihrem Auftritt keine Gelegenheit haben, sich frei zu bewegen, weil andere Redner vor Ihnen sprechen, müssen Sie sich auf unauffällige Weise vorbereiten:

- Sitzen Sie aufrecht.
- Bei Aufregung atmen Sie in den Bauch.
- Spannen Sie gelegentlich Füße und Gesäßmuskeln an.
- Halten Sie nach Möglichkeit Blickkontakt zu Ihrem späteren Publikum.
- Nehmen Sie eine wache und interessierte Haltung ein.

Sind Sie gezwungen, in einem Nebenraum oder auf dem Gang zu warten, hilft nur eines: Fantasie. Um sich zu entspannen, singen Sie innerlich ein Lied, das Sie mögen; um sich vorzubereiten, spielen Sie Ihren Auftritt wie in einem inneren Film durch.

So kommen Sie auf Touren

Die Situation kennen Sie: Sie wachen morgens auf, fühlen sich schwach und wissen, dass Sie in wenigen Stunden hundertprozentig präsent sein müssen. Das Gespräch beim Kunden oder Vorgesetzten, die Rede vor Mitarbeitern oder dem Vorstand richten sich nicht nach Ihren Befindlichkeiten. Neben der kalten Dusche, dem starken Kaffee und dem lauten Beat aus dem Radio gibt es Übungen, die Sie rasch auf Touren bringen:

- Laufen Sie auf der Stelle, möglichst schnell, und ziehen Sie dabei Ihre Knie weit nach oben.
- Stellen Sie sich auf die Fersen und wechseln Sie sehr schnell von einer Ferse auf die andere. Anschließend trippeln Sie auf den Fußspitzen, den Außenkanten, den Innenkanten der Füße.
- Reiben Sie Ihre Hände, bis sie heiß werden, anschließend Ihre Ohren. Ziehen Sie mehrfach fest an den Ohrläppchen.

- Stellen Sie sich ans geöffnete Fenster. Halten Sie Ihre Hände (wie zum Gebet) vor die Brust. Sobald sie einatmen müssen, vergrößern Sie den Atemimpuls, indem Sie die Arme weit zur Seite ausstrecken. Die Handflächen drehen Sie nach außen, die Fingerspitzen zeigen dabei nach oben, so dass am Handgelenk eine leichte Spannung entsteht. Die Übung lässt sich Atemzug für Atemzug variieren: Rechte Hand nach oben, linke nach unten – linke Hand nach oben, rechte nach unten – beide Hände nach oben – beide Hände beschreiben einen großen Kreis, der vor der Brust beginnt und wieder endet.

So lockern Sie sich

Am Morgen fühlt sich der Körper häufig steif und ungelenkig an. Der Stress steckt einem förmlich in den Knochen. Nicht selten sind Rücken und Nacken verspannt. Beachten Sie: Ihre Körperbewegungen wirken hölzern, Sie fühlen sich unwohl und unaufhörlich fließt Energie ab. Übungen können helfen, Verspannungen loszuwerden:

- Recken und strecken Sie sich im Bett, wie es Katzen und Kinder tun. Gähnen Sie dabei laut. Sie vermeiden ein Verkrampfen des Körpers gleich beim Aufstehen.
- Sorgen Sie für warme Füße. Bereits das kurze Stehen auf kaltem Boden kann zu einer Verspannung führen, die Sie den ganzen Tag beeinträchtigt.
- Zur Entspannung des Nackens: Ziehen Sie beide Schultern nach oben und lassen Sie sie anschließend plötzlich fallen. Wiederholen Sie diese Übung mehrmals.
- Zur Entspannung des Rückens: Stellen Sie sich aufrecht hin und beugen Sie sich nun so weit wie möglich vornüber (die Hände müssen nicht den Boden berühren). Bleiben Sie eine halbe Minute in dieser Stellung und versuchen Sie, über Ihr Ein- und Ausatmen Ihren Rücken zu lockern. Anschließend richten Sie sich ganz langsam wieder auf, indem Sie Wirbel auf Wirbel setzen, bis Ihre Wirbelsäule senkrecht steht. Zuletzt stellen Sie sich vor, Ihr Kopf würde wie an einem Faden nach oben gezogen.

Eine Aufgabe belebt die Gestik

Sobald sie sich vor Ihr Publikum stellen, erleben viele Menschen ein höchst eigenartiges Phänomen: Sie bremsen, stolpern, wackeln – es fällt ihnen schwer, einfach nur stehen zu bleiben und zu beginnen. Es gibt eine Situation im Leben, in der man ebenfalls größte Schwierigkeiten damit hat, die simpelsten Dinge der Welt zu tun: beim Rendezvous. Auch in dieser Situation wissen viele nicht, wie sie sich geben sollen. Je großartiger sie wirken wollen, desto mehr machen sie sich zum Affen. Ausgerechnet diese Begegnung, die einem so lebenswichtig erscheint, verhaut man durch seine Unbeholfenheit. Wie schön wäre es, wenn man beim Rendezvous und beim Redenhalten diese ganze Aufregung vergessen und seine innere Anspannung abschütteln könnte. Tore zu neuen Möglichkeiten würden sich öffnen.

Von dieser Unbeholfenheit, die viele Redner von Anfang bis Ende ihres Aufenthaltes auf einer Bühne plagt, können Schauspielschüler ein Lied singen: Weil sie auf ihr Publikum wirken wollen, beobachten sie sich selbst und versuchen, ihre eigene Körpersprache auf wirkungsvolle Art einzusetzen. Sobald man aber sich selbst beobachtet, ist man auch schon aus der Situation gerissen – die Unbeholfenheit kann sich ihren Weg bis hin zu einem Desaster bahnen. Zwei Ursachen blockieren den Redner: Er hat Angst und er will wirken.

Gegen die Angst hilft Fantasie. Akzeptiert man erst einmal, dass Angst in dieser Situation nichts weiter als Fantasie ist, kann man Gegen-Fantasien entwickeln: Überlegen Sie sich, was Ihnen im schlimmsten Fall und in letzter Konsequenz geschehen könnte. Meistens ist es nicht existenzbedrohend. Erinnern Sie sich im Vorfeld an vergangene Erfolge oder besinnen Sie sich auf Menschen, die es gut mit Ihnen meinen, oder an einen Ort, an dem Sie sich wohl fühlen. Nicht umsonst setzt man ähnliche suggestive Methoden bei Kindern und Jugendlichen ein. Verzichten Sie nicht darauf, nur weil Sie inzwischen erwachsen geworden sind. Gegen das Wirkenwollen hilft die Aufgabe. Wer wirken will, beschäftigt sich mit seiner Körpersprache. Wer eine Aufgabe verfolgt, der handelt und in gleicher Weise handelt sein Körper.

Wie kommt es, dass man vor Publikum plötzlich zwei Hände zu viel hat und nicht weiß, wo man sie lassen soll? Lässt man sie hängen, hält man sie über der Gürtellinie, legt man sie ineinander oder versteckt man sie vielleicht in den Hosentaschen?

Vermutlich haben Sie Ihre beiden Hände immer bei sich und vermutlich stellen Sie sich im Alltag so gut wie nie die Frage: Wohin mit den Händen? Die Antwort lautet: Die Frage führt zu nichts. Sie müsste lauten: Warum weiß ich plötzlich nicht mehr, wohin mit den Händen? Wie komme ich zu einer Frage, die ich mir sonst nie stelle? Sie erinnern sich: Keine Rede ohne eine Aufgabe – und hier liegt die Antwort: In Ihrem Leben wissen Sie immer, wohin mit den Händen, weil Sie sich immer in einer konkreten Situation befinden: Sie regen sich auf – Ihre Hände regen sich auf. Sie sind müde – Ihre Hände sind müde. Sie bitten um etwas – Ihre Hände bitten mit. Sie wehren etwas ab – Ihre Hände wehren mit ab. Sie wissen nicht, was hier tun – Ihre Hände wissen es erst recht nicht. Dumm, wenn Letzteres auf einer Bühne vor Publikum der Fall ist. Sobald Sie mit einer Aufgabe auf die Bühne kommen, sobald Sie den Menschen etwas erklären, handeln Sie, und sobald sie handeln, wissen Sie, wohin mit Ihren Händen.

Vermeiden Sie, ...

- ... sich am Rednerpult oder am Manuskript festzukrallen.
- ... Ihre Hände zu reiben.
- ... Ihre Hände ineinander zu pressen.
- ... einzelne Finger zu quetschen.

Denn Spannung in den Händen verrät die innere Anspannung im Menschen.

Stattdessen ...

- ... legen Sie Ihre Hände ohne Druck auf das Rednerpult.
- ... halten Sie Ihr Manuskript ohne Anspannung.
- ... legen Sie Ihre Hände entspannt ineinander.
- ... nutzen Sie Ihre Hände als Illustratoren.

Sind Sie unachtsam, können Ihnen weitere peinliche Fehler unterlaufen.

Beide Hände in den Hosentaschen: Sie wirken bequem, bisweilen selbstgefällig und arrogant

Hände als Illustratoren: Sobald Sie Ihrem Publikum etwas erklären, helfen Ihre Hände mit

Angespannte Hände: Häufig verrät der Redner seine innere Anspannung

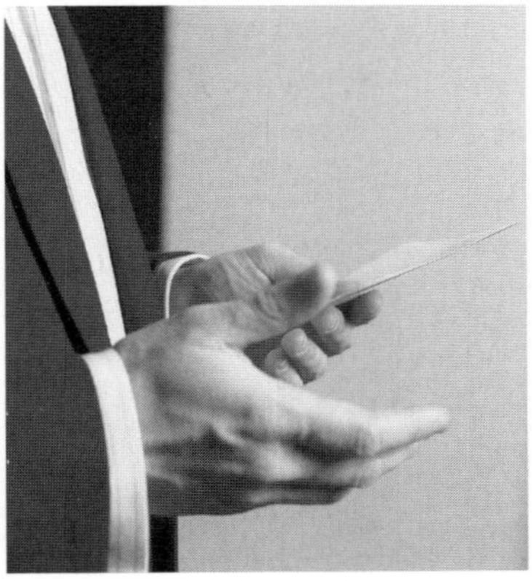

Entspannte Hände: Der Redner verwendet ein Blatt als Gedächtnisstütze. Sie nimmt ihm die Anspannung und beschäftigt eine Hand

Vermeiden Sie …

- … mit den Händen Ihr Gesicht zu verdecken – als würden Sie sich verstecken.
- … mit den Händen auf Ihr Publikum zu zielen – als würden Sie gleich abdrücken.
- … beide Hände in den Hosentaschen zu vergraben – als machten Sie es sich gemütlich.
- … einen Stift in zweideutiger Art vor die Hose zu halten – Sie werden ein gut gelauntes Publikum haben.

Der Redner ist nur konzentriert – er wirkt jedoch düster und problembeladen

Der Redner will beruflich »seriös« wirken – er wirkt aber unnahbar und steif

Der Redner ist privat ein sympathischer Kerl – er kommt entspannt und sympathisch rüber

Ihre Einstellung verfeinert die Mimik

Wie in dem einführenden Kapitel *Der authentische Körper* dargelegt, sollte man nicht, äußeren Anweisungen folgend, seine Mimik zu verändern suchen. Zwei typische Fehler treten allerdings in diesem Zusammenhang sehr häufig auf: Menschen, die Reden halten, konzentrieren sich in der Regel sehr stark. Der eigene Anspruch, alles richtig zu machen, kann zu einer Überspannung führen, die sich mimisch beispielsweise durch eine in Falten gelegte Stirn, einen leicht nach vorne gekippten Kopf und einen von unten nach oben bohrenden Blick ausdrückt. Sie selbst sind nur konzentriert. Der Zuschauer interpretiert Ihre Mimik jedoch als verbissen und düster und die Situation als ernst und problembeladen. Überprüfen Sie Ihr Mienenspiel, wenn Sie hoch konzentriert sind. Hierzu können Sie Vertraute zu Rate ziehen oder sich einer Videoaufzeichnung bedienen. Lernen Sie, sich zu konzentrieren, ohne Ihr Gesicht anzuspannen. Indem Sie Ihre Situation als sportliche Herausforderung, vielleicht sogar humorvoll betrachten, verlieren Sie wie von selbst Ihren verbissenen Ausdruck.

Der zweite Fehler betrifft die Art und Weise, wie Menschen sich selbst in der Rolle des Redners sehen möchten. Während sie in einem privaten Umfeld sympathisch und mit einer die Herzen erwärmenden Art auftreten, meinen sie, im Beruf »seriös« wirken zu müssen. Die gut gemeinte Ernsthaftigkeit führt dazu, dass sich der Redner vor seinem Publikum salbungsvoll aufbaut. Auf diese Weise aber schafft er – ohne es beabsichtigt zu haben – Distanz zu seinem Publikum und präsentiert ein körpersprachliches Ergebnis, das steif und hölzern rüberkommt. Beide Haltungen entstehen durch innere Einstellung. Beobachten Sie sich in der privaten und der beruflichen Redesituation und vergleichen Sie Ihre Einstellung zum Publikum, die Art Ihres Auftritts und Ihr Körpergefühl. Wenn Sie sich nun während eines beruflichen Auftritts vorstellen, Ihr Publikum wäre ein privates, übertragen Sie die entspannte Körpersprache auf die angespannte Situation. Das Ergebnis: Nonverbal wirken Sie souveräner und sympathischer. Verbal kommen Sie nach wie vor klar und seriös rüber – die Inhalte haben sich nicht geändert.

Ihre Augen schaffen Kontakt

»Beiß dich mit den Augen in den anderen hinein! Krall dich mit deinem Blick in die Augen des anderen!« – In dieser Art werden Schauspielschüler animiert, über den Blick mit dem Partner in Kontakt zu treten und Kontakt zu halten. Der Grund: Auf einer riesigen Bühne verliert man sich leicht, Bühnen- und Zuschauerraum sind so weitläufig, dass inmitten dieser Weite der Blick umherirrt. Wohin blicken Sie, wenn Sie eine Rede halten?

In der Schauspielausbildung bedient man sich so genannter Wahrnehmungskreise. Diese Technik ist leicht verständlich und anwendbar: Stellen Sie sich vor, Ihr Blick ist wie der Kegel einer Taschenlampe auf seine Umgebung gerichtet. Dort, wo Sie hinblicken, trifft der Lichtkegel auf. Nun können Sie in Gedanken diesen Kegel – wie auch bei manchen Taschenlampen möglich – in seiner Größe verstellen. Blicken Sie jemandem tief in die Augen, weil Sie beispielsweise etwas herausfinden oder denjenigen ermahnen möchten, so verengt sich der Kegel. Blicken Sie genießend in eine Landschaft, so weitet er sich.

Stehen Sie als Redner vor einer kleinen Gruppe bis 50 Zuhörer, so blicken Sie in ruhigem Wechsel mit einem engen Wahrnehmungskreis mal den einen, mal den anderen Zuhörer an. Für Gruppen ab 50 Zuhörer vergrößern Sie den Kegel. Nun blicken Sie in ruhigem Wechsel kleine Gruppen im Zuschauerraum an. Ihre »Taschenlampe« leuchtet mal zu der Gruppe vorne links, dann nach hinten rechts. Das Bemühen, ständig alle anzusehen, führt zu einem unruhigen Blick, der permanent von einem zum andern wandert und vom Publikum als Nervosität und Unsicherheit gedeutet wird. Lassen Sie sich deshalb Zeit und richten Sie Ihren Blick in ruhigem Wechsel mal auf den einen, mal auf den anderen Zuschauer.

Jede Sekunde, die Sie nicht Ihr Publikum anschauen, ist eine Sekunde, in der Ihr Kontakt zu Ihren Zuschauern unterbrochen wird. Schauen Sie deshalb so oft wie möglich in die Augen der Menschen.

Vermeiden Sie …

- … mit den Augen an Ihrem Manuskript zu kleben – Sie wirken wie jemand, der nicht weiß, was er sagen soll.
- … Ihre eigenen Folien vorzulesen – sie unterbrechen den Kontakt zum Publikum.
- … überwiegend »geliebte« Zuschauer oder Zuschauergruppen anzuschauen – Sie vernachlässigen den Rest.
- … nur in die ersten Reihen oder in die Mitte zu blicken – seitlich und weiter hinten sitzen Zuhörer, die ebenfalls angesprochen werden möchten.
- … aufgrund von blendenden Scheinwerfern mit zusammengekniffenen Augen oder mit gesenktem Kopf von unten zu blicken – Ihr Publikum wird nicht geblendet und wundert sich über Ihre unsichere und verkniffene Mimik.

Stattdessen …

- … verwenden Sie Ihr Manuskript nur gelegentlich als Gedächtnisstütze – freie Formulierungen kommen Ihnen leichter über die Lippen und wirken lebendiger.
- … orientieren Sie sich nur kurz auf den eigenen Folien und blicken Sie, während Sie etwas zeigen, Ihr Publikum an – auf diese Weise halten Sie den Kontakt aufrecht.
- … schenken Sie vorne und hinten, mittig und seitlich sitzenden, geliebten und ungeliebten Menschen Ihre Aufmerksamkeit – jeder Einzelne soll Ihnen zuhören.
- … halten Sie sich trotz blendender Scheinwerfer aufrecht – nur so behalten Sie einen überzeugenden Körperausdruck.

Ihr Auftritt: Eine kluge Dramaturgie erzeugt lebendige Körpersprache

Das Schwierige an der Redesituation ist, dass sie so gar nicht mit alltäglichen Erfahrungen vergleichbar ist. Wann hält man schon Reden? Als Kind mit den obligatorischen Gedichten unterm Weihnachtsbaum, als Beschenkter beim Geburtstag, als Befürworter des Spielplatzes beim Nachbarschaftstreffen – das war es dann auch schon. Und jedes Mal fasst man sich kurz, um diese unangenehme Situation schnell hinter sich zu bringen. Die Redesituation empfindet man als künstlich: Hingestellt und aufgestellt vor die Masse, die man doch mitreißen wollte. Das, was einen körpersprachlich unbeholfen auftreten lässt, ist nichts anderes als die eigene Unbeholfenheit der fremden Situation gegenüber. Vieles würde körpersprachlich überzeugender wirken, wenn man von sich überzeugter wäre. Da in keiner anderen beruflichen Situation die innere Unsicherheit so offenkundig zutage tritt wie bei einer Rede, gilt es, sich durch eine optimale Vorbereitung und eine durchdachte Dramaturgie so viel Sicherheit wie möglich zu verschaffen. Auch wenn sich Inhalte und emotionale Intensität unterscheiden, auf der Bühne ergeht es Ihnen wie einem Darsteller: Ihr Publikum fesseln Sie nur, wenn Sie wissen, wie Sie es begeistern können.

Vorbereitung schafft Entspannung

Eine gründliche inhaltliche Auseinandersetzung mit dem vorzutragenden Stoff ist als Mittel gegen Lampenfieber jeder Atemübung vorzuziehen. Je sicherer Sie sich inhaltlich fühlen, desto souveräner treten Sie auf. Geben Sie sich deshalb die Zeit, Informationen zu Ihrem Thema zu sammeln und alle Ideen wachsen zu lassen. Notieren Sie sich jeden Ihrer Gedanken. Auch eine zunächst als unsinnig erscheinende Idee kann Sie später auf einen neuen und lohnenswerten Weg führen.

Zu wem sprechen Sie? In welchem Rahmen sprechen Sie? Welche Haltungen werden Ihnen entgegengebracht? Informieren Sie sich nicht nur über Ihr Thema, sondern ebenso über Herkunft, Horizont, Wünsche und Ziele Ihrer Zuhörer. Ein guter Redner stellt sich auf unterschiedliche Zielgruppen ein, greift Rahmenbedingungen wie beispielsweise Ort oder Anlass der Veranstaltung, gegebenenfalls einzelne Aspekte seines Vorredners auf. Er bereitet sich auf mögliche Gegenargumente vor und weiß auch, was die Gruppe nach seinem Vortrag erwartet. Erst nachdem Sie die erste Phase des Sammelns abgeschlossen haben, beginnen Sie mit der Gestaltung Ihres Vortrags. Widerstehen Sie der Versuchung, die detaillierte Ausformulierung an den Beginn Ihrer Arbeit zu setzen.

Für eine Inszenierung stehen dem Regisseur eine Vielzahl von Gestaltungsmitteln zur Verfügung: Bühne, Licht, Kostüm, Maske und Ton werden so aufeinander abgestimmt, dass sie den Darsteller unterstützen. Als Redner stehen Ihnen ebenfalls begleitende und unterstützende Medien zur Verfügung. In der Regel sind es zwei: Manuskript und Folien. Von entscheidender Bedeutung für Ihr späteres körpersprachliches Auftreten ist die Art und Weise, wie Sie den Einsatz dieser Medien planen und durchführen.

Umgehen mit dem Manuskript

Völlig frei sprechen nur routinierte Redner. In der Regel werden Sie sich während Ihres Vortrags auf ein Manuskript stützen. Wägen Sie ab, welche Art von Manuskript für Ihren Zweck sinnvoll ist: Eine Karteikarte mit einigen Stichpunkten bietet den Vorteil, frei reden zu können, ohne dabei vom Thema abzukommen. Ihre Sprache wirkt in der Regel spontan und frisch, Ihr Auftritt – wenn Sie mit dieser Freiheit umgehen können – souverän und locker. Deshalb bietet sich diese Form für gesellschaftliche Anlässe an. Auch Kurzvorträge vor Mitarbeitern oder dem Kunden sollte man auf diese Weise bestreiten. Auf der anderen Seite können Sie von Ihrer Karteikarte nur wenig Unterstützung erwarten, falls Sie nicht mehr weiter wissen. Die ausführlichere Manuskriptvariante besteht aus ein bis zwei DIN-A4-Seiten. Sie bietet sich für umfangreichere Referate an und enthält alle Stationen des Vortrags in Form von Stichpunkten. Der Vorteil: Da Sie keine ausformulierten Sätze verwenden, haben Sie vor Ihrem Publikum die Freiheit, spontan zu formulieren. Das Netz aus niedergeschriebenen Inhalten, das Sie gegebenenfalls auffängt, ist gegenüber der Karteikarte allerdings dichter geknüpft. Die detaillierteste Variante schließlich, die wortwörtliche Ausformulierung eines Vortrags, verwendet der Redner, der hundertprozentige Sicherheit benötigt, weil er beispielsweise aus juristischen Gründen mit exakten Formulierungen und konkreten Daten vor sein Publikum treten muss. Häufig werden jedoch Perfektion und Sicherheitsbedürfnis übertrieben und die mangelnde Erfahrung im Erstellen und Umgehen mit dem Manuskript führt dazu, dass die vermeintliche Sicherheit auf Kosten der Lebendigkeit geht. Gerade weil die Rede perfekt vorbereitet ist, wirkt sie trocken und papieren und der Redner findet keinen Kontakt zu seinem Publikum.

Falls Sie nicht erst vor Ihrem Auditorium feststellen möchten, ob Ihr Manuskript sprechend funktioniert oder nicht, sollten Sie es beim Verfassen laut sprechen und vor Ihrem Auftritt sprechend einüben. Gehen Sie in einen großen Raum, stellen Sie Stühle stellvertretend für Ihre Zuhörer auf und proben Sie Ihren Auftritt alleine oder vor einem Menschen, dem Sie vertrauen. Die Premiere, die Sie in einem Theater erleben, ist das Ergebnis zahlloser Proben- und nicht zahlloser Durchdenkstunden. Es ist heilsamer, Sie fühlen sich seltsam bei Ihrer Generalprobe, wenn Sie mit sich alleine oder vor einem Zuhörer sprechen, als bei Ihrer Premiere coram publico.

- Wägen Sie Vor- und Nachteile unterschiedlicher Manuskriptarten gegeneinander ab.
- Sie können die Varianten kombinieren, indem Sie alle drei anfertigen und nur bei Bedarf auf die ausführlichere zurückgreifen.
- Erstellen Sie ausschließlich Vorlagen in gesprochener Sprache.
- Proben Sie Ihren Auftritt laut sprechend.
- Lernen Sie die ersten fünf Sätze Ihrer Rede auswendig – das gibt Ihnen Sicherheit für Ihren Einstieg.
- Lernen Sie ebenfalls den Abschluss Ihrer Rede auswendig – andernfalls riskieren Sie, dass konkrete Handlungsaufforderungen verpuffen und Ihr Abschied vom Publikum misslingt.

Achten Sie bei dieser Gelegenheit darauf, wie Sie mit Ihrem Manuskript umgehen. Der Umgang hat körpersprachlich seine Tücken: Mancher Redner krallt sich wie ein Ertrinkender an das letzte Stückchen Papier, andere streicheln oder schlagen es, je nachdem, wo sie gerade in ihrer Rede angelangt sind, und nicht selten erlebt man Redner, deren Augen sich so tief in die Buchstaben hineinbohren, dass wir sie – immerhin als Zuschauer, die angesprochen werden möchten – nur selten zu sehen bekommen.

Wenn Sie das Manuskript in den Händen halten, verraten Sie innere Anspannung, Ärger und Nervosität oder Leidenschaften für oder gegen etwas. Achten Sie deshalb auf Ihre Hände.

Vermeiden Sie, ...

- ... Ihr Manuskript als einzigen Freund auf der großen Bühne zu betrachten.
- ... sich an Ihrem Manuskript emotional abzuarbeiten.
- ... sich durch intensives Lesen im Manuskript zu verstecken.

Stattdessen ..

- ... nutzen Sie Ihr Manuskript wie einen Assistenten. Der Freund, dem Sie etwas zu sagen haben, ist Ihr Publikum.
- ... halten Sie Ihr Manuskript nicht fester als nötig.
- ... verwenden Sie das Manuskript nur gelegentlich als Stichwortgeber.

DAS SEMINAR – VORTRAG II

Wolfgang Koller hat sich ebenfalls für einen Vortrag angemeldet, den er regelmäßig vor Kunden halten muss. Stephan Schätzky: »Herr Koller, möchten Sie nun Ihren Vortrag halten?« Koller: »Was halten Sie von einer kurzen Pause? – Ich könnte währenddessen Laptop und Beamer vorbereiten.« Schätzky: »Einverstanden.« Die Gruppe begibt sich plaudernd zum Büfett. Kurt Gessner bleibt noch etwas länger sitzen. »Nicht zu fassen! Ich rede und weiß gar nicht, warum.« Gewissenhaft notiert er, welche Fragen er sich vor seinem Vortrag stellen müsste.

Koller bereitet seine Gerätschaft vor. – Am Büfett plaudern währenddessen die anderen Teilnehmer. Edith Öffner zu Philipp Weiden: »Sehen Sie, Herr Weiden, jetzt schauen Sie gerade schon wieder ganz leicht von unten. Das ist ein tiefer Status – ich mache das auch immer. Das müssen wir vermeiden.« Konstanze Wolf zu Thomas Hartmann: »Mich würde ja mal wirklich interessieren, wie die körpersprachliche Dominanz zwischen den Geschlechtern verteilt ist.« Hartmann schnappt sich ein paar Weintrauben: »Ganz einfach. Frauen haben die schlechteren Karten.« Wolf: »So, so ... und warum, wenn ich fragen darf?« Hartmann: »Na, ja – Stöckelschuhe sorgen für schlechten Bodenkontakt, Röcke sorgen für kurze, devote Schritte, die Körpergröße sorgt dafür, dass sie zu den Männern aufblicken.« Wolf: »So gesehen haben Sie gar nicht Unrecht ...« Manfred Breitscheid zu Kurt Gessner: »Mich würde mal interessieren, wie sich die Körpersprache von Kultur zu Kultur ändert. Ich bin international viel unterwegs.« Kurt Gessner: »Also, die Amerikaner sind lässiger im Umgang und küssen nicht so schnell.« Hartmann augenzwinkernd: »Aha ...« Gessner: »Das habe ich jedenfalls gelesen. – Ja, und die Asiaten halten eindeutig mehr Abstand zum anderen. Also in Asien, da kann man sehr viel falsch ...« Laut klatschend trommelt Koller sein Publikum zusammen. »Können wir beginnen?« Die Teilnehmer setzen sich. Öffner: »Herr Koller, darf ich mal fragen, ob Sie sich uns alle jetzt in Unterwäsche vorstellen?« – Alle lachen. Koller wird etwas rot: »Aber nein, das mache ich doch nur bei großen Gruppen, vor denen mir unwohl ist.« Schätzky: »Fangen wir an!«

Der Beamer surrt, Kollers Begrüßung und einige einleitende Sätze geraten sehr lebendig. Professionell drückt Koller auf seine Funkmaus. Eine Pyramide baut sich auf. Zahlreiche Ebenen bezeichnen den Aufbau von MTL. Während von den Zuhörern jeder für sich die Beschriftung der Grafik durchliest, liest Koller ebenfalls die Beschriftung vor. »Unser Unternehmen ist pyramidenförmig aus fünf Segmenten aufgebaut, wobei unsere Abteilung dem zweiten Segment zuzuordnen ist.« Er bemerkt nicht, dass seine Zuhörer an anderen Stellen lesen als er selbst. Jeder versucht für sich, aus dem Schaubild schlau zu werden, hat seine eigene Reihenfolge und seine individuelle Lesegeschwindigkeit. Während Koller zu Beginn noch lebhaft und souverän auftritt, wird er während der Beschreibung seiner Pyramide zusehends steifer. Als trage er eine unsichtbare Halskrause, steht er neben seiner Folie. Seine Arme hängen schlaff herunter. – Gessner und Hartmann blicken sich verstohlen an. Irgendetwas stimmt da nicht. – Jetzt winkelt Koller die Arme an. Er hält sie völlig unmotiviert und verkrampft über der Gürtellinie, weil er das in irgendeinem Seminar gelernt hat. Plötzlich erlischt das Bild auf der Leinwand. Das Surren des Beamers verstummt. Schätzky hat den Netzstecker gezogen. Schätzky: »Der Beamer ist defekt. Fangen Sie bitte noch einmal von vorne an, Herr Koller, und erklären Sie uns diese Pyramide noch einmal.« Koller, etwas irritiert, weil ihm seine Folie genommen wurde. Tapfer beginnt er wieder von vorne: »Stellen Sie sich unser Unternehmen wie eine Pyramide vor.« – Seine Unterarme bilden ein Dreieck, die ausgestreckten Handflächen bilden die Spitze. – Koller: »Diese Pyramide ist in fünf Segmente aufgeteilt.« – Allmählich gewinnt Koller seine alte Lebendigkeit zurück: Rechte Hand und rechter Arm bilden eine Waagerechte und schneiden vier Mal in die Luft. Koller: »Unsere Abteilung befindet sich in dieser Pyramide hier auf der zweiten Ebene.« – Die rechte Hand setzt in der entsprechenden Höhe der imaginären Pyramide einen Punkt. Schätzky bricht die Übung ab: »Danke!« Noch bevor er fortfahren kann, wütet Koller: »Das ist Murx! Viel zu unkonkret!«. Zu seiner Verblüffung ist die Gruppe begeistert: Wolf: »Sie sind lebendiger.« Weiden: »Ich habe erst jetzt richtig zugehört.« Öffner: »Und irgendwie waren Sie mehr bei uns.« Schätzky ergänzt: »Kein Wunder: Zuvor hat Ihre Folie die Hauptrolle gespielt. Jetzt spielen Sie die Hauptrolle. Zuvor haben Sie Ihre Folie erklärt. Jetzt haben Sie uns etwas erklärt.«

Umgehen mit Folien

Während Ihr Beamer zeigt, können Sie nur noch mit einer schwachen Geste auf Ihre Folie verweisen. Während Ihre Kollegin singt, haben Sie nichts mehr zu tun. Der Redner, der Teile seines Vortrags über Folien transportiert, handelt wie eine Sängerin, die ihre Kollegin bittet, bei der nächsten Vorstellung eine ihrer Arien und das Duett im zweiten Akt mit ihrem Partner zu übernehmen. Indem Sie Folien verwenden, nehmen Sie sich selbst das Motiv zu handeln: Ihr Körper muss nichts mehr zeigen, da alles gezeigt wird; er muss nichts mehr verdeutlichen, da alles deutlich wird; er muss niemanden mehr gewinnen und begeistern, da die Zuschauer mit Lesen beschäftigt sind. Er hat nichts mehr zu tun. Sehr viel zu tun hätte er, wenn Sie sich beispielsweise über eine Sprachbarriere hinweg verständigen müssten: Nichts ist klar – deshalb arbeitet Ihr Körper.

Aus ihrem Sicherheitsbedürfnis heraus geben Menschen ihrem Beamer die Hauptrolle. Sie selbst begnügen sich mit dem Dasein eines Statisten und wundern sich, dass ihrem Körper so gar nichts mehr einfällt – ein typisches Beispiel hierfür ist das unangenehme Gefühl, nicht mehr zu wissen, wohin mit den Händen. Je größer nämlich der Raum wird, den Sie Ihren Folien geben, desto kleiner wird Ihr eigener und desto geringer werden Ihre Möglichkeiten, das Publikum an Ihre Person zu binden. Darüber hinaus schaffen Sie eine Situation, die körpersprachlich gleich mehrfach problematisch ist: Jede Sekunde, die Ihre Zuschauer mit ihrer Aufmerksamkeit bei der Folie sind, können sie nicht bei Ihnen sein. Dasselbe gilt in umgekehrter Richtung: In Ihrer Bemühung, den Folieninhalt korrekt vorzulesen, schauen Sie als Redner entweder auf die Folie hinter sich oder auf den Bildschirm Ihres Laptops vor sich. In beiden Fällen verlieren Sie den Blickkontakt zu Ihrem Publikum. Eine weitere Schwierigkeit: Die meisten Redner erstellen Folien, die sich selbst erklären, um sie gleichzeitig für die Teilnehmerunterlagen zu verwenden. Wer so verfährt, missachtet, dass es sich bei Teilnehmerunterlagen um ein anderes Medium als bei Folien handelt. Jene müssen sich selbst erklären, diese dürfen sich in keinem Fall selbst erklären, da jede Folie, die sich selbst erklärt, keinen Redner mehr benötigt. Während der Zuschauer die Folie längst gelesen und in der Regel auch verstanden hat, langweilt der Redner sein Publikum mit dem Wiederholen oder Paraphrasieren des Folieninhalts. Verzichten Sie stattdessen vollständig oder weitgehend auf Folien, sind Sie gezwungen, verständlich zu machen, was noch nicht deutlich ist. Die Folge: Ihr Körper setzt sich von selbst in Bewegung.

Der Redner muss zu seinem Publikum. – Er wirkt unsicher

Der Redner gibt sich die Ehre vorzutragen. – Er wirkt überheblich

Geläufige Gegenargumente, Folien verleihen der Argumentation mehr Gewicht, Folien gehören zur Rednerkultur des Unternehmens und entsprechen den Erwartungen der Kunden, haben ihre Berechtigung, wenn Sie einen konventionellen Redestil bevorzugen und sich im soliden Mittelmaß wiederfinden möchten. Sie verlieren ihre Berechtigung, wenn Sie individuell und lebendig reden und Ihr Publikum mitreißen wollen.

Der einsame Auftritt

»Beate kam auf die Bühne und nach drei Sekunden war klar, dass sie verlieren würde.« – »Und wie wurde es?« – »Beschissen.« Lehrer kennen diesen Effekt: Ein Student betritt die Bühne und man sieht sofort, ob der Auftritt gelingen oder scheitern wird.

Der Redner kommt auf ein Bier vorbei. – Er wirkt unseriös und kumpelhaft

Der Redner will zu seinem Publikum – er wirkt ambitioniert und offen

Wie kommt das? Eine gelungene Darstellung basiert darauf, dass es dem Schauspieler gelingt, sich auf der Bühne so selbstverständlich zu bewegen, als wäre er gar nicht auf der Bühne. Sie kennen die Redeweise: »Der ist auf der Bühne zu Hause.« Entweder entsteht dieses Gefühl in den ersten Sekunden oder es entsteht nicht und meistens bleibt es im Folgenden dabei.

Ihr Auftritt ist wie der Start bei einem Wettkampf: Gelingt er, setzt er zusätzliche Kräfte frei, misslingt er, dann fahren Sie mit angezogener Bremse los und Sie werden sich schwer tun, in Fahrt zu kommen.

Menschen schleichen auf die Bühne, als hätten sie etwas ausgefressen, sie marschieren auf, weil sie meinen, das verleihe ihnen Seriosität, oder schlendern in pseudo-lässiger Manier, um locker und kumpelhaft zu wirken. Ein gelungener Start beginnt mit Ihrem Gang zum Publikum, dem ersten Blick zu den Menschen, denen Sie etwas zu sagen haben, und Ihren ersten Sätzen. Zuvor wurde begründet, warum Sie keine Bühne ohne eine Aufgabe betreten sollten. Vorausgesetzt, Sie haben eine Aufgabe, und wissen genau, wohin Sie Ihr Publikum führen wollen, wird Ihnen der Auftritt keine Mühe bereiten. Sie betreten den Raum, um den Menschen etwas zu erzählen. Zügig, leicht nach vorne geneigt, gehen Sie zu Ihrem Publikum wie zu jemandem, dem Sie etwas zu sagen haben. Zeigen Sie von Anfang an die Stimmung, die Sie transportieren möchten, und fangen Sie an.

Zusätzlich können Sie Ihren Auftritt gestalten, indem Sie Gang und Redebeginn in das richtige Verhältnis setzen:

Ein Redner, der ...

- ... während des Gangs zum Publikum mit seiner Ansprache beginnt, kommt lässig rüber. – Gerne versuchen ältere Redner, sich auf diese Weise einen jugendlichen Touch zu geben.
- ... mit seiner Ansprache beginnt, sobald er stehen bleibt, gibt sich und seinem Publikum wenig Zeit. – Der Auftritt wirkt etwas unsicher. Falls es um ein ernstes Thema geht, kann man durch die Geschwindigkeit auch die Dringlichkeit des Anliegens dokumentieren.

- … seinem Publikum einen kurzen, freundlichen Blick zuwirft, sobald er an seinem Platz angekommen ist, schafft eine angenehme Atmosphäre. – Er zeigt durch die minimale Verzögerung des Redebeginns, dass er sich Zeit für die Begegnung mit seinem Publikum nimmt und souverän mit der Situation umgeht.

Der anmoderierte Auftritt

Häufig werden Sie auf der Bühne von einem Moderator angekündigt. Das vereinfacht den Gang auf die Bühne, da Sie von jemandem empfangen werden, den Sie begrüßen können. Der Kontakt zwischen Redner und Moderator hat aber auch seine Tücken, denn solange der Moderator über Sie spricht, müssen Sie warten. Wie verhält man sich auf der Bühne, wenn man nichts zu tun hat? Viele Redner empfinden diese Zeitspanne als unangenehm und konzentrieren sich deshalb zu sehr auf den Moderator. Die Folge: Sie blenden das Publikum aus.

Der Redner macht es sich bequem und baut keinen Kontakt zum Publikum auf – der anschließende Redebeginn wird dadurch erschwert

- Nutzen Sie die Zeit der Anmoderation zu einer ersten Kontaktaufnahme mit dem Publikum.
- Blicken Sie gelegentlich den Moderator an, häufig aber auch ins Publikum, an das Sie sich gleich wenden werden.
- Als Wartender sinkt man gerne in sich zusammen, verlagert sein Gewicht auf ein Bein oder knickt im Becken seitlich ein. Machen Sie es sich nicht bequem und warten Sie mit einer aufrechten und wachen Körperhaltung auf Ihren Redebeginn.

Der Redner ist wach und baut bereits vor seiner Rede einen Kontakt zum Publikum auf. – Der anschließende Redebeginn wird vorbereitet und erleichtert

Pressekonferenzen und Vollversammlungen

Lange Wartezeiten entstehen auf der Bühne vor allem bei Pressekonferenzen oder Vollversammlungen: Viele wichtige Herren nehmen an einem langen Tisch auf einer großen Bühne Platz. Da immer nur einer von ihnen reden kann, sitzen die übrigen stumm herum. Die wartenden Herren dösen, grummeln, grinsen, träumen und glauben, sie würden vom Publikum nicht beachtet, weil sie nicht sprechen. Bedenken Sie: Sobald Sie eine Bühne betreten, sind Sie für die Menschen im Publikum interessant. Sie werden auf einer Bühne nie unbeobachtet sein. Gleichgültig ob Sie stehen oder sitzen, reden oder schweigen, sich im Zentrum oder am Rand befinden: Auf einer Bühne verhält man sich nie »privat«.

Als Sprechender ...

- ... sitzen Sie aufrecht auf Ihrem Stuhl. Wenn Sie sich auf die Stuhlkante setzen und leicht nach vorne neigen, haben Sie automatisch die richtige Haltung.
- ... verwenden Sie Ihre Aufzeichnungen nur als Gedächtnisstütze. Überwiegend sollten Sie Ihr Publikum anblicken.
- ... schauen Sie in ruhigem Wechsel Ihre Zuschauer an.

Als Wartender ...

- ... sitzen Sie ebenfalls aufrecht auf Ihren Stuhl.
- ... hören Sie dem Redenden zu. Das Publikum sieht, wenn Sie unaufmerksam sind.
- ... halten Sie wie der Redner Blickkontakt zum Publikum und blicken die Menschen dementsprechend in ruhigem Wechsel an.

Stehen und gehen während der Rede

Vielleicht ist es Ihnen schon einmal im Theater aufgefallen: Die Darsteller bewegen sich ganz selbstverständlich über die Bühne, ohne dass Sie sich darüber weiter Gedanken machen, bis plötzlich eine neue Figur auftritt – und ohne dass derjenige spricht, sehen Sie sofort: Das ist ein Statist. Sie erkennen an der Art und Weise, wie sich jemand auf der Bühne bewegt, ein unterschiedliches Niveau. Obwohl beide, Statist und Darsteller, auf zwei Beinen gehen und einen Schritt auf den nächsten folgen lassen, um sich fortzubewegen, gibt es offensichtlich »richtige« und »falsche« Gänge. Jene akzeptiert der Zuschauer innerhalb einer Handlung als selbstverständlich, diese empfindet er als künstlich und unbeholfen. Woran liegt das? Der Darsteller motiviert seine Gänge. Er weiß, warum die Figur, die er spielt, von A nach B geht. Der Statist geht von A nach B, weil ihm das der Regisseur bei der Probe gesagt hat. Außerdem findet er es toll, auf so einer großen Bühne vor vielen Menschen herumzulaufen. Für Sie als Redner heißt das: Sie bewegen sich professionell und selbstverständlich auf der Bühne, indem Sie Ihre Gänge motivieren.

Seitwärts bewegen Sie sich über eine Bühne, indem Sie beispielsweise links im Publikum jemanden anblicken. Anschließend gehen Sie in seine Richtung, um diesem Zuschauer etwas zu erklären. Der Gang ist motiviert. Indem Sie nun mit anderen Zuschauern auf der gegenüberliegenden Seite in gleicher Art verfahren, können Sie sich beliebig hin und her bewegen. Vor und zurück bewegen Sie sich, indem Sie Ihre Aufmerksamkeit mal der Projektion, mal dem Publikum zuwenden. Immer dann, wenn Sie etwas auf der Folie zeigen möchten, ist der Gang zur Projektion motiviert. Der Gang zurück zum Publikum motiviert sich dadurch, dass Sie sich wieder an Ihr Publikum richten. Haben Sie sich während Ihrer Rede hinter einem Stehpult oder an einem Tisch aufgehalten, so können Sie für die Diskussionsrunde Ihren Platz verlassen und nach vorne treten. Wenn sich ein Teilnehmer zu Wort meldet, gehen Sie auf ihn zu und signalisieren auf diese Weise Ihr Interesse.

Wie häufig sich ein Redner vor seinem Publikum bewegt, hängt individuell vom Redner und vom Redeinhalt ab. Sie können hierbei nach Ihrem Gefühl gehen, solange Sie eines beachten: Unterscheiden Sie bewusste Gänge von einem unbewussten und ständigen Herumtigern. Falls Sie aufgrund innerer Unruhe ständig in Bewegung sind, ermüdet das den Zuschauer, da er Ihnen mit seinen Blicken permanent folgen muss.

Ihr Abschied vom Publikum

Wie dem Auftritt und dem Beginn, so kommt auch dem Ende und dem Abgang eine ganz besondere Bedeutung zu. Es ist der Moment, der den Zuschauern emotional und inhaltlich im Gedächtnis haften bleibt, das Letzte, was sie von Ihnen sehen, hören und spüren. Sie sollten deshalb Ihren Abgang klug inszenieren und die letzten gesprochenen Sätze nicht dem Zufall überlassen.

- Lernen Sie die letzten Sätze Ihrer Rede auswendig.
- Verknüpfen Sie das Ende Ihrer Rede mit konkreten Handlungsaufforderungen.
- Falls es für Sie stimmig ist, können Sie der Rede einen persönlichen Abschluss geben.

Was Schauspielschülern vor ihrem ersten Kontakt mit Publikum eingeschärft wird, gilt auch für Sie: Ihr Auftritt ist mit Ihrem letzten gesprochenen Wort nicht zu Ende. Der Applaus und das Verbeugen bis hin zu Ihrem Abgang von der Bühne gehören mit zu Ihrer Vorstellung.

- Blicken Sie Ihr Publikum mit Ihrem letzten Wort – meistens »Danke« – an.
- Nehmen Sie den Applaus auf, indem Sie in ruhigem Wechsel verschiedene Gruppen im Publikum anblicken.
- Amateure lächeln verschämt ihr Publikum an. Profis freuen sich über Applaus.
- Mit einem leichten Verbeugen bedanken Sie sich bei Ihrem Publikum für den Applaus. Wenn Sie in dem Moment der Verbeugung »Danke« denken, fällt Ihnen das Verbeugen leichter.

DAS SEMINAR – DER ABSCHIED

Stephan Schätzky: »Tja … wir sind am Ende angelangt. Die abschließende Frage, wie es Ihnen gefallen hat, möchte ich in den Hintergrund rücken. Mich interessiert vor allem – und vielleicht ist das auch für die anderen Teilnehmer von Bedeutung –, was jeder Einzelne von Ihnen mit nach Hause nimmt. Was hat Sie enttäuscht oder überrascht? Was haben Sie entdeckt? Was möchten Sie, wenn Sie aus diesem Raum gehen, dort draußen verändern?«

Stille unter den Teilnehmern. Nach kurzer Zeit ist Edith Öffner die Erste, die unruhig wird. »Geht das hier nach der Reihe oder darf ich?« Schätzky: »Sie dürfen.« Öffner: »Also, ich muss einfach sagen: Ich fand das hier großartig! Vieles habe ich mir zwar schon vorher gedacht, wenn ich andere Menschen und mich beobachtet habe. Aber durch die vielen verschiedenen Szenen habe ich einen ganz neuen Überblick gewonnen über das, was Menschen mit ihrem Körper tun. Und es gibt mir Sicherheit, weil ich erfahren habe, dass ich mit meinen eigenen Interpretationen gar nicht so falsch liege. Besonders neugierig bin ich, in Zukunft zu beobachten, in welchem Status ich gerade bin. Ich glaube, ich bin zu häufig in dem tiefen.« Philipp Weiden: »Ich habe heute einen neuen Begriff gelernt: ›Innere Haltung‹. Ich dachte immer, dass man Körpersprache von außen verändern muss. Aber viel wirksamer ist es ja, wenn man sich eine Situation einfach anders vorstellt. Dann tritt man automatisch anders auf. Im Grunde ist ja das, was vorher im Kopf geschieht, das Wichtigste und die überzeugende Körpersprache ergibt sich dann hoffentlich.« Konstanze Wolf: »Ich wurde hier enttäuscht und gleichzeitig bin ich ganz froh, dass ich enttäuscht wurde. Meine Erwartung war, wir würden hier erfahren, wie man durch gezielten Einsatz von Körpersprache andere Menschen beeinflusst. Und offen gestanden, ich bin ganz froh darüber, dass der allgegenwärtigen Manipulation in unserer Gesellschaft nicht eine weitere Türe durch Sie geöffnet wurde. Danke!« Kurt Gessner: »Also, dem Dank von Frau Wolf kann ich mich nur anschließen. Ich nehme zwei Dinge mit, die für mich einen besonderen Wert besitzen: einen Gedanken und ein Erlebnis. Der Gedanke betrifft Ihren Vergleich zwischen dem Verstehen von Körpersprache und dem Verstehen einer Fremdsprache. Das umreißt für mich sehr genau, was mir die Beschäftigung von Körpersprache bringen kann und was nicht. – Mein Erlebnis ist die Rede, die ich hier halten durfte. Es hat mich – offen gestanden – ge-

schockt, zu erfahren, wie gedankenlos ich vor meine Zuhörer trete, und das wird sich in Zukunft ganz sicher ändern. Und dass man im Umgang mit Menschen am besten immer flexibel bleibt und ein genauer Plan einem gar nicht so viel bringt, wie man denkt, das nehme ich auch noch mit.« Hartmann: »Also ich habe hier für meine berufliche Praxis jetzt nicht so viel Neues gelernt. Und in der Praxis stelle ich mich wohl auch etwas besser an als bei der Übung hier eben mit den Vorstandsvorsitzenden. Dennoch gibt es zwei ganz wichtige Erfahrungen, die ich von hier mitnehme: Der erste Eindruck. Ich war höchst erstaunt, wie viel und vor allem wie viel Richtiges wir in den ersten Sekunden in den anderen gelesen haben.« Öffner: »Das stimmt, das hatte ich ja ganz vergessen.« Hartmann: »Das wirft bei mir ziemlich viel um. – Und dann durfte ich erleben, wie hier jüngere Kollegen mit den unterschiedlichen Aufgaben gekämpft haben. Und ich muss sagen, das macht mich großzügiger im Umgang mit meinen Mitarbeitern. Wenn man selbst die Dinge einigermaßen beherrscht, verliert man mit der Zeit das Augenmaß für diejenigen, die noch jünger und unerfahrener sind. Also das hat mir hier indirekt sehr viel gegeben.« Wolfgang Koller: »Mir hat der Tag vor allem erst einmal Spaß gemacht und das muss man auch erst einmal hinkriegen. Ein Dank an Herrn Schätzky und ein Dank an die Gruppe. – Für mich war vor allem das Erlebnis einschneidend, ohne Beamer vor dem Publikum zu stehen. Ich war mehr als erstaunt, dass ich mich ohne Beamer wohler und freier gefühlt habe, und ich frage mich, ob ich den ganzen Kram in Zukunft überhaupt noch brauche. Und ich frage mich überhaupt, warum 99 Prozent der Redner Folien einsetzen. – Egal. – Ich kann sagen, dass ich mir da draußen die Menschen jetzt anders anschauen werde, und ich habe es auch schon hier im Verlaufe des Nachmittags und während der Pausen erlebt, dass ich bereits jetzt genauer hinsehe als zuvor.«

Breitscheid: »Meine Vorgänger haben das schon alles sehr treffend gesagt. Ich fand es vor allem interessant zu beobachten, wie sich die anderen bei ihren Übungen entwickeln und dass es oft nur ein paar Kleinigkeiten sind, die dann aber für eine große Verbesserung sorgen. – Ansonsten kann ich nur hoffen, dass es mir beim nächsten Restaurantbesuch gelingt, charmant zu sein.« Öffner: »Ganz bestimmt.« Schätzky: »Auch ich sage: Danke! – Danke für Ihre Neugierde, Ihre Lebendigkeit und Ihren Humor an diesem Tag. Ich verabschiede mich mit einem chinesischen Sprichwort, das ich sehr liebe: Hat ein Mensch kein Lächeln, schenk' ihm deines. – Kommen Sie alle gut nach Hause.«

CARPE SENSUM

Eine alte und erfahrene Seele hat sich ihren scharfen Blick auf Menschen und ihre Größe, umsichtig zu reagieren, durch ein ganzes Berufsleben hindurch erworben. Selbstredend hält sie Abstand zu anderen und betrachtet ihr Treiben. Ohne Mühe dringt ihr Blick ins Zentrum vor. Ohne Anstrengung zielen ihre Worte auf das Wesentliche. Zahllose Erfahrungen haben das herausgebildet, was wir Intuition nennen. Die Alten wissen, dass sie bereits am Bühnenausgang stehen. Von dort blicken sie sich noch einmal um und betrachten genau, aber liebevoll diejenigen, die mitten auf der Bühne in ihrem Spiel verfangen sind. »Die Körpersprache ist der Handschuh der Seele« – so formuliert es Goethe. Etwas Inneres, Seelisches, Menschliches – wie immer man es nennen mag – liegt jedem körpersprachlichen Ausdruck zugrunde. Wer durch Erfahrung oder eine besondere Gabe erkennen kann, was hinter der Fassade aus Worten liegt, benötigt Körpersprache zum Verständnis anderer nicht. Wer hingegen jünger und unerfahrener ist, wer sich bisher fachlich auf andere Schwerpunkte konzentriert hat oder wer zum ersten Mal eine Führungsposition bekleidet, dem leistet das bewusste Wahrnehmen und das bewusste Einsetzen von Körpersprache unschätzbare Dienste. Für denjenigen kann sie ein Weg zum Verständnis von Menschen und Situationen sein und eine wichtige Hilfe für den eigenen Auftritt im Beruf. »Wissen Sie, ich habe 15 Jahre lang, vielleicht aus gutem Grund, hinter Computern verbracht und mich nur am Rande für Menschen interessiert. Und jetzt soll ich plötzlich 87 Mitarbeiter führen und weiß gar nicht, wie das geht.« Philipp Weiden ist damit nicht alleine. Frau Öffner und Herr Weiden, Frau Wolf und Herr Hartmann, Gessner, Koller, Breitscheid und Schätzky, die energische alte Schauspielerin, die dem unerfahrenen Regisseur die Leviten liest, junge, auf der Bühne hilflos liebende Studenten, der Mann, dessen Lebensdramen in einem einzigen Raum stattfinden – sie alle sind angetreten, um Sie neugierig zu machen auf die Sprache des Körpers.

Dem aufmerksamen Leser werden die augenzwinkernden Betrachtungen beruflicher Situationen und das episodenhafte Anreißen zwischenmenschlicher Themen nicht entgangen sein. In der Tat: Derjenige, der vorwiegend damit beschäftigt ist, in Figuren hineinzublicken, um zwischenmenschliche Verstrickungen für die Bühne zu inszenieren, kann diese bei der Betrachtung beruflicher Situationen nicht außen vor lassen. Eine Übung für Erstsemestler lautet: »Schau dir heute auf der Straße ausschließlich die Gesichter der Menschen um die zwanzig an, morgen beobachtest du alle um die dreißig, übermorgen alle um die vierzig, … fünfzig, … sechzig, … siebzig. Anschließend erzählst du, was du in den Gesichtern gesehen hast. Man muss nur seine nähere Umgebung betrachten, um festzustellen, dass das permanente Jeder-gegen-jeden nach kurzer Euphorie ermattet und sich die Beteiligten misstrauisch zurückziehen. Aus diesem Grund hat dieses Buch nicht zum Ziel, aus Menschen Gewinner zu machen, sondern Menschen auf Menschen aufmerksam zu machen. Ein glaubwürdiges Auftreten im Beruf kann nicht isoliert betrachtet und erlernt werden. Der Brunnen, aus dem der Darsteller für seinen Auftritt schöpft, ist sein Leben – warum sollte es für Ihren Auftritt im Beruf anders sein? »Weißt du, jeden Mittwochabend ist mir, als sei meine Brille besser geputzt«, meinte eine Studentin nach dem Unterricht. Falls Sie neugierig geworden sind und dort draußen im Leben etwas klarer durch Ihre Brille sehen, ist das wichtigste Ziel erreicht.

Carpe sensum – nutze die Sinne. Zu guter Letzt wird hier nicht empfohlen, sich in esoterischer Manier hinzugeben, um nachzuspüren. Im Gegenteil: Richten sie sich auf, seien Sie im Beruf hellwach und schauen Sie messerscharf hin, was um Sie herum geschieht. Nicht auf Laptops oder Folien, in Organizer oder Handouts, zum Fenster hinaus oder beim Telefonieren durch unwichtige Gestalten hindurch – sehen Sie sich die Menschen an. Menschen lassen sich nur führen, wenn Sie sie kennen, und um Sie kennen zu lernen, sollten Sie sich mit ihnen beschäftigen. Gehen Sie hinaus und lassen Sie sich von den Körpern Geschichten erzählen. Die Wartenden an einer Haltestelle: Wo kommen sie her? Wo wollen sie hin? In einem Café am Nebentisch: Eine Freundschaft? Eine beginnende, gelebte, ermüdete, vergangene Liebe? Wer liebt noch und wer nicht mehr? In der Kantine eines Unternehmens: Wer ist der Chef, wer der Mitarbeiter? Wer ist der Erstgeborene, wer der Ausgestoßene, wer die graue Maus, der Witzbold, der Intrigant? Oder Sie betrachten Menschen als Tiere – die letzte Übung aus dem szenischen Unterricht für dieses Buch – und im Nu sind Sie von schläfrigen Löwen, wichtigen Pinguinen, schnatternden Hühnern, gefährlichen Schlangen, eitlen Pfauen, ängstlichen Schildkröten, liebeshungrigen Kätzchen und schmierigen Straßenkötern umgeben. Mit einem Wort: Das *carpe sensum* bietet Ihnen Unterhaltung pur – rund um die Uhr. Sie müssen niemandem davon erzählen, Sie müssen Ihre Einschätzungen nicht unaufhörlich auf ihre Richtigkeit hin überprüfen, sie müssen nur eines: Leidenschaft für die Beobachtung von Menschen entwickeln. Ein geheimer Voyeurismus bietet die beste Grundlage, denn mit der Körpersprache ist es wie mit dem Sport: Hat man keine Freude daran, erfindet man immer neue Ausreden, um zu Hause zu bleiben.

Haben Sie dieses geheime Laster erst einmal für sich entdeckt, werden Sie es nicht mehr los. Das *carpe sensum* dringt unaufhaltsam und wie von selbst in Ihr Berufsleben ein. Statt sich auf einer Sitzung zu langweilen, betrachten Sie Ihre Kollegen wie Mitspieler in einem guten Stück. Statt sich deren Positionen zum x-ten Mal anzuhören, beobachten Sie die Körpersprache der Anwesenden und lesen – nur so zum Spaß – an deren nonverbalem Ausdruck Gedanken ab. Zunächst gönnen Sie sich diese Freiheit in Situationen, in denen Sie lediglich am Rande involviert sind. Allmählich aber werden Sie parallel agieren und beobachten können. Während Sie reden, hält Sie die Körpersprache Ihrer Kollegen über deren innere Haltung auf dem Laufenden. Mit der Zeit können Sie die Qualität von früheren Bewertungen anhand ihrer tatsächlichen Entwicklung überprüfen. Zug um Zug entwickeln Sie Ihre Antennen weiter und werden mit Ihrer Interpretationsfreude auch vor der menschlichen Physiognomie nicht mehr Halt machen. »Ab dreißig hat jeder das Gesicht, das er verdient«, sagt man – Sie überprüfen es.

Selbstverständlich macht das *carpe sensum* vor Ihnen nicht halt. Was beim Beobachten anderer noch Anlass zur heimlichen Freude gibt, schürt bei einem selbst den Unmut: Schleppender Gang zur Teamsitzung, schiefer Kopf beim Chef, Blicke aus dem Augenwinkel zum Kollegen, gebeugte Körperhaltung im Kundengespräch, geringer Ausdruck beim Nachdenken oder überhaupt kein Ausdruck immer und überall – ist die Quasimodo-Krise erst überwunden, geht es frisch ans Werk: Fällt Ihnen ein »Makel« an Ihrer Körpersprache auf, so überlegen Sie gut, was Sie davon hätten, wenn Sie diesen korrigierten. Ist es überhaupt notwendig, eine – vielleicht liebenswerte – Eigenart zu verändern? Behindert Sie diese grundsätzlich oder vielleicht nur in bestimmten Situationen? Wer isst seine Currywurst mit Besteck? Wer geht im Anzug ins Freibad? Wer läuft schon morgens zu seiner Kaffeemaschine, als gelte es, das olympische Feuer anzuzünden? – Alles zu seiner Zeit.

Unaufhörlich sein Auftreten zur Perfektion zu treiben, bereitet Stress und schafft neue Zwänge. Nehmen Sie sich niemals alles auf einmal, sondern stets ein Thema nach dem anderen vor. Nach Möglichkeit ziehen Sie einen vertrauten Menschen als Ratgeber hinzu. Seien Sie großzügig mit sich selbst, denn Eigenarten, die sich über Jahrzehnte entwickelt haben, werden Sie nicht von heute auf morgen verändern. Disziplin führt im Laufe der Zeit dazu, dass Ihnen Ihr neues Auftreten immer selbstverständlicher wird. Für brisante berufliche Situationen gilt: Keine Experimente. Wenn Sie körpersprachlich etwas Neues und daher Ungewohntes ausprobieren, beginnen Sie mit harmlosen Situationen. Da Sie inhaltlich nicht voll und ganz in Anspruch genommen werden, bleibt Ihnen der nötige Spielraum, sich zusätzlich auf die Körpersprache zu konzentrieren, und: Sie riskieren nichts, wenn Ihnen etwas misslingt.

Lösungsvorschläge für die gängigen Situationen, die Ihnen im Beruf begegnen, liegen Ihnen vor. Nicht jede Anregung kann für jeden Menschen in seiner individuellen Situation passen. Doch welche ist die richtige für Sie? Hier hilft ein Trick: Wägen Sie die Vorschläge nicht theoretisch ab, sondern stellen Sie sich Ihr eigenes Auftreten ganz konkret wie in einem inneren Film vor.

Wenn Sie auf diese Weise verschiedene Varianten durchspielen, werden Sie intuitiv die richtige finden. Diese sollte zu Ihnen und zu Ihrer Umgebung passen und sich zunächst nur ein wenig von Ihrem ursprünglichen Auftreten unterscheiden. Gehen Sie einen Schritt nach dem anderen, Neues und Ungewohntes ist nicht nur leichter umzusetzen, Sie bleiben auch glaubwürdiger. Kleine aufeinander aufbauende Veränderungen können ihre Kraft entfalten, weil sie sich unauffällig hineinschleichen und von Ihrer Umgebung nicht bemerkt werden. Große, plötzliche Veränderungen hingegen fallen auf und der Schuss geht nach hinten los, wenn Ihre Kollegen sagen: »Schau mal, der hat'n neues Buch gelesen.«

Was das tägliche Brot des Theatermenschen ist, scheut der Laie wie der Teufel das Weihwasser: die Probe. Während Sie ein neues Auftreten im Kollegenkreis, beim kleinen Gespräch oder auf Sitzungen unauffällig testen und allmählich einfädeln können, bleibt Ihnen ein Proben in exponierten Situationen nicht erspart: Bewerbungen, freie Rede und Präsentation müssen geprobt werden. Den Auftritt nur zu durchdenken nutzt Ihnen nichts, denn Ihre Vorstellung überträgt sich durch Gedankenspielchen nicht auf Ihren Körper. Ihr Körper braucht Proben. Ohne Proben keine Vorstellung.

Carpe sensum – nutze die Sinne. – Sind nicht diejenigen, die ihre Sinne nicht nutzen, glücklicher? Eine letzte wichtige Frage bleibt am Ende zu beantworten: Geht einem nicht jegliche Spontaneität verloren, wenn man immer und überall auf Körpersprache achtet? Installiert man nicht im Kopf geheime Kameras, die einem laufend ihre Auswertungen senden und ein ungezwungenes Leben vermiesen? Wahrscheinlich sprechen Sie mindestens eine Fremdsprache. Gegenfrage: Zwängt es Sie ein, wenn Sie jemand in dieser Sprache anspricht? Wie die fremde Sprache so erweitert die Körpersprache Ihre Fähigkeit zu kommunizieren. Ob Ihnen Ihr Gegenüber seine Haltung verbal oder nonverbal mitteilt, wird irgendwann zur Nebensache. Letztlich geht es doch nur darum, die Menschen zu verstehen.

Stefan Spies

Stichwortverzeichnis

Zahlreiche deutsche Großunternehmen nutzen das Know-how eines Theatermenschen für die Welt des Business. »Das Leben ist eine Bühne«, schreibt Shakespeare – Stefan Spies nimmt ihn beim Wort.

STEFAN SPIES, Jahrgang 1965, assistierte nach Abschluss seines Germanistik-Studiums bei namhaften Regisseuren wie Wilson, Zadek (Schauspiel) Kupfer, Chéreau (Oper) und Kresnik (Tanztheater). Als Regisseur debütierte er 1990 mit »Fräulein Julie« von Strindberg. Es folgten Aufträge an verschiedenen Staats- und Landestheatern in Deutschland und Österreich. 1995 erhielt er einen Lehrauftrag für Schauspiel an der Hochschule für Musik und Theater München. 2002 wurde er zum Szenischen Leiter berufen und ist seitdem verantwortlich für die szenische Ausbildung der Gesangsstudenten und die Realisierung von Opern-Projekten.

Seit 1998 hält er Seminare für Kienbaum Management Consultants, Management Circle und T-Systems, berät Führungskräfte unter anderem von Douglas und Aral und trainiert das Top-Management der Deutschen Telekom für Medienauftritte. Hierbei baut Stefan Spies auf seine langjährige Erfahrung als Regisseur und Dozent: Er macht Menschen ihr körpersprachliches Auftreten bewusst, korrigiert dieses individuell und typgerecht und schärft ihre Sensibilität für nonverbale Kommunikation. Er »dressiert« seine Klienten nicht auf äußere Wirkung, sondern eröffnet Ihnen vielmehr die Möglichkeit, bislang ungenutztes körpersprachliches Potenzial zu entdecken und für den eigenen beruflichen Auftritt zu nutzen. Darüber hinaus vermittelt er das Abrufen »gesteuerter Emotionen« nach Stanislawski und Strasberg – erstmalig können Manager bewährte Techniken für ihre eigene berufliche Überzeugungsarbeit nutzen.

Carpe sensum – nutze die Sinne. In seiner Arbeit verfolgt Stefan Spies ein übergeordnetes Ziel: Menschen zu helfen, inmitten beruflicher und persönlicher Herausforderungen authentisch und überzeugend auf andere zu wirken.